Oldenbourg

A-Process

Effektive Softwareentwicklung. Ein Leitfaden

von
Helga Lüpschen

Oldenbourg Verlag München Wien

Die Deutsche Bibliothek - CIP-Einheitsaufnahme

Lüpschen, Helga:
A-Process : effektive Softwareentwicklung ; ein Leitfaden / von Helga Lüpschen. – München ; Wien : Oldenbourg, 2002
ISBN 3-486-27204-7

Rosenheimer Straße 145, D-81671 München
Telefon: (089) 45051-0
www.oldenbourg-verlag.de

Lektorat: Irmela Wedler
Herstellung: Rainer Hartl
Umschlagkonzeption: Kraxenberger Kommunikationshaus, München
Gedruckt auf säure- und chlorfreiem Papier
Druck: R. Oldenbourg Graphische Betriebe Druckerei GmbH

Inhalt

Rahmenhandlung XI

Teil 1 – Konferenz für Softwaretechnologie 1
Handelnde Personen Teil 1 1

1 Die Technologie wird nicht beherrscht 3
1.1 Software besteht immer noch aus Nullen und Einsen 3
1.2 Ist solides Handwerk nicht mehr gefragt? 4
1.3 A Fool with a Tool is still a Fool! 6
1.4 Über die Methode statt über die Aufgabe streiten 7
1.5 ‚Trial and Error' ist auch eine Methode! 8

2 Die Weichen werden im Vorfeld bereits falsch gestellt 11
2.1 Hauptsache, der Auftrag ist da 11
2.2 Je größer das Projekt, desto größer die Ehre! 12
2.3 Wer kein Ziel hat, wird nirgendwo ankommen 13

3 Risiken werden zu spät erkannt 15
3.1 Planung – oder die Unmöglichkeit, einen Plan einzuhalten 15
3.2 Wenn der Steuermann die Richtung aus den Augen verloren hat 16
3.3 Wer seine Träume verwirklichen will, muss rechtzeitig aufwachen 17

4 Die Notwendigkeit von Tests wird unterschätzt 21
4.1 Es ist nie der letzte Fehler, den man gefunden hat 21
4.2 Die Qualität wird in das Produkt hineingeprüft 22

5 Es wird gegen Werte verstoßen 25
5.1 Der Motivationsrede folgen keine Taten 25
5.2 Konkurrenz belebt das Geschäft 26

6	**Die Kommunikation findet nicht statt**	**29**
6.1	Wünsche von den Augen ablesen	29
6.2	Kein System arbeitet auf der grünen Wiese!	30
7	**Nicht die Technik, die Menschen bestimmen den Erfolg eines Projektes**	**33**
Teil 2 – ContiKi		**35**
	Handelnde Personen Teil 2	35
8	**Neue Horizonte**	**39**
8.1	Einen weißen Fleck auf der Landkarte entdecken	39
8.2	Viele Baumstämme treiben unkontrolliert den Strom hinunter	41
8.3	Aus einzelnen Baumstämmen ein seetüchtiges Floß bauen	44
8.3.1	Die Technik des Floßbaus erlernen	44
8.3.2	Konstruktionspläne zeichnen	45
9	**Auch Herausforderungen haben ihre Grenzen**	**47**
10	**Reisevorbereitungen**	**51**
10.1	Eine Reiseroute suchen	51
10.2	Keep it simple – schwierig wird's von ganz allein	54
10.3	Zwischenstopps einplanen	55
10.4	Die Statik bestimmt die Tragfähigkeit	57
10.5	Jede Rolle ist wichtig	59
10.6	Vier Augen sehen mehr als zwei	61
10.7	Die Mannschaft aufstellen	64
10.8	Entfernungen abschätzen	67
10.9	Genügend Reiseproviant einplanen	70
10.10	Die Mannschaft rechtzeitig mit ins Boot nehmen	72
10.11	Die Baumstämme sortieren	75
10.12	Die Reiseroute auf Klippen und Eisberge untersuchen	76
10.13	Endlich eine schiffbare Reiseroute gefunden!	79
10.14	Inspektionstermine einplanen	80
10.15	Kein Floßbau ohne Floßbauanleitung	81
10.16	Das Ziel genau anpeilen	85
10.17	Entfernungen neu abschätzen	88

10.18 Der Schiffseigner hat das letzte Wort ... 90

10.19 ConTiKi kann zu Wasser gelassen werden ... 91

11 Die Ruderpinne fest im Griff 93

11.1 ConTiKi sticht in See ... 93

11.2 Wir richten uns auf ConTiKi ein ... 95

11.3 Die Baubeschreibung verstehen ... 97

11.4 Kurskorrekturen vornehmen ... 100
11.4.1 Kurs halten ... 100
11.4.2 Den Kurs regelmäßig überprüfen ... 101

11.5 Meuterei auf der ConTiKi ... 102

11.6 Den Stürmen trotzen ... 106

11.7 Ein Großsegel gäbe zusätzlichen Schub ... 107

12 Wir verstehen uns 109

12.1 Alle in der Mannschaft sprechen die gleiche Sprache ... 109

12.2 Begegnungen auf hoher See ... 110

13 Die Kunst des Segelns beherrschen 113

13.1 Umbauarbeiten bei voller Fahrt ... 113

13.2 Auf die Mannschaft ist Verlass ... 114

14 Die Tragfähigkeit überprüfen 119

15 ConTiKi nimmt Fahrt auf 121

16 Land in Sicht! 125

17 ConTiKi ist nicht mehr zu bremsen 127

18 Ein neuer Horizont ist erreicht! 129

19 Nachwort 131

Teil 3 – A-process 133

Was ist A-process? 135

20 Softwareentwicklung braucht Visionäre 137

21 Die Weichenstellung ist entscheidend 139

21.1 Entwicklungsziele sinnvoll definieren ... 140

21.2 Anforderungen auf das Wesentliche beschränken ... 141
21.3 Den Aufwand realistisch schätzen ... 141
21.4 Die Wartung in die Kosten-Nutzen-Analyse einbeziehen ... 142
21.5 Die Projektgröße angemessen festlegen ... 142

22 Sorgfältige Planung macht Überraschungen beherrschbar 145

22.1 Die Rahmenbedingungen überprüfen ... 146
22.2 Die Architektur und der Entwicklungsprozess bestimmen die Aktivitäten ... 147
22.3 Keep it simple ... 147
22.4 Abhängigkeiten berücksichtigen ... 148
22.5 Risiken vorhersehen ... 148
22.6 Schätzen heißt ‚Nicht wissen' ... 149
22.7 Das Team an der Planung beteiligen ... 150
22.8 Einen roten Faden spannen ... 150
22.9 Der richtige Mann/die richtige Frau am richtigen Platz ... 150

23 Große Ziele schafft man nicht im Alleingang – Teamgeist entwickeln 153

23.1 Persönliche Ziele dem gemeinsamen Ziel unterordnen ... 154
23.2 Individuum bleiben dürfen ... 154
23.3 Sich gegenseitig unterstützen ... 155
23.4 Feedback geben und erhalten ... 155

24 Auf Unvorhergesehenes reagieren 157

24.1 Den Überblick behalten ... 158
24.2 Frühwarnsystem einschalten ... 158
24.3 Offen sein für neue Ideen ... 159
24.4 Notwendige Entscheidungen sofort treffen ... 160
24.5 Rechtzeitig eskalieren ... 160
24.6 Konflikte lösen ... 161
24.7 Jede Planungsänderung sofort kommunizieren ... 161

25 Werte müssen gelebt werden 163

26 Ohne Kommunikation ist alles Nichts 165

26.1 Die zukünftigen Anwender einbeziehen ... 166
26.2 Auftraggeber haben Rechte und Pflichten ... 167

26.3 Jeder im Team muss über alles Wesentliche informiert sein ... 168
26.4 Unerfahrene Entwickler ‚an die Hand' nehmen ... 168
26.5 Kein System arbeitet auf der grünen Wiese ... 169
26.6 Dokumentation ist auch eine Form der Kommunikation ... 169
26.7 Über den Projekttellerrand hinausschauen ... 170
26.8 Die Idee nach außen gut verkaufen ... 170

27 Die Technologie beherrschen 171
27.1 Grundlagenwissen schaffen ... 172
27.2 Die Aufgabenstellung verstehen ... 172
27.3 Eine den Anforderungen angemessene Technologie wählen ... 173
27.4 Methoden sind kein Selbstzweck ... 174
27.5 Die Architektur hält das System zusammen ... 174
27.6 Sich im Arbeitsumfeld auskennen ... 175

28 Im Arbeitsfluss sein 177
28.1 Genau wissen, was zu tun ist ... 178
28.2 Einen Diskussionspartner haben ... 178
28.3 Prozesse dem Arbeitsfluss des Menschen anpassen ... 179
28.4 Alles Notwendige sofort im Zugriff haben ... 179

29 Fehler machen ist menschlich 181
29.1 Jeder ist für die Qualität seiner Arbeit selbst verantwortlich ... 182
29.2 Vier Augen sehen mehr als zwei ... 183
29.3 Auch das Testen muss geplant werden ... 184
29.4 Für Wichtiges ausreichend Zeit nehmen ... 184

30 Den Erfolg würdigen 185

Literaturverzeichnis 187

Abstract

Jeder in der IT-Branche hat es schon erlebt: Mit großer Euphorie wird ein neues Projekt gestartet, alle sind mit Begeisterung dabei, die Ideen sprudeln über.

Doch mit fortschreitender Projektdauer wird die Arbeit immer zäher, es entstehen immer mehr Baustellen, ohne dass die bereits bestehenden geschlossen werden können. Es ergeben sich immer mehr Anforderungen, die vorher niemand bedacht hat, Schnittstellen werden entdeckt, die vorher nicht gesehen wurden, und wesentliche Informationen und Entscheidungen bleiben aus. Es hakt!

Und was passiert in einem selbst: Der Kopf blockiert, die anfängliche Energie und Begeisterung verwandelt sich in Frustration und Lähmung. Die Freude an der Arbeit ist dahin, man schleppt sich morgens nur noch unwillig ins Büro und ist froh, wenn der Arbeitstag vorüber ist. Keine Spur mehr von Kreativität, genialen Einfällen und Leichtigkeit!

In dieser Phase kollabiert jedes Projekt. Die notorischen Meckerer und Pessimisten gewinnen die Oberhand. Schlimmstenfalls wird das Projekt ganz gestoppt. Oder es werden, wenn genügend Zeit und Geld vorhanden sind, von oben drastische Korrekturen vorgenommen. Man besinnt sich auf Altbewährtes und reduziert die Funktionalität auf das unbedingt Notwendige. Vorbei mit den großartigen Ideen, mit der Innovation.

Und wenn man im Nachhinein in schlauen Büchern nachliest, stellt man fest, dass dieses Projekt nicht funktionieren konnte! Die Voraussetzungen der reinen Lehre waren nicht erfüllt: Die Ziele waren nicht definiert, die Planung enthielt nur Wunschtermine, das Fachkonzept war zu ungenau, die Mitarbeiter besaßen zu wenig Erfahrung ...

Nur habe ich umgekehrt in meiner langjährigen Praxis noch nie ein Projekt gesehen, in dem alle Voraussetzungen der reinen Lehre gegeben waren. Die Realitäten sind einfach anders! Einige dieser Projekte sind gescheitert. Andere waren trotzdem erfolgreich. Aus den Ursachen für das Scheitern von Projekten habe ich gelernt, aus dem Gelingen der erfolgreichen Projekte versuchte ich, die Gründe für den Erfolg zu erkennen.

Der wichtigste Faktor in der Software-Entwicklung ist der Mensch und nicht die Tools. Und auch nicht die Methodik. Es ist die Fähigkeit des Menschen, Dinge zu bewegen, auch wenn die Umstände widrig sind. Diese Fähigkeit gilt es in den Projekten entfalten zu lassen.

In diesem Buch beschreibe ich am Beispiel des fiktiven Projektes ConTiKi, wo die eigentlichen Ursachen für das Scheitern vieler IT-Projekte liegen und wie diese Projekte trotz nicht idealer Voraussetzungen unter Einhaltung einfacher Regeln gelingen können. Diese Regeln sind für jeden nachvollziehbar, werden deshalb beachtet und führen zu einer effizienten Software-Erstellung.

ConTiKi ist zwar ein fiktives Projekt, ist jedoch angelehnt an zahlreiche Projekte, die ich in meiner langjährigen Praxis selbst erlebt habe. Und die erfolgreich beendet wurden!

Vorwort

Nach Untersuchungen der Standish Group scheiterten im Jahr 1998 in den USA 72% aller IT-Projekte. Von eidgenössischen IT-Projekten scheiterten mehr als 50 % im Jahr 2000, so eine Analyse des Schweizerischen Bundesamt für Berufsbildung und Technologie. Für den deutschsprachigen Raum gibt es keine vergleichbaren Untersuchungen, es lässt sich aber auch hier vermuten, dass die Quote ähnlich hoch liegt.

Vor zwanzig Jahren sahen diese Zahlen bereits ähnlich aus, schon damals sprach man von der Software-Krise. Der Speicherplatz war teuer, man musste am einzelnen Bit sparen. Und die Rechengeschwindigkeit verdiente im Vergleich zu heute nicht einmal den Namen. Die Programmierer gingen zum Codieren und Testen in den Terminalraum, oder sogar noch zum Lochkartenstanzer, Bildschirme direkt am Arbeitsplatz gab es nicht. Und außer Editor, Compiler und Debugger gab es auch keine die Entwicklungsarbeit unterstützenden Tools, dafür Dumps und Cross-Referenz-Listen. Das einzige Entwurfswerkzeug war die Schablone für Blockdiagramme.

Die Technik ist immer besser geworden, die unterstützenden Tools auch. Zahlreiche Methoden und Vorgehensmodelle wurden definiert. Doch die Wünsche der Anwender sind auch immer anspruchsvoller geworden. Und sie möchten die Erfüllung ihrer Wünsche in immer kürzerer Zeit.

Der Mensch hat sich in dieser kurzen Zeit natürlich nicht weiterentwickelt. Er hat immer noch die gleichen Schwächen. Und macht deshalb auch immer noch die gleichen Fehler.

Der wichtigste Erfolgsfaktor in der Software-Entwicklung ist immer noch der Mensch. Und solange dies so ist, kann die Technik allein die Software-Krise nicht lösen. Software-Entwickler jedoch sind zur Hauptsache ‚Techniker'. Sie glauben an die Technik. Für sie gibt es nur zwei Arten von Menschen, die einen, die ihnen helfen, ihre technischen Probleme zu lösen, und die, die es schaffen, sich wortreich, dafür aber erfolgreich, vor der Arbeit zu drücken. Doch es gibt noch eine dritte Art von Menschen. Dies sind die, die das notwendige menschliche Umfeld schaffen, damit die Techniker sich auf die Lösung der technischen Probleme konzentrieren können. Diese Menschen arbeiten unauffällig in den Projekten, ihr Wirken wird kaum wahrgenommen. Wer sieht schon genau hin, wenn alles reibungslos läuft?

Ich habe vor über dreißig Jahren mit der Software-Entwicklung begonnen. In dieser Zeit habe ich viele Vorhaben scheitern sehen, aber auch viele erfolgreiche Projekte erlebt. Dabei konnte ich sehr genau beobachten, wie insbesondere das zwischenmenschliche Klima den Erfolg eines Projektes beeinflusst. Das meiste davon ist bereits bekannt, Schlagworte wie z.B. soft-skills, Kommunikation usw. werden schon lange in der Fachliteratur propagiert.

Doch das bereits Bekannte wird noch immer nicht umgesetzt. Noch ist die Kluft zwischen Psychologen und Soziologen auf der einen Seite und Technikern und Ingenieuren auf der anderen Seite zu groß, als dass sich beide Seiten verstehen könnten.

In diesem Buch habe ich meine Beobachtungen und Erfahrungen aus dreißig Jahren IT-Leben zusammengestellt. Dabei versuche ich aus der Sichtweise des Entwicklungsteams die für die Software-Entwicklung notwendigen technologischen und organisatorischen Anforderungen in einen direkten Zusammenhang mit den menschlichen Fähigkeiten, Bedürfnissen und Verhaltensweisen zu stellen. Ich habe aus diesem Blickwinkel die grundlegenden Regeln, die für den Erfolg eines Projektes ausschlaggebend sind, zusammengestellt.

Dieses Buch ist in drei Teile unterteilt: Im ersten Teil sind in leicht humoristischem Unterton einige Ursachen für das Scheitern von Projekten beschrieben, im zweiten Teil erläutere ich am Beispiel eines Projektes aus meiner eigenen Erfahrung, wie Software-Entwicklung effizient betrieben werden kann, wenn einige grundlegende Regeln, die die menschlichen Fähigkeiten, Bedürfnisse und Verhaltensweisen betreffen, beachtet werden. Der dritte Teil schließlich enthält den im Buchtitel versprochenen Leitfaden für eine effiziente Software-Entwicklung. Die wichtigsten Faktoren, die bei der Software-Entwicklung berücksichtigt sein müssen, sind in einer Mind-Map dargestellt. Zu jedem Haupt-Ast gibt es einen erklärenden Text und einprägsame Regeln.

Dieses Buch richtet sich im Wesentlichen an Projektleiter und Entwicklungsleiter. Sie sind diejenigen, die die Einhaltung der definierten Regeln in den Entwicklungsvorhaben gewährleisten können. Die Sprache ist bewusst knapp und prägnant gewählt, es ist die Sprache der Software-Entwickler. Das Buch soll sich von den üblichen Lehrbüchern abheben, die zu lesen Projektleiter ohnehin keine Zeit haben. Die Mind-Map lässt sich einfach an die Wand hängen, so sind die wichtigsten Regeln ständig im Blickfeld (als Download zu finden unter http://www.oldenbourg.de/verlag/aktuelles/download.htm).

Ich danke allen meinen Kollegen, die mich in den vergangenen dreißig Jahren meine hier zusammengefassten Erfahrungen machen ließen. Ganz besonders danke ich Peter Dehmel aus Prien, einem gestandenen Host-Entwickler, der mir mit seiner langjährigen Erfahrung, seinem gesunden Menschenverstand und seinem oft hintergründigen Humor viele Ideen für dieses Buch geliefert hat. Und ich danke auch ganz besonders Uli Reukauf aus Gießen, der mir sowohl als Sozialwissenschaftler als auch als Künstler und Autor geholfen hat, meine manchmal etwas zu ungenau herausgearbeiteten Aussagen über menschliches Verhalten detaillierter zu beschreiben. Er hat mir sehr dabei geholfen, meine oft zu technisch geratenen Sätze lockerer und farbiger zu formulieren.

Möglicherweise werden sich einige meiner früheren Kollegen in diesem Buch wiedererkennen. Ich kann euch versichern, Ähnlichkeiten sind beabsichtigt. Eure Anonymität ist durch die Veränderung der Namen und der Projekte gewahrt. Diejenigen von euch, die sich in ihrer Rolle nicht gefallen, bitte ich zu überlegen, ob ihr nicht vielleicht damals hättet anders handeln können.

Die hier vorgestellten Regeln beruhen alle auf meinen eigenen Erfahrungen und Beobachtungen. Ich erhebe weder den Anspruch auf Allgemeingültigkeit noch auf Vollständigkeit. Manche von Ihnen haben sicher andere Erfahrungen gemacht. Dieses Buch soll dazu anregen, den Erfolgsfaktor Mensch in der Software-Entwicklung in den Mittelpunkt zu stellen. Und ich freue mich, wenn Sie mir Ihre Erfahrungen mitteilen und wir gemeinsam noch wirksamere Regeln aufstellen können.

Rahmenhandlung

Auf dem Kongress KfST (Kongress für Software-Technologie) treffen sich in einer Pause einige EDV'ler und klagen über die Missstände in den Projekten, in denen sie gerade arbeiten. Die Ursachen für die Missstände und Lösungen werden gemeinsam überlegt.

Eine IT-Beraterin, die anschließend einen Vortrag über einen Prozess der Software-Entwicklung halten wird, erzählt vom Projekt ConTiKi, und von den Ursachen für den Erfolg dieses Projektes.

Teil 1 – Konferenz für Softwaretechnologie

Einige Ursachen, die Software-Entwicklungsprojekte scheitern lassen.

Die Liste ist nicht vollständig, jeder in der Software-Entwicklung kennt viele weitere Ursachen.

Handelnde Personen Teil 1

Franz Moser	50 Jahre, seit 30 Jahren Host-Entwickler, insbesondere Cobol und DB2, hat gesunden Menschenverstand.
Kathrin Schmitt	37 Jahre, 12 Jahre in der EDV als Software-Entwicklerin und Analytikerin im Bankenbereich, arbeitet zzt. als freiberufliche Qualitätssichererin in einem Bankenprojekt.
Ludwig Geyer	48 Jahre, arbeitet seit 10 Jahren als Tester von Großprojekten auf dem Host, erlebt immer wieder, dass die Software erst so richtig während der Testphase reift.
Lutz Faber	29 Jahre, junger Software-Entwickler, hat noch kein funktionierendes Projekt erlebt, traut sich nicht, erfahrene Kollegen um Rat zu fragen.
Saskia Berger	25 Jahre, Berufsanfängerin, Mitarbeiterin einer Fachabteilung, soll Anforderungen an ein IT-Projekt definieren, keine IT-Erfahrung.
Dr. Karin Engel	34 Jahre, Biologin, Projektleiterin, Quereinsteigerin, hat eine Profilneurose, kann brillant reden, ohne auf den Kern zu kommen.
Dr. Thorsten Weber	38 Jahre, dynamisch, Projektmanager eines Großprojektes, befolgt alle Theorien des Projektmanagements, ohne sie mit Inhalt zu füllen, methodengläubig, vertritt die These, dass, wenn Methoden sauber eingehalten werden, die Software-Entwicklung von allein funktioniert.

Dr. Hans-Georg Stocker	43 Jahre, Abteilungsleiter, träumt vom großen Erfolg und der Beförderung, ohne die Realitäten zu sehen, glaubt, dass Software-Entwicklung einfach ist.
Helga Lüpschen	49 Jahre, IT-Beraterin, 30 Jahre EDV-Erfahrung, früher Entwicklerin, dann Projektleiterin, erzählt von ConTiKi.

1 Die Technologie wird nicht beherrscht

Franz rutscht unruhig auf seinem Stuhl hin und her. Es kostet ihn Anstrengung, ruhig zu bleiben. „So ein Unsinn“, denkt er. „Das kann ich mir einfach nicht mehr anhören! Wenn ich nur hier rauskönnte. Merkt denn sonst keiner, was für ein Geschwafel diese Frau da vorne von sich gibt? Aber irgendwie scheinen alle anderen ihr wie gebannt zuzuhören. Nun ja, dass muss ich leider zugeben, brillant reden kann diese Frau! Wie ein Wasserfall, und genauso wenig greifbar. Ah, da steht jemand auf, da kann ich endlich auch rausgehen.“

Franz Moser, bereits seit mehr als 30 Jahren in der EDV-Branche als Software-Entwickler und Datenbankspezialist tätig, ist zum Kongress für Software-Technologie (KfST) nach Frankfurt gefahren, um sich mit den modernen Technologien vertraut zu machen. Seit über 20 Jahren in der Bank Bavaria, gehörte er bisher immer zu den Mitarbeitern, denen die anspruchsvollen Projekte anvertraut wurden. Doch zunehmend werden Projekte objektorientiert abgewickelt, und dann heißt es, er verstünde nichts davon. Für Franz bleiben ‚nur' noch die Wartungsprojekte.

1.1 Software besteht immer noch aus Nullen und Einsen

Vor dem Seminarraum stehen schon Kaffee und Kuchenstücke bereit. Franz schenkt sich eine Tasse heißen, duftenden Kaffees ein und nimmt sich ein Stück Apfelkuchen. Riecht wie frisch gebacken. Und so langsam verringert sich seine Wut im Bauch. Er stellt sich an einen Stehtisch, an dem auch schon Kathrin steht, die den Vortrag ebenfalls vorzeitig verlassen hat. Kathrin Schmitt ist 37 Jahre alt, seit 12 Jahren in der EDV als Software-Entwicklerin und Analytikerin im Bankenbereich tätig, und arbeitet zzt. in einem Großprojekt einer Bank. „Warum sind Sie denn so früh aus dem Vortrag rausgegangen?“, beginnt Franz vorsichtig ein Gespräch. „Konnten Sie Sich das oberflächliche Gerede auch nicht mehr länger anhören?“ „Ja“, entgegnet Kathrin mit einem freundlichen Blick auf Franz. „Der Titel ‚Erfahrungen mit dem Rational Unified Process im Projekt PEGASUS' klang ganz vielversprechend und ich hoffte, präzise zu erfahren, wie der Prozess umgesetzt wurde und worauf man achten soll. Stattdessen habe ich nur Allgemeinplätze gehört. Da steht ja mehr in den allgemein gehaltenen Fachbüchern drin. Ich heiße übrigens Kathrin und arbeite als freiberufliche Qualitätssicherin in der gleichen Bank wie die Vortragende.“

Franz nickt zustimmend. „Ich frage mich, wie jemand, der mit so vielen Worten *nichts* aussagen kann, Software entwickelt? Letztendlich wird Software immer noch auf Nullen und Einsen abgebildet, d.h. es finden von der Vision des Auftraggebers bis hin zur fertigen Software eine Unmenge an Transformationen statt. Und jede dieser Transformationen ist fehlerbehaftet. Da gilt es, bei jedem Schritt besonders präzise und gründlich zu arbeiten, sonst sind die Abweichungen nachher größer als die Übereinstimmungen."

„Sie haben vollkommen Recht." Kathrin nickt zustimmend mit dem Kopf. „Ein Software-Entwicklungsprozess muss sicherstellen, dass möglichst viele der Fehlerquellen von vorneherein ausgeschaltet werden. Nur, die Prozesse, die ich bisher gesehen habe, versprechen dies zwar alle, und trotzdem wird mit der Software-Entwicklung so richtig immer erst während der Testphase angefangen."

„Umso besser für mich", klinkt sich Ludwig in das Gespräch ein. „So habe ich immer einen Job." Ludwig Geyer, 47 Jahre alt, mit bereits leicht grauen Schäfen und einem rundlichen, freundlichen Gesicht, hat sich mit zwei Stück Apfelkuchen auf dem Teller zu den beiden am Stehtisch gesellt. „Je mehr Fehler ich finde, desto deutlicher wird denen da oben", Ludwig hebt den Blick zur Decke, „dass ich unverzichtbar bin. Ich heiße übrigens Ludwig und arbeite als Tester in der gleichen Bank wie die Vortragende."

Am benachbarten Tisch steht Helga Lüpschen, eine 49-jährige freiberufliche IT-Beraterin. Sie testet erst einmal vorsichtig, ob ihr Kaffee vielleicht zu heiß ist. „Ich habe vor einigen Jahren einmal ein Projekt geleitet, in dem sehr viel improvisiert werden musste. Nichts mit vordefiniertem Prozess. Und in dem trotzdem zum vereinbarten Endtermin ein äußerst stabiles System bereitstand." „Wie ist das möglich?", Kathrin kann dies nicht glauben. „Ein Projekt ohne definierten Entwicklungsprozess? Dies kann doch nur im Chaos enden!" „Nun ja, so ganz ohne definierten Entwicklungsprozess lief das Projekt natürlich nicht. Jedoch wurden nur die wesentlichen Prinzipien der Software-Entwicklung definiert. Die Details wurden bei Bedarf gewissermaßen ‚on the fly' festgelegt. Dafür wurde bei jedem Schritt Wert auf Präzision gelegt."

Software-Entwicklung ist Präzisionsarbeit!

- Von der Vision des Auftraggebers bis bin zur fertigen Software sind eine Vielzahl von Transformationen notwendig, die alle fehlerbehaftet sind.
- Gerade in den frühen Entwicklungsschritten fehlt es an der notwendigen Präzision.
- Die eigentliche Software-Entwicklung beginnt häufig erst während der Testphase.

1.2 Ist solides Handwerk nicht mehr gefragt?

„Prozess hin oder her, das ist doch alles ein Schmarrn", schimpft Franz. „Software-Entwicklung ist letztendlich immer noch Handwerk. Da kommen einige Neunmalkluge von der Hochschule, definieren aufwendige Entwicklungsprozesse, die keiner versteht, schreiben Richtlinien, die keiner befolgt, machen Pläne, die keiner einhält, und glauben bis kurz vor Projektende, dass alles wunderbar läuft. Und wenn dann der Fertigstellungstermin näher rückt, flattern allen die Nerven, weil sie feststellen müssen, dass die letzten 5% der Software-

Erstellung 95% der Entwicklungszeit benötigen." Franz wird ganz rot im Gesicht, so sehr ereifert er sich.

„In meinem letzten Projekt war es auch so. Da gab es einen, der immerzu nur Projektpläne malte, ohne mit den Entwicklern zu sprechen, ob diese Pläne auch sinnvoll waren. Er trug als Ist-Zustand jeweils die geleisteten Arbeitsstunden ein, ohne den tatsächlichen Fertigstellungsgrad zu überprüfen. Doch als die Termine eng wurden, gab es keine Pläne mehr. Den Mitarbeiter übrigens auch nicht. Dafür massenhaft Überstunden. Jetzt waren die Handwerker gefragt, die die Ärmel aufkrempeln und ohne große Diskussion einfach arbeiten. Danach gab es dann endlich funktionierende Software."

„Soll das etwa heißen, das Software-Engineering unnötig ist?" Kathrin ist verunsichert. „Dies heißt doch, dass man sofort anfangen sollte zu programmieren, statt die Zeit mit Plänen und Modellen zu vergeuden!" Franz beruhigt sich langsam wieder.

„So ist das natürlich nicht gemeint. Schließlich war die Software hinterher kaum wartbar. Was ich meine, ist, dass auch schon in den frühen Phasen gestandene Praktiker ran müssen, die selbst schon große Systeme unter Zeitdruck entwickelt haben. Bekanntlich steckt der Teufel immer im Detail."

„Ja, ja", pflichtet Ludwig bei, „so habe ich es auch schon oft erlebt. Kürzlich bekam ich eine kleine Host-Anwendung mit DB2-Zugriffen zum Testen. Der Entwickler besaß keine Host-Kenntnisse und hat sie deshalb auf dem PC entwickelt. Er glaubte, dass sie ganz von allein auch auf dem Host laufen würde! Sie schmunzeln schon", sagt er zu Franz gewendet. „Ich kann mir schon denken, was passiert ist. Es mussten dann erst mal die Host-Entwickler ran, um die Software lauffähig zu machen." „Richtig! Danach zeigten sich erst die Fehler. Fehler über Fehler! Und völlig unperformant. Die Fertigstellung auf dem Host dauerte dreimal so lange wie die Entwicklung auf dem PC. Und das Beste kommt noch. Die Anwendung wurde in dieser Form gar nicht gebraucht! Völlig überdimensioniert. Eine simple Funktion mit Zugriff auf eine DB2-Tabelle hätte völlig gereicht. Der Entwickler hatte seinen ganzen Ehrgeiz in die Entwicklung von kniffligen Algorithmen steckt, statt sich auf das Wesentliche zu konzentrieren!"

Franz schenkt sich eine weitere Tasse Kaffee ein. „Dadurch, dass heutzutage jeder einen PC auf seinem Schreibtisch hat, glaubt anscheinend auch jeder, dass er Software entwickeln kann. Dass selbst eine kleine Anwendung, die professionell genutzt werden soll, solide EDV-Kentnisse verlangt, wird häufig vergessen."

„Nur", fragt Katrin, „bedeutet dies, dass nur erfahrene Praktiker in einem Projekt arbeiten sollten? So viele davon gibt es doch gar nicht!" Helga schüttelt den Kopf. „Natürlich nicht, aber es muss eine gesunde Mischung aus erfahrenen und unerfahrenen Entwicklern, aus Methodikern und gestandenen Praktikern in jeder Projektphase beteiligt sein."

Häufig fehlt es häufig am notwendigen DV-Wissen

- Software-Entwicklung verlangt fundiertes Spezialwissen.
- Unerfahrene Entwickler kennen ihr technisches Umfeld nur ungenügend und können dadurch das Potential des Umfeldes nicht nutzen.

- Allgemeingehaltene Prozessbeschreibungen und moderne Tools können fehlende Erfahrung nicht ersetzen.
- Kein Prozess kann jeden Arbeitsschritt bis ins kleinste Detail beschreiben.

1.3 A Fool with a Tool is still a Fool!

„Also", beginnt Kathrin, „wie ich gerade schon sagte, arbeite ich zur Zeit als Qualitätssicherin in einem Projekt. Das Projekt läuft schon. Es wird ein Zuliefersystem für andere Systeme erstellt. Ich sollte zunächst die Qualitätsziele und die notwendigen Qualitätsmaßnahmen zusammen mit dem Projektleiter festlegen. Doch nach einem Statusgespräch musste ich feststellen, dass weder Projektziele noch Anforderungen definiert sind, keine Planung (außer dem Fertigstellungstermin) vorhanden ist, das Team schon programmiert, obwohl kein Konzept vorliegt und auf meine Frage, auf welcher Basis denn Tests durchgeführt werden sollen, verwundert gefragt wurde, wieso denn Tests notwendig seien. Und dass ein Zuliefersystem nicht für sich allein die Schnittstellen definieren kann, war auch niemand so recht klar. Ich habe natürlich auf Basis unseres Entwicklungsprozesses einen entsprechenden Maßnahmenkatalog vorgeschlagen, und der Projektleiter ist auch bereit, alle Maßnahmen durchzuführen. Doch in diesem Fall habe ich meine Zweifel, ob die üblichen QS-Maßnahmen ausreichen."

„Ich verstehe, was Sie meinen, hier fehlen einfach die Basics. Haben Sie Ihre Bedenken gegenüber dem Projektleiter geäußert", erkundigt sich Helga. „Ja, natürlich, jedoch glaubt er, dass, wenn alle Maßnahmen ausgeführt werden, das Projekt noch erfolgreich zu Ende geführt werden kann."

Franz grinst. „Stellen Sie Sich vor, Sie sehen eine Gruppe, bekleidet mit Sandalen und T-Shirts, vor der Eiger-Nordwand. Denken Sie, dass diese Gruppe es schafft, die Eiger-Nordwand zu besteigen? Und wenn diese Gruppe eine genaue Anleitung und die technologisch beste Ausrüstung erhält, wird sie es dann schaffen? Trifft dies so in etwa Ihre Bedenken?" „Ja, ja, genau." Kathrin fühlt sich bestätigt. „Auch wenn das Projektteam zukünftig den vorgeschriebenen Prozess und die Richtlinien einhält und auch alle bereitgestellten Tools korrekt nutzt, so fehlt doch einfach die Erfahrung, die Dinge auch richtig zu tun. Kein Prozess kann jeden Arbeitsschritt bis ins kleinste Detail beschreiben, und die Tools setzen auch immer noch voraus, dass der Entwickler weiß, was er tut."

„Viele glauben, dass, wenn sie nur das richtige Tool nutzen, sie auch das Richtige tun", bestärkt Ludwig Kathrin in ihrer Meinung. „Als ob ich wie Boris Becker Tennis spielen könnte, wenn ich seinen Schläger benutze." Franz verdreht seine Augen. „Oder es ausreicht, in MS-Project Namen und Zahlen einzutragen, um ein Projekt zu planen." Alle lachen.

„Das Projekt, das ich gerade erwähnt habe", beginnt Helga zu erzählen, „begann damals ähnlich. Viele hochfliegende Pläne und noch mehr unerfahrene Mitarbeiter. Trotzdem, wie schon gesagt, konnte es doch noch erfolgreich abgeschlossen werden."

Die Entwickler sind zu unerfahren in der Software-Entwicklung

- Der Entwickler muss bestimmen, was er mit dem Tool macht, nicht umgekehrt.
- Moderne Tools können fehlende Erfahrung nicht ersetzen.

1.4 Über die Methode statt über die Aufgabe streiten

„Es ist doch erstaunlich, wie sich die Zeiten geändert haben. Früher hieß es: ‚Lass mich nur ja in Ruhe mit der Theorie', heute glaubt jeder, dass Prozesse und Methoden allein die Software-Krise lösen könnten." Ludwig hat sich ein weiteres Stück Apfelkuchen geholt. Diesmal hat er sich sogar einen kleinen Schlag Sahne erlaubt.

„Ja, ja." Franz sieht neidisch auf Ludwigs Apfelkuchen und dann bedauernd auf seinen leichten Bauchansatz. „Früher musste ich immer predigen, man solle sich erst ein Konzept machen und dann programmieren. Jetzt scheint es genau umgekehrt zu sein. Es wird zuviel Zeit mit Modellen verschwendet, und für die eigentliche Arbeit bleibt zu wenig Zeit übrig."

Ludwig wirft einen mitleidigen Blick auf Franz und genießt seinen Kuchen. „Wenn denn noch vernünftige Modelle dabei heraus kämen. Die meiste Zeit wird doch mit Methodenstreit vergeudet!"

„Ich habe in einem Projekt erlebt", beginnt Helga zu erzählen, „dass Entwickler in einem Klassenmodell fachliche und technische Klassen gleichzeitig entwarfen und sich dabei total verhedderten. Weil ihnen nicht klar war, was sie eigentlich tun wollten. Die einen wollten zunächst die fachliche Aufgabenstellung erfassen, die anderen waren gedanklich immer gleich bei der technischen Lösung. Und statt die Ursachen für ihre Probleme zu suchen, warfen sie sich gegenseitig vor, nichts von den Methoden zu verstehen. Nach einem halben Jahr wurde ich dann als Beraterin dazu geholt. Das Modell war total unübersichtlich und völlig unbrauchbar. Ich habe erst einmal die gedanklichen Ebenen voneinander getrennt und erklärt, dass das Klassenmodell nur eine Darstellungsart ist, keine Methode. Eine Darstellungsart, die für beide Modelle genutzt werden kann. Danach wurden dann die fachlichen und die technischen Modelle separat erstellt. So wurden sie für jeden verständlich."

„Genau das meine ich", freut sich Franz. „Streiten sich um des Kaisers Bart, ohne zu wissen, worüber sie streiten. Wahrscheinlich haben die dann auch noch dem Tool die Schuld gegeben, dass sie nicht so recht weiterkamen?" „Stimmt genau", fährt Helga fort. „Mit dem CASE-Tool, das sie benutzten, hatten sie auch so ihre Probleme. So schimpften sie z.B. vehement über die Benutzerunfreundlichkeit des Tools und dass die Grafiken sehr unübersichtlich wären. Nur, wenn sie gewusst hätten, was sie wollten, wären die Probleme mit dem Tool zweitrangig gewesen. Wenn man bedenkt, dass die Methodenunkenntnis ein halbes Jahr gekostet hat!"

„In einem anderen Projekt, in dem ich Qualitätssicherung gemacht habe, habe ich etwas Ähnliches erlebt", steuert Kathrin aus ihren Erfahrungen bei. „In diesem Projekt sollte mit der Strukturierten Analyse das Fachkonzept erstellt werden. Eine externe Firma war damit beauftragt worden. Die Mitarbeiter der externen Firma aber hatten anscheinend noch nie etwas von dieser Methode gehört. Sie waren wohl reine Techniker. Jedenfalls designten sie damit die Benutzeroberfläche, statt das Fachkonzept zu erstellen und fluchten, dass sie mit dieser Methode keine Abläufe darstellen konnten. Stattdessen so viele Daten im Data Dictionary definieren mussten."

„Wahrscheinlich haben sie für jeden Masken-IO einen eigenen Datenfluss gemalt?", lacht Helga. „Was ist denn aus diesem ‚Fachkonzept' geworden?" „Es wurde eine andere Firma damit beauftragt, die hat's dann mit Word erstellt und die Benutzeroberfläche mit Visual Basic entworfen. Das Projekt war dadurch natürlich in Zeitverzug. Und von Methoden wollte keiner in diesem Projekt mehr etwas wissen." In Kathrins Stimme liegt Bedauern.

„Lässt sich ein EDV-System denn wirklich methodisch sauber entwerfen?", zweifelt Ludwig. „Letztendlich zählt doch immer noch die Software." „Aber natürlich!" Helga wirkt verärgert. „Man muss nur die Methoden genauso beherrschen wie das Programmieren. In dem Projekt, dass ich jetzt schon mehrfach erwähnt habe, waren gerade unsere aussagefähigen und sauber strukturierten Entwürfe die Basis für das auf Anhieb stabile System."

Die Methodiker sitzen im Elfenbeinturm

- Für eine effiziente Nutzung von Methoden ist sowohl eine fundierte Kenntnis der Methode als auch das Verständnis für die Aufgabe notwendig.
- Zuviele hochintelligente und hochbezahlte Mitarbeiter streiten sich lieber über die richtige Methode, als über die Aufgabenstellung und deren Lösung nachzudenken.
- Methodenunkenntnis führt dazu, an der Aufgabe vorbei zu modellieren.

1.5 ‚Trial and Error' ist auch eine Methode!

Inzwischen ist Lutz Faber zu der Gruppe am Stehtisch gestoßen. Lutz ist 29 Jahre alt, hat erst vor kurzem sein Informatikstudium beendet und arbeitet jetzt in der Produktentwicklung einer östereichischen Firma. Er hat bisher aufmerksam zugehört. „Ich glaube, ich habe es hier mit einigen gestandenen IT-Leuten zu tun. Vielleicht kann ich ja von Ihnen einige Tipps für mein Projekt bekommen?" „Nur zu, wo drückt denn der Schuh?", ermuntert Franz ihn.

Lutz beginnt stockend, von seinem Projekt zu erzählen. „Das Projekt, in dem ich gerade arbeite, läuft einfach chaotisch. Es wird von einem unserer Kunden durchgeführt, die unser Produkt gekauft haben. Einige meiner Kollegen und ich sollen ihn bei der Datenmigration unterstützen. Daten werden aus einem Flat File gelesen und in die objektrelationale Datenbank unseres Produktes übertragen. Technisch eigentlich recht einfach, denke ich. Doch das Konzept ist so kompliziert, dass es keiner versteht. Und dass es nicht funktioniert, stellen wir immer erst am Ende eines Meilensteins fest. Dann wird auch wie verrückt gearbeitet, damit zumindest die dem Auftraggeber zugesagten Datenmengen in der Datenbank vorhanden sind. In Handarbeit! Für den nächsten Meilenstein wird dann das Konzept geändert, und wir fangen wieder so gut wie von vorne an. Da keiner meiner Kollegen das Konzept so recht versteht, weiß auch keiner so genau, an welchem Teil er denn arbeitet, und welche Schnittstellen er zu wem haben könnte. Irgendwie wurschtelt sich jeder nur so durch."

„Können Sie sich das Konzept denn nicht erklären lassen? Von wem stammt denn das Konzept?", fragt Franz erstaunt. „Das Konzept hat sich der Projektleiter unseres Auftraggebers ausgedacht. Ich glaube, er weiß auch nicht so genau, was eigentlich getan werden müsste. Und damit dies keiner merkt, stellt er jeden, der fragt, als dumm dar. Zu dumm, um ein so geniales Konzept zu verstehen. Und damit traut sich natürlich keiner mehr zu fragen."

„Und unterbindet damit erfolgreich konstruktives Hinterfragen des Konzeptes." Franz nickt verstehend mit dem Kopf. „Gibt es denn sonst niemand im Projekt, der Zweifel an der Korrektheit des Konzeptes hat?" „Na ja, einige gab es schon, aber die wurden alle vom Projektleiter aus dem Projekt hinausgeworfen oder weggelobt. Irgendwie schafft er es immer, andere von seinen genialen Fähigkeiten zu überzeugen."

Kathrin ist empört. „Aber irgendjemand muss doch merken, dass das Konzept nicht trägt!" „Die beiden ersten Meilensteine sind ja gehalten worden", wiegelt Lutz ab. „Zumindest sieht es nach außen so aus. Und gelernt haben wir ja auch aus unseren Fehlern. Trotzdem wird das Projekt wesentlich länger dauern als geplant. Besser gesagt gewünscht, denn eine sinnvolle Planung gibt es natürlich auch nicht. Aber einen sehr gut aussehenden Projektplan. Ich hatte gehofft, in diesem Vortrag etwas zu erfahren, wie man sicherstellen kann, dass gleich das Richtige getan wird und man sich nicht durch Ausprobieren der Lösung nähern muss. Genau genommen unterstützt der RUP jedoch das Ausprobieren durch die Iterationen."

Helga schüttelt den Kopf. „Nur, wenn man nur einen Teil des Prozesses anwendet. Hier könnte z.B. eine Konzeptentwicklung im Team helfen. So weiß wenigstens jeder, woran er arbeitet. Oder die Erfahrung anderer Kunden von euch zu erfragen, denn es ist doch sicher nicht die erste Datenmigration, die in eurem Produkt durchgeführt wird?"

Das Grundlagenwissen fehlt

- Nur wer nicht weiß, wie's geht, muss ausprobieren.
- Es liegt in der Natur von Experimenten, dass sie auch misslingen können.
- Projekte unter Zeitdruck können sich keine Experimente leisten.

2 Die Weichen werden im Vorfeld bereits falsch gestellt

Franz reibt sich nachdenklich das Kinn. „Ja, ja, die Technologie, die sollten wir Software-Entwickler schon beherrschen. Doch oft sind Projekte schon zum Scheitern verurteilt, bevor sie begonnen haben. Allerdings wird das oft erst bemerkt, wenn das Projekt schon einige Zeit läuft.“ „Genau das ist es, das kenne ich nur zu gut“, Ludwig trommelt ungeduldig mit seinen Fingern auf dem Tisch. „Ohne den Aufwand genau zu prüfen, werden Termine und Budget vom Management festgelegt, natürlich meistens zu knapp. Dann wird ‚quick and dirty‘ programmiert, und wir Tester sollen dann auf die Schnelle prüfen, ob alles ok ist. Doch für's sorgfältige Testen ist natürlich auch keine Zeit.“

2.1 Hauptsache, der Auftrag ist da

„Ein Projekt, in dem ich die Datenbank erstellen sollte“, erinnert sich Franz, „drohte genau daran zu scheitern. Wir in der Anwendungsentwicklung waren damals nicht ausgelastet und unser IT-Leiter befürchtete Budget-Kürzungen. Also warb er bei allen Fachabteilungen um die Beauftragung von Neu-Systemen. Er hatte auch Glück. Wir durften ein neues Wertpapierabrechnungssystem erstellen, obwohl das bestehende eigentlich noch ganz brauchbar war.“

Kathrin sieht Franz erstaunt an. „Warum wurde dann nicht das bestehende System genommen und angepasst? Die Kosten wären doch sicher geringer gewesen und das Risiko auch?“ Franz wendet sich Kathrin zu und nickt zustimmend. „Was sich die beiden Herren dabei gedacht haben, weiß ich auch nicht so genau. Jedenfalls wurde der Aufwand gar nicht genau geprüft, es wurde einfach gesagt, das neue System dürfe nicht schlechter sein als das alte. Es solle lediglich eine Window-Oberfläche erhalten und zusätzliche Anzeigemöglichkeiten bieten.“

Ludwig lacht schallend. „Das klingt nach einem Deal unter Freunden. Ich bin schon gespannt, wie's weiter geht.“ Um Franz' Augen erscheinen kleine Lachfalten. „Der Leiter der Wertpapierabteilung stellte ein Budget für zwei Mannjahre bereit. Mehr hatte er wohl nicht in der Portokasse. Also wurde ein halbes Jahr Entwicklungszeit mit vier Personen geplant.“ „Auf welcher Basis ist denn die Planung gemacht worden?“, fragt Kathrin neugierig. „Wie lange hat denn die Entwicklung des alten Systems gedauert?“ Franz atmet tief durch. „Für die Entwicklung des alten Systems waren sechs Mannjahre notwendig. Doch daran hat sich wahrscheinlich niemand während der Planung erinnert. Und von den früheren Entwicklern ist auch niemand mehr im Haus."

Franz nimmt einen Schluck von seinem inzwischen schon kalten Kaffee. „Mein Bauch sagte mir damals, das das nicht gut gehen kann, doch unser IT-Leiter wollte unbedingt dieses Projekt. Und unser Projektleiter besaß leider auch noch nicht sehr viel Erfahrung. Er übernahm einfach die vorgegebenen Termine in seine Planung und passte die internen Meilensteine daran an." „Ich verstehe, von einem Wunschtermin aus rückwärts gerechnet, ohne die tatsächlich notwendigen Aktivitäten und Aufwände zu kennen. Das habe ich auch schon mal gesehen." Kathrin nickt verstehend. „Wann wurde denn klar, dass die Aufwände wesentlich höher sind?"

„Achim, der die Anforderungen definierte, hat sich das alte System nur oberflächlich angesehen, und deshalb viele Anforderungen zunächst vergessen. Erst während der Realisierungszeit, also nach ca. drei Monaten, tauchten immer mehr Ungereimtheiten auf. Das Projekt verlief dann zunächst chaotisch. Jeden Tag erhielt ich neue Datenfelder für die Datenbank, die am nächsten Tag schon wieder verworfen oder geändert wurden. Das war noch einmal ein zusätzlicher Monat. Danach war jedem klar, dass das so mit dem Abrechnungssystem nichts werden konnte."

Franz hält einen Augenblick in seiner Erzählung inne. „Um das Gesicht zu wahren, wurde dann doch das bestehende System überarbeitet. Mit weiteren zwei Mannjahren Aufwand." „Was man besser gleich gemacht hätte", bemerkt Kathrin spitz. „Ja", stimmt Franz zu. „Doch ein Gutes hatte dieses Projekt: Unser Budet wurde nicht gekürzt. Insofern hat unser IT-Leiter sein Ziel doch erreicht."

Der Aufwand wird unterschätzt

- Für das Management sind politische Ziele oft wichtiger als technologische Ziele.
- Die Anforderungen werden häufig nur unvollständig und unpräzise erfasst.
- Für eine Schätzung des Aufwandes ist DV-Erfahrung unbedingt notwendig.

2.2 Je größer das Projekt, desto größer die Ehre!

„Es sind aber nicht nur zu knapp kalkulierte Termine Ursache für das Scheitern von Projekten, die Überdimensionierung bringt genauso viele Probleme." Ludwigs Gesicht wirkt angespannt. „Das Projekt, in dem ich gerade arbeite, ist ein Großprojekt. 600 Mannjahre sind geplant. Und 120 Mitarbeiter inklusive meiner Wenigkeit arbeiten daran. Die Visionen, die dieses Projekt tragen, klingen großartig, insbesondere die Ansätze zur Führung eines Großprojektes. Unser Projektmanager, Herr Dr. De Jong, befolgt so ziemlich alle Theorien des Projektmanagements. Jede Menge neuartiger Ideen. Doch durch die Größe gibt es kaum ausreichend qualifizierte Mitarbeiter im Team. Dafür enorme Reibungsverluste, da die wenigen Qualifizierten damit beschäftigt sind, die Defizite der Unqualifizierten auszubügeln." „Zu viele Lernende und zu wenig Lehrende, das ist eine ziemlich schlechte Mischung", stimmt ihm Franz zu.

„Bedingt durch die Größe des Projektes sind sehr viele Externe im Projekt. Die maßgeblichen Positionen sind jedoch von Festangestellten besetzt, die nicht immer die Fähigsten sind." Ludwigs Gesicht wird immer ernster. „So wurde z.B. das Projekt zwar in mehrere Teilprojekte unterteilt, die Unterteilung erfolgte jedoch ohne jeglichen fachlichen Background. Teams, die eigentlich zusammen arbeiten müssten, arbeiten aneinander vorbei."

Franz blickt ihn mitfühlend an. „Da geht sicher so einiges schief?" „Kein Wunder! Das erste Release z.B. war gar nicht ablauffähig. Das wurde aber erst kurz vor Fertigstellung erkannt. Klar, denn dem Projektmanagement fehlte bei der Planung das notwendige DV-technische Know-how. Es gab zwar einige Mitarbeiter, die dies schon sehr früh gesehen hatten, aber irgendwie wurden die wohl nicht gehört. Dabei hätten eigentlich nur geringfügige Änderungen am Zuschnitt des Releases gereicht."

Kathrin hat sich auch ein Stück Apfelkuchen geholt. „Solche Projekte kenne ich auch. Viele notwendige Entscheidungen werden erst sehr spät gefällt, da es zu lange dauert, bis das Management davon erfährt."

Ludwig fährt fort: „Für das nächste Release sehe ich auch schon schwarz. Vom Vorstand wird jetzt Druck gemacht. Der will endlich etwas laufen sehen. Kein Wunder, bei diesen immensen Kosten. In zwei Monaten soll das nächste Release in den Funktionstest gehen. Aber es wird immer noch über wesentliche fachliche Anforderungen diskutiert. Vernünftige Testfälle kann ich so natürlich nicht erstellen." Ludwig atmet tief durch. „Dabei könnte man dieses Projekt mit einem wesentlich kleineren Team durchführen und bräuchte dann gerade mal ein Viertel der Zeit." „Dann wäre es aber kein Großprojekt mehr", wendet Kathrin ein. Franz nickt. „Und der Traum vom erfolgreich gemanageten Großprojekt wäre ausgeträumt."

Helga schüttelt den Kopf. „Das ist doch absurd. Immer wieder wird dazu geraten, Projekte möglichst klein zu halten. Hier wird ein Projekt künstlich aufgebläht, nur um mit dem erfolgreichen Management eines Großprojektes glänzen zu können. Dabei verderben bekanntlich viele Köche den Brei."

Projekte werden unnötig aufgebläht

- Die Größe eines Projektes muss der Aufgabenstellung angepasst sein, nicht der Renommiersucht des Managements.
- Das Management von Großprojekten ist zu weit weg von der Basis. Notwendige Entscheidungen werden erst zu spät gefällt.
- Je mehr Entwickler in einem Entwicklungsteam arbeiten, desto größer ist der Verwaltungsaufwand.
- Unfähige Mitarbeiter in exponierten Positionen garantieren den Projektmisserfolg.

2.3 Wer kein Ziel hat, wird nirgendwo ankommen

Lutz hat dem vorausgegangenen Gespräch schweigend zugehört. „Wenn ich Sie richtig verstanden habe, standen in beiden Projekten die politischen Ziele im Vordergrund. Die versteckten politischen Ziele sind sicher auch ein Grund für das Chaos in meinem Projekt.

Eigentlich fehlen so richtige Projektziele. Das Projekt hat zwei verschiedene Auftraggeber, die sich nicht in ihren Zielen einig sind. So gibt es zwar Projektziele, aber z.T. nur sehr vage oder sogar widersprüchlich."

„Wirklich sauber definierte Projektziele, die außerdem auch noch messbar sind, habe ich eigentlich noch nie in einem Projekt gesehen. Ich glaube, die Projektziele ergeben sich meist erst während der Laufzeit", weiß Franz aus seiner Erfahrung. Lutz ist verunsichert. „Dies klingt so, als ob erst einmal losgelaufen wird, und später wird dann der Standort zum Ziel erklärt wird. Wenn man denn überhaupt irgendwohin gekommen ist." Ludwig nickt zustimmend. „Nun ja, es ist auch einfacher, die Ziele erst mal vage zu halten, dann muss man hinterher nicht zugeben, dass man das Ziel verfehlt hat."

„Wie kommt ihr denn in eurem Projekt mit den vage definierten Zielen klar?", fragt Helga. „Nicht so richtig. Jeder hat irgendwie ein anderes Ziel im Kopf. So wird unglaublich viel darüber diskutiert, welche Anforderungen das System nun erfüllen soll und welche nicht. Dies kostet viel Zeit. Und nachvollziehbare und überprüfbare Anforderungen gibt es deshalb auch nicht. Unser Projekt liegt schon längst außerhalb des vorgegebenen Zeitrahmens. Die Auftraggeber sind ziemlich unzufrieden, da sie jedoch schon viel Geld investiert haben, hoffen sie, wenigstens irgendwas Brauchbares für ihr Geld zu bekommen."

„Und für euch Mitarbeiter ist es ziemlich frustrierend, nicht genau zu wissen, ob euer Arbeitseinsatz sich denn überhaupt lohnt." Helga sieht mitleidig auf Lutz. „Wieviel schöner ist es doch, auf ein klares Ziel hinzuarbeiten, und dann am Ende das Gefühl zu haben, erfolgreich gewesen zu sein."

„Ja, das wäre wunderbar!" Lutz' Augen beginnen zu leuchten.

Ziele sind nicht definiert

- Ohne Ziele kann nicht zielgerichtet gearbeitet werden. Und ohne Ziele kann der Erfolg eines Projektes nicht gemessen werden.
- Unklare oder widersprüchliche Ziele verwirren. Zuviele Ziele auch. Sie hemmen den Arbeitsfluß und demotivieren.
- Vage definierte Ziele verhindern eindeutig formulierte Anforderungen.

3 Risiken werden zu spät erkannt

Franz hat sich frischen Kaffee geholt. „Ich denke gerade noch über euer Projekt nach", sagt er zu Lutz gewandt. „Unklar definierte Projektziele sind ein ziemlich hohes Risiko. Hattet ihr kein Risikomanagement in eurem Projekt?" „Ein Risikomanangement?", fragt Lutz erstaunt. „Kann man Risiken denn managen?"

3.1 Planung – oder die Unmöglichkeit, einen Plan einzuhalten

Franz schmunzelt. „Wenn man zu wenig Erfahrung hat, um potentielle Risiken vorherzusehen, dann natürlich nicht. Doch mit der notwendigen Erfahrung ..." „...oder einer guten Checkliste", wirft Helga ein. „Ja", bestätigt Franz, „eine Checkliste kann natürlich auch helfen, Risiken rechtzeitig zu entdecken. Doch ich dachte mehr an eine sorgfältige Planung, die ebenfalls hilft, unliebsame Überraschungen zu verhindern. Und zu der natürlich auch die Berücksichtigung von potentiellen Risiken und der Planung entsprechender Notfallmaßnahmen gehört."

„Zum Thema sorgfältige Planung fällt mir gerade ein Projekt ein, bei dem genau das Gegenteil der Fall war", erzählt Helga. Es handelte sich um ein Projekt für ein Energieversorgungsunternehmen, eigentlich keine schwierige Aufgabe. Es sollten Daten angenommen, überprüft und weitergeleitet werden. Leider hatten weder Auftraggeber noch Projektleiter eine genaue Kenntnis vom Aufwand." „Wurden etwa Wunschtermine geplant?" Franz ahnt schon, was jetzt kommt. „Genau", bestätigt Helga. „Der Projektleiter rechnete auch vom gewünschten Endetermin aus rückwärts ohne genaue Kenntnis der Aufgaben. Er berücksichtigte nicht die Zulieferungen der Datenlieferanten und auch nicht die Termine für die Schnittstellen an die zu beliefernden Systeme, insbesondere nicht das Risiko, dass das System zu wenig performant sein könnte."

„Ich kann mir schon denken, wie es weitergeht", Ludwigs Bauch wackelt richtiggehend vor Lachen. „Vermutlich dachte der Projektleiter auch noch, dass er den einmal mühevoll erstellten Plan nie wieder ändern muss." „Er hat ihn auch nie wieder geändert", Helga lacht ebenfalls bei der Erinnerung an das Projekt. „Wie hätte er das auch schaffen sollen, täglich wären neue Änderungen notwendig gewesen."

„Wenn er gleich zu Beginn sorgfältig geplant hätte, hätte er den Plan dann nicht mehr ändern müssen?", fragt Lutz etwas ungläubig. Jetzt prusten Franz, Ludwig und Helga nur so vor

Lachen. „Natürlich doch“, erklärt Helga. „Natürlich treten auch bei sorgfältigster Planung immer wieder unvorhergesehene Ereignisse ein, doch eben nicht täglich – um nicht zu sagen stündlich – wie in diesem Fall.“

„Ein Plan dient halt nur als Richtschnur, zur Überprüfung, ob man noch auf dem richtigen Weg zum Ziel ist“, unterstreicht Franz. „Einen Plan wirklich einzuhalten, das ist unmöglich.“

Die Planung stimmt nicht mit der Realität überein

- Die Planung eines Entwicklungsvorhabens erfordert große DV-Erfahrung.
- Termine und Budget sind immer fix. Die Freiheitsgrade bei der Planung liegen in der Definition des Umfangs der Funktionalität.
- Die fachlichen Anforderungen müssen soweit präzisiert werden, dass eine verlässliche Aufwandsschätzung durchgeführt werden kann.
- Es ist nie der letzte Plan, den man macht.

3.2 Wenn der Steuermann die Richtung aus den Augen verloren hat

Inzwischen öffnen sich die Türen des Konferenzsaales. Die Teilnehmer strömen heraus. Dr. Thorsten Weber, ein großgewachsener, dynamisch wirkender Mann um die 30, tritt zu der Gruppe am Stehtisch. „Ich habe gesehen, dass Sie vorzeitig den Vortrag meiner Kollegin verlassen haben. Ich vermute, dass der Vortrag Ihnen nicht zugesagt hat? Darf ich fragen, warum? Ich bin nämlich der Projektleiter von PEGASUS.“ Die Gruppe am Stehtisch rückt zusammen, um Thorsten Platz zu machen. „Großartig, dass ich mal mit einem aus diesem Projekt direkt sprechen kann“, freut sich Franz. „Mir war der Vortrag nämlich zu oberflächlich. Sie als Projektleiter können da sicher mehr ins Detail gehen.“

„Was genau möchten Sie denn wissen? Frau Dr. Engel hat eigentlich schon sehr ausführlich erzählt, wie sauber wir den RUP in unserem Projekt umsetzen. Aber natürlich kann in so einem Vortrag nicht allzusehr ins Detail gegangen werden.“, bietet Thorsten mit einem gönnerhaften Blick auf Franz an. In Franz’ Augen blitzt es auf. „Mich interessiert z.B., wie Sie es in ihrem Projekt schaffen, bei so vielen Iterationen und Inkrementen noch den Überblick zu behalten?“

Thorsten versucht, seine Unsicherheit zu verbergen. „Da sich die Anforderungen in jeder Iteration ändern, müssen wir natürlich auch vieles in jeder Iteration überarbeiten.“ „Inkrementell definierte Anforderungen sollen doch gerade das den ständig wechselnden Anforderungen Hinterherprogrammieren verhindern.“, Kathrin ist erstaunt. „Oder wechseln die Anforderungen so gravierend, dass sie erst eine Kaffeemaschine, dann eine Waschmaschine und schließlich doch wieder eine Kaffeemaschine produzieren sollen?“ „Nein, nein, so gravierend sind die Änderungen natürlich nicht. Aber wir können halt nur von Inkrement zu Inkrement schauen. Die Aufgabenstellung ist einfach zu komplex, um alles auf einmal im Blickfeld zu haben. Deshalb halten wir uns genau an den RUP, um die Komplexität in den Griff zu bekommen.“

„Ich dachte, PEGASUS sei ein reines Informationssystem. Seit wann sind denn Informationssysteme komplex?“, fragt Franz verwundert. Thorsten richtet sich auf. „Immerhin sind sehr große Datenmengen in Echtzeit zu verarbeiten. Und welche Daten genau angezeigt werden sollen, wird noch definiert.“ Franz wundert sich immer mehr. „Nun, das ist doch eher eine technische als fachliche Anforderung. Diese müsste doch in der Software-Architektur berücksichtigt sein. Entwerfen Sie die Architektur denn auch inkrementell?“ Jetzt wird Thorsten verlegen. „Genau genommen ja. Denn die Architektur ändert sich natürlich auch nach jeder neuen Anforderung.“

Franz beginnt zu lachen. „Dachte ich's mir doch. Mir kommt es so vor, als ob Sie Ihr Ziel nicht im Blick haben und stattdessen bei jeder Windänderung auch ihre Richtung ändern. Sind Sie sicher, dass Sie irgendwann ankommen werden?“

In die Stimme von Thorsten kommt ein Hauch von Arroganz. „In ihrem Alter ist es eben schwer, sich in ein neues Paradigma hineinzudenken. Ich bezweifle, dass Sie verstehen, was Objektorientierte Entwicklung überhaupt bedeutet.“

Franz bemüht sich, wieder ernst zu werden. Seine Augen funkeln. „In meiner altertümlichen Methode hätten wir uns an den technischen Anforderungen orientiert und nicht an den zu verarbeitenden Daten. Ich hätte das System so designed, dass es flexibel auf die wechselnden Anforderungen reagieren kann.“

Thorstens Arroganz ist verschwunden. Er wirkt verunsichert. „Wie soll ich das verstehen?“ „Ganz einfach“, trumpft Franz auf. „Das Ziel wäre die Verarbeitung großer Datenmengen in Echtzeit. Hierfür würde ich eine stabile Architektur erstellen. Inkrementell werden dann die einzelnen Datendefinitionen und Schnittstellen hinzugefügt.“ Jetzt wirkt Thomas nachdenklich. Franz lehnt sich zufrieden zurück. „Manchmal haben auch wir Alten noch gute Ideen.“ Ludwig zwinkert Franz verschmitzt zu.

Das Ziel wird aus den Augen verloren

- Entwicklungsprozesse helfen dabei, die Dinge richtig zu tun. Doch die richtigen Dinge zu tun, dabei können sie nicht helfen.
- Blindes Vertrauen auf die reine Lehre führt dazu, die eigentliche Aufgabe nicht zu sehen.
- Wenn der Blick fürs Wesentliche verloren geht, dreht man sich schnell im Kreis.

3.3 Wer seine Träume verwirklichen will, muss rechtzeitig aufwachen

Dr. Hans-Georg Stocker, Abteilungsleiter der Versicherung Kulanz, promoviert, 45 Jahre alt, sehr elegant im dunkelblauen Nadelstreifen mit Weste gekleidet, tritt zu der Gruppe am Stehtisch. „Entschuldigen Sie bitte, ich habe Ihrer spannenden Diskussion schon eine Weile zugehört. Vielleicht können Sie mir erklären, woran man schon frühzeitig erkennen kann, ob ein Projekt erfolgreich, d.h. in time, in budget, in quality beendet werden kann oder nicht?“

Ludwig und Franz sehen sich vielsagend an. „Das wüsste wohl so mancher gern. Haben Sie einen konkreten Grund, dies zu fragen?"

„Kürzlich wurde in meiner Abteilung ein System entwickelt, das viel zu spät, mit viel weniger Funktionalität als geplant und noch immer sehr instabil und ohne die geforderte Performanz fertiggestellt wurde. Eine externe Beraterin hatte mich schon sehr früh darauf aufmerksam gemacht, dass das Projekt so nicht laufen kann. Damals träumte ich noch vom großen Erfolg und glaubte ihr nicht. Erst als dann ein wichtiger Meilenstein Woche für Woche verschoben wurde, wurde ich misstrauisch. Letztendlich musste ich die Entwicklung an eine externe Firma übertragen. Das hat mich leider meine Beförderung gekostet. Und nun frage ich mich natürlich, woran diese Beraterin dies so früh erkannt hatte. Ich selbst habe keine Ahnung von EDV."

Franz beugt sich interessiert zu Hans-Georg. „Diese Beraterin vermutlich umso mehr. Hat sie Ihnen nicht gesagt, warum sie dem Projekt keine Chancen gab?" „Doch, sie sagte, dass die Entwickler für die Aufgabenstellung ungenügend ausgebildet seien, und dass der Projektleiter zu unerfahren sei, um dies auszugleichen." „Und woran hat sie dies erkannt?" „Das war wohl einfach Bauchgefühl. Mein Projektleiter dagegen kam frisch von der Hochschule. Mit dem Wissen vom neuesten Stand der Technik. Ich habe mich von seinen brillianten Ideen blenden lassen."

Ludwig deutet mit der Hand auf seinen doch etwas rundlichen Bauch. „Auf den Bauch eines erfahrenen Entwicklers sollte man immer vertrauen. Und auf weibliche Intuition erst recht. Aber vielleicht hat sie Ihnen doch ein paar konkretere Hinweise gegeben?"

„Sie meinte, dass meine Mitarbeiter zu viel Zeit mit unwichtigen Randgebieten verbringen, statt sich auf die wesentlichen Aufgaben zu konzentrieren." Franz nickt verstehend. „Ohne Erfahrung muss man natürlich erstmal ausloten, was wichtig ist und was nicht. Gewissermaßen um den Kernpunkt kreisen. Können Sie noch etwas konkreter werden?" „Ja. Sie nannte als Beispiel die Datenbank, die große Datenmengen hochperformant verarbeiten muss. Es sollten Daten aus einer objektorientierten Anwendung in eine relationale Datenbank geschrieben werden. Meine Mitarbeiter behaupteten, dass das Objektmodell erst fertig sein muss, bevor sie ein relationales Modell erstellen können. Sie verbrachten stattdessen viel Zeit mit Performanz-Messungen auf einer Testdatenbank, der nicht das spätere Datenmodell zugrunde lag und die nicht in der Zielumgebung lief. Völlig vertane Zeit. Heute weiß ich, dass sie die Felder und die Datenmengen schon viel früher aus den Dateien der Zuliefersysteme hätten ermitteln können."

„Aber an der Datenbank allein wird das Projekt doch nicht gescheitert sein?", wundert sich Franz. „Nein, natürlich nicht. Aber meine Mitarbeiter waren einfach nicht in der Lage, abzuschätzen, wie viel Zeit sie für die einzelnen Aufgabenpakete brauchten. Es tauchten immer wieder neue unvorhergesehene Ereignisse auf. Die Beraterin führte damals auch als Begründung an, dass meine Mitarbeiter nicht in der Lage seien, die einzelnen Aufgabenpakete in kleinere Arbeitspakete zu untergliedern. Stattdessen bestätigten sie einfach die von mir gewünschten Termine als Fertigstellungstermine. Für sie ein sicheres Indiz, dass sie die Aufgabenstellung nicht beherrschen."

Franz versucht, weitere Anhaltspunkte zu finden. „Waren denn die Aufgabenstellung oder die Technologie so neu?“ „Nein, eigentlich nicht. Meine Mitarbeiter haben schon objektorientiert programmiert. Und das System muss die Datenmengen nur annehmen, in der Datenbank ablegen und wieder anzeigen. Ich denke, nichts Ungewöhnliches. Die eigentliche Herausforderung besteht im immensen Datenvolumen und den geforderten Reaktionszeiten. Meine Mitarbeiter sind allerdings alle noch sehr jung und haben noch keine große Projekterfahrung.“

Ludwig hakt auch weiter nach. „Hat Ihnen Ihre Beraterin noch weitere Anhaltspunkte für ihre Befürchtungen genannt?“ Hans-Georg überlegt. „Als weiteres Indiz für die Unerfahrenheit meiner Mitarbeiter führte sie an, dass sie sich weigerten, zuerst ein Konzept zu erstellen. Meine Mitarbeiter führten die hohen Performanzanforderungen als Begründung dafür an, dass sie die Regeln des Software-Engineerings außer Acht lassen. Und deshalb z.B. die spätere Wartbarkeit der Software vernachlässigten. Die Beraterin dagegen meinte, man könne nur etwas tunen, was auch wartbar ist.“ Franz nickt zustimmend. „Ja, das ist vollkommen richtig. Erst einmal muss nach einem sauber strukturierten Konzept entwickelt werden. Tunen kann man, wenn erforderlich, dann immer noch. Ein nicht wartbarer Code kann auch nicht getuned werden.“ Hans-Georg wirkt geknickt. „Für diese Erkenntnis ist es jetzt leider zu spät. Die Instabilität unseres Systems ist u.a. auf den unübersichtlichen Code zurückzuführen.“

„Und Sie fragen sich immer noch, woran Ihre Beraterin die Projektprobleme so früh erkannt hat?“ Franz schmunzelt. „Warum fragen Sie eigentlich uns, und nicht ihre Beraterin?“ Hans-Georg schüttelt bedauernd den Kopf. „Da ich damals leider nicht auf ihre Empfehlungen eingegangen bin, hat sie das Projekt verlassen. Immerhin verdanke ich ihrer frühzeitigen Warnung, dass ich gerade noch rechtzeitig reagieren und so das Projekt retten konnte.“

Risiken werden übersehen oder unterschätzt

- Indikatoren, die schon frühzeitig auf das Scheitern von Projekten hinweisen, werden gerne ignoriert.
- Das Bauchgefühl eines erfahrenen Entwicklers ist ein sicherer Indikator.
- Wenn die Realitäten nicht zum Traum passen, werden sie nur zu gern übersehen.

4 Die Notwendigkeit von Tests wird unterschätzt

Kathrin holt tief Luft und richtet sich auf. „Der Bauch eines erfahrenen Entwicklers ist sicher ein guter Indikator für Probleme, doch mit einer guten Qualitätssicherung könnte man viele Probleme ebenfalls im Vorfeld erkennen." Franz schüttelt vehement den Kopf. „Hör mir nur auf mit Qualitätssicherung. Das kennt man doch, Qualitätssicherer haben meist keine Ahnung von Software-Entwicklung. Sie pochen immer nur auf Einhaltung der Formalien und nerven damit uns Entwickler." Kathrin sieht fast etwas wütend auf Franz. „Heißt das, dass Qualitätssicherung überflüssig sein soll? Da bin ich aber ganz anderer Meinung. Wenn die Formalien eingehalten würden, würden viele Fehler gar nicht erst gemacht."

4.1 Es ist nie der letzte Fehler, den man gefunden hat

„In einem Projekt", erzählt Kathrin, „habe ich kürzlich erlebt, dass ein neues Release neu erfasste Kundendaten nicht abspeicherte, sondern sich ohne Fehlermeldung beendete. Ziemlich übel, da die Anwender den Fehler erst bemerkten, nachdem sie schon umfangreiche Eingaben gemacht hatten. Abgesehen davon, dass das ganze System dadurch nicht nutzbar war. Die Einführung des Releases musste gestoppt werden. Bedeutete zwei Tage Produktionsausfall für den Anwender."

„Was war denn die Ursache für den Fehler?", fragt Helga neugierig. „Wahrscheinlich nur eine Kleinigkeit?" „Ja, genau", bestätigt Kathrin. „In einem Modul war eine kleine Änderung durchgeführt worden, die nirgendwo dokumentiert war. Der zuständige Entwickler hatte nur schnell mal eine kleine Änderung durchgeführt! Und nicht getestet, da die Änderung ja so unbedeutend war. Er hatte diese Änderung auch beim Einchecken in das Konfigurationsmanagementtool nicht dokumentiert. So wusste niemand, dass an diesem Modul Änderungen vorgenommen worden waren."

„Und was war mit den Funktionstests?" Ludwigs Stimme klingt erstaunt. „Sind denn keine Regressionstests durchgeführt worden?" „Doch, schon, aber die Tester haben Regressionstests nur auf den Systemteilen ausgeführt, an denen auch Änderungen durchgeführt worden sind." Franz sieht Kathrin wie um Entschuldigung bittend an. „Nun ja, es scheint, dass die Notwendigkeit von Tests wohl nicht eingesehen wird. Weder vom Entwickler noch vom Testteam. Da müssen dann erst so teure Fehler gemacht werden, bis es alle begriffen haben."

Helga lacht. „So werden Entwickler dreimal bezahlt. Fürs Entwickeln, für das Suchen der Fehlerursache und dann noch für die Fehlerbehebung. Dabei haben Software-Entwickler eigentlich den Ehrgeiz, möglichst fehlerfreie Software zu entwickeln."

Fehler machen ist menschlich

- Es liegt in der Natur des Menschen, Fehler zu machen.
- Auch unbedeutende Änderungen können zu schwerwiegenden Fehlern führen.
- Die Notwendigkeit von Tests wird gerne unterschätzt.

4.2 Die Qualität wird in das Produkt hineingeprüft

Kathrin fühlt sich bestätigt. „Mit einer ordentlichen Qualitätssicherung würde das nicht passieren. Qualitätssicherung macht eben doch nicht nur Aufwand."

Helga sieht Kathrin nachdenklich an. „In meiner Praxis habe ich erlebt, dass die Qualitätssicherung die Qualität der Software nicht wirklich beeinflusst. Im Gegenteil, je mehr Personen mit einem Q in ihrer Rollendefinition vorhanden sind, desto mehr glauben die Entwickler, dass andere für die Qualität ihrer Arbeitsergebnisse verantwortlich sind."

Ludwig nickt mit dem Kopf zur Bestätigung. „Genau meine Erfahrung! Alle verlassen sich auf uns Tester. Wir werden die Fehler schon finden. Dass wir gar keine Testfälle erstellen können, wenn die Anforderungen nicht präzise definiert sind, versteht keiner. Und dass das Testen unnötig lange dauert, wenn uns nach jedem Testfall das System um die Ohren fliegt, auch. Dabei ist bei uns in der Bank Qualitätssicherung vorgeschrieben. Ich weiß nicht, wozu die Jungs und Mädels", Ludwig sieht hierbei auf Kathrin, „überhaupt da sind."

„In einem Projekt", berichtet Helga, „sollte ich auch einmal die Qualitätssicherung durchführen. Es handelte sich dabei um ein System für einen Energieversorger. Die Ergebnistypen waren alle vorgegeben, doch es hielt sich keiner daran. Das Fachkonzept wurde zwar erstellt, aber so schlecht, dass es absolut unbrauchbar war und ohne Review direkt an den Auftraggeber übergeben wurde. Dieser nahm das Fachkonzept so natürlich nicht ab, bestand allerdings auch nicht auf einer Überarbeitung." Kathrin blickt ziemlich verständnislos. „Ein Auftraggeber, der nicht darauf drängt, dass korrekt beschrieben wird, was für sein Geld entwickelt wird?"

Helga zuckt mit den Achseln. „Ich habe es auch nicht verstanden. Aber da er weiterhin zahlte, wollte der Projektleiter das Fachkonzept später überarbeiten und erst einmal weiter entwickeln. Ein Design wurde auch nicht durchgeführt. Es sollte zunächst Software zum Vorführen da sein, anschließend sollte nachdokumentiert werden. Bei dem seltsamen Gebahren des Auftraggebers noch irgendwie verständlich."

„War denn dem Projektleiter nicht klar, dass ein Design nicht nur der Dokumentation, sondern auch dem Entwurf dient?", fragt Kathrin. Helga schüttelt den Kopf. „Der Projektleiter kam gar nicht aus der DV, sondern war E-Techniker. Ihn interessierten mehr die energiewirtschaftlichen Themen als die DV-Technik. Dass man ein komplexes System erst entwerfen muss, sah er zunächst nicht. Außerdem hatte er den Erfolgsdruck im Nacken."

Franz hat interessiert zugehört. „Und was wurde denn letztendlich aus der Software? Wurde trotzdem ein brauchbares System erstellt?" Helga holt tief Luft. „Das erste Release war sogar ganz ordentlich und lief zum vereinbarten Termin als Demo-Version. Tests jedoch hielt der Projektleiter für unnötig, so dass ich nicht nachprüfen konnte, ob dieses Release auch als Basis für die nachfolgenden Releases dienen konnte. Doch als dann die Nachdokumentationen erstellt wurden, erkannte sogar der Projektleiter, dass die Architektur zu umständlich war, um die nachfolgenden Erweiterungen einfach einzufügen. Das vorhandene System musste komplett neu designed werden, was natürlich zu einer Verschiebung des nächsten Releasetermins führte. Allerdings nur intern. Dem Auftraggeber wurde ein Türke vorgeführt."

„Und, war der Projektleiter jetzt schlauer?" Ludwig kann sich ein Grinsen nicht verkneifen. „Das schon", bestätigt Helga, „doch nun war das Kind schon in den Brunnen gefallen. Es wurde auf Teufel komm raus weiter entwickelt und ausprobiert, keine Zeit für Fachkonzept und Design. Ich brauchte gar keine Testfälle, ich konnte auch mit unsystematischen Tests sehr schnell nachweisen, dass es in dem System von Fehlern nur so wimmelte."

„Das ist wohl das Los jeder Qualitätssicherung, sie kann transparent machen, was nicht funktioniert, sie hat jedoch keinen Einfluss darauf, dass von vorneherein Fehler bei der Entwicklung vermieden werden", konstatiert Franz. „Wurde das System denn jemals an den Kunden ausgeliefert?", fragt Franz weiter.

„Der Auftraggeber brauchte das System unbedingt, ohne allerdings selbst sagen zu können, was er denn genau brauchte", fährt Helga fort. „Und zu einer eigenen Abnahme war er wohl auch nicht fähig. Jedenfalls übernahm er dieses seltsame System direkt in einen Probebetrieb und probierte aus. Der Probebetrieb dauerte fast ein ganzes Jahr, ungefähr die Hälfte der gesamten Entwicklungszeit. Erst in diesem Probebetrieb erhielt dann das System die Funktionalität, die der Kunde brauchte."

Ludwig grinst immer noch. „Das nennt man dann Bananensoftware." Helga schüttelt den Kopf. „Nicht ganz, so richtig ist das System nie gereift. Denn es wurde nie so performant wie gewünscht, dazu hätte man eine komplett neue Architektur gebraucht."

Bananensoftware – Produkt reift beim Kunden

- Enger Termindruck führt dazu, auf qualitätssichernde Maßnahmen zu verzichten.
- Die Verantwortung für die Qualität des Entwicklungsergebnisses liegt bei der Entwicklungsleitung, nicht bei der Qualitätssicherung.
- Qualität ist Teil des Produktes, nicht Zugabe.

5 Es wird gegen Werte verstoßen

„Jetzt haben wir so viel über die Planung, die Technik und die Qualitätssicherung gesprochen, ich kenne jedoch noch ganz andere Ursachen, woran Projekte scheitern können“, beginnt Ludwig mit einem neuen Thema.

5.1 Der Motivationsrede folgen keine Taten

„Dass in dem Projekt, in dem ich arbeite, nicht alles optimal läuft, liegt nicht nur an der Überdimensionierung“, fährt Ludwig fort. „Das Management insgesamt wirkt unglaubwürdig. Auf den Teammeetings werden großartige Motivationsreden gehalten. Alles klingt so großartig, dass man schon nicht mehr daran glauben kann. Z.B. wird immer von der Eigenverantwortung der Teammitarbeiter gesprochen, und dass jeder Einzelne das Vertrauen des Managements genießt.“

„Motivationsreden halten, ja, das können die Manager gut“, bekräftigt Franz. Wenn's danach geht, gibt es überhaupt niemals Probleme.“ Ludwig, ermuntert durch Franz' Bemerkung, fährt fort. „Z.B. wird auf unseren Teammeetings dazu aufgefordert, Anregungen und Kritik zu äußern. Wenn jedoch tatsächlich jemand laut Kritik übt, wird er von der Leitung einfach abgebürstet. Nach dem Motto, das siehst du so nicht richtig. Du hast halt nicht den Durchblick. In unserem Projekt arbeiten sehr viele Externe, und die Fluktuation unter diesen Externen ist enorm groß. Dabei liegt bekanntlich gerade bei den Externen das größte Know-how. Wenn sich jedoch einer von denen traut, öffentlich Kritik zu üben, ist er sehr schnell draußen.“ Helga nickt zustimmend „Das kenne ich. Das ist tödlich für jedes Projekt. Wenn keine Kritik mehr geäußert werden darf, kann das Projekt sich nicht mehr selbst korrigieren.“

Ludwig ereifert sich immer mehr. „Dafür scheinen andere Externe nur durch Beziehungen in das Projekt gekommen zu sein. Jedenfalls tun sie sich nicht durch große Fachkenntnis hervor. Manche reden sogar blanken Unsinn. Aber die bleiben im Projekt.“

Helga hat sich inzwischen auch ein Stück Pflaumenkuchen geholt. „Der Pflaumenkuchen duftet hervorragend. Da kann ich nicht widerstehen.“ Sie probiert genussvoll ein kleines Stück. „Von einem großen Kuchen schneiden sich halt viele schnell ein Stück ab. Dabei sind gerade Werte wie Vertrauen und Eigenverantwortung besonders wichtig. Wenn diese Werte nicht gelebt werden, wird jeder Mitarbeiter demotiviert und kündigt zumindest innerlich.“

Nicht gelebte Werte machen unglaubwürdig und demotivieren die Mitarbeiter

- Kritik ist wichtig für ein Projekt. Wenn keine Kritik geäußert wird, kann sich ein Projekt nicht selbst korrigieren.
- Freunde oder befreundete Unternehmen besitzen nicht immer auch die benötigte Qualifikation.
- Fehlende Eigenverantwortung führt zu 'Dienst nach Vorschrift'.

5.2 Konkurrenz belebt das Geschäft

„Werte wie Vertrauen und Eigenverantwortung, gibt es das wirklich in einem EDV-Projekt?", fragt Lutz in die Runde. „Ich merke, wie diese Worte etwas in mir auslösen. Das ist es, glaube ich, was mir bisher in meinen Projekten gefehlt hat."

Franz sieht ihn mitleidig an. „Sie Ärmster. Doch das ist wohl symptomatisch für unsere Zeit. Es gibt keine Werte mehr." Helga widerspricht heftig. „Doch. Werte gibt es immer noch. Sie werden nur nicht mehr gelebt. Doch ich spüre immer deutlicher, dass gerade bei den jungen Entwicklern eine richtige Sehnsucht nach echten Werten entsteht." „Eine Sehnsucht," Lutz' Augen beginnen zu glänzen, „genau das ist es. Ich erinnere mich gerade an ein früheres Projekt, in dem genau gegen diese Werte verstoßen wurde. Obwohl sie so nie ausgesprochen wurden. Doch jetzt beginne ich zu begreifen, warum wir alle so verletzt waren. Wir haben unbewusst gespürt, dass diese Werte mit Füßen getreten wurden."

„Was ist denn in diesem Projekt passiert?", fragt Kathrin teilnahmsvoll. Lutz atmet schwer. Man sieht ihm deutlich an, wie sehr die Erinnerung an dieses Projekt ihn immer noch beschäftigt. „In diesem Projekt waren wir in zwei Teams aufgeteilt. Der Teamleiter des Teams, in dem ich war, erschien uns sehr kompetent. Anfangs standen wir alle voll hinter ihm. Wir machten uns selbst Gedanken über unsere Arbeit, trugen ihm unsere Ideen zu. Unser Teamleiter lobte uns immer wieder wegen unserer tollen Ideen. Doch so nach und nach merkten wir, dass unsere Ideen kaum berücksichtigt wurden. Und wenn doch, dann gab er unsere Ideen gegenüber dem Projektleiter als seine eigenen aus. Einmal z.B. machte ich ihm einen – wie ich meine – sehr guten Vorschlag. Er hörte sich meinen Vorschlag geduldig an, sagte dann jedoch, dass wir alles ganz anders machen werden. Und beschrieb mir dann genau das, was ich ihm gerade vorgeschlagen hatte, als seine eigene Idee. Ich war total sprachlos über so viel Dreistigkeit. Den anderen erging es wohl ähnlich. Wir alle fühlten uns durch sein Verhalten verletzt und machten nur noch Dienst nach Vorschrift. Untereinander redeten wir auch nicht, die Verletzungen waren wahrscheinlich bei jedem sehr groß."

„Ein gutes Beispiel dafür, dass die Verletzung von Werten zu Demotivation führt. Auch wenn diese Werte gar nicht als Ziel genannt sind", sinniert Franz. „Wie ist das Projekt denn insgesamt verlaufen?"

Lutz fährt mit seiner Erzählung fort. „Christof, so hieß der Teamleiter, ging nicht nur mit uns so um, sondern auch mit dem Teamleiter des anderen Teams. Im anderen Team, das das Datenmodell erstellte, waren keine IT-Leute. Dies ließ Christof den anderen Teamleiter deutlich spüren. Immer, wenn dieser auf Zusammenarbeit zwischen den beiden Teams drängte, ließ Christof ihn wissen, dass er keine Ahnung von IT hätte und deshalb auch keine Zusammenarbeit möglich sei. Wir, d.h. unser Team, wisse schon selbst, was zu tun sei."

„Kann es sein, dass euer Teamleiter eine Profilneurose hatte?" Franz wirkt fast erbost. „So viel Arroganz und Dummheit auf einmal können doch sonst nicht möglich sein!" Lutz wird nachdenklich. „Vielleicht. Damals habe ich es nicht so gesehen. Ich war nur verletzt und gleichzeitig verunsichert. Christof trat so selbstsicher auf."

„Wenn beide Teams nicht zusammengearbeitet haben, konnte denn dann überhaupt etwas sinnvolles produziert werden?" Kathrin ist ebenfalls ganz aufgebracht. „Schließlich müssen Anforderungen und Realisierung doch zusammenpassen."

„Es ging natürlich nicht gut. Irgendwann wurde für jeden, d.h. auch für unseren Projektleiter, offensichtlich, dass beide Teams aneinander vorbei arbeiteten. Wir hatten vieles vom Datenmodell überhaupt nicht richtig verstanden. Und dadurch falsch umgesetzt."

„Was war denn mit eurem Projektleiter?", fällt Franz ein. „Hätte der nicht früher eingreifen können?" Lutz schüttelt den Kopf. „Der stand anfangs voll hinter Christof. Wer es wagte, etwas gegen Christof zu sagen, bekam Ärger. Zu ihm hatten wir auch kein Vertrauen mehr. Der andere Teamleiter hatte unter diesen Umständen wahrscheinlich auch nicht den Mut, deutliche Worte zu sagen."

„Und wie endete denn das Projekt?", drängt Ludwig. „Konnte es überhaupt sinnvoll beendet werden?" „Das Projekt wurde eines Tages einfach abgebrochen. Angeblich, weil der Kunde den Auftrag zurückgezogen hat. Ich habe nicht gewagt, nachzufragen. Eigentlich war ich nur froh, dass es endlich zu Ende war." Lutz hängt traurig seinen Erinnerungen nach.

Kathrin ist außer sich. „Unglaublich, wie ein einzelner Mensch ein ganzes Projekt boykottieren kann, indem er geschickt Werte und Identität der anderen verletzt." Lutz blickt Kathrin dankbar an.

Die Verletzung von Werten und Identität anderer führt zur inneren Kündigung

- Gesunde Konkurrenz kann anspornen. Übertriebenes Konkurrenzdenken blockiert ein Projekt.
- Projektarbeit ist Teamarbeit. Wenn einer die Arbeit des gesamten Teams nutzen will, um sich allein zu profilieren, führt dies zur Verletzung von Werten der Anderen.

6 Die Kommunikation findet nicht statt

„Werte, das ist eines der ganz wichtigen ‚soft facts', die nur zu oft vergessen werden", sagt Franz versonnen. „Ein anderer wichtiger Aspekt ist die Kommunikation." „Ja, ja, die Kommunikation", unterstreicht Ludwig die Worte von Franz. „Etwas, womit sich anscheinend gerade Software-Entwickler besonders schwer tun."

6.1 Wünsche von den Augen ablesen

Am Nebentisch steht eine sehr hübsche, junge Frau mit großen braunen Augen und schlanker Figur. Lutz sieht verstohlen zu ihr hinüber. „Waren Sie auch in dem PEGASUS-Vortrag?", fragt er etwas schüchtern hinüber. Saskia Berger lächelt Lutz freundlich an und kommt herüber. Sie stellt sich direkt neben Lutz. „Ich habe gerade erst mein Studium abschlossen und meinen ersten Job bei einer Bank. Alles ist noch ziemlich neu für mich. Ich hoffte, in diesem Vortrag zu erfahren, was man in der Software-Entwicklung machen kann."

„Und, sind Sie jetzt klüger?", fragt Franz mit einem schmunzelnden Blick auf Lutz.

„Leider nein. Ich hätte gerne etwas darüber gehört, wie ein Fachkonzept aussehen muss. Für unsere Abteilung – Wertpapiere – soll ein neues EDV-System entwickelt werden. Der Kollege, mit dem ich zusammenarbeite, soll die Anforderungen für das EDV-System entwickeln. Fachlich ist er genau der Richtige, er weiß sehr viel. Aber das Tagesgeschäft lässt ihm kaum Zeit dafür. Und so muss ich den größten Teil der Anforderungen definieren. Zeit dafür hätte ich ja. Nur kenne ich weder unsere fachlichen Anforderungen genau, noch weiß ich, in welcher Form die Entwickler denn die Anforderungen brauchen. Und wenn ich versuche, meine vagen Vorstellungen den Entwicklern zu erklären, blicken diese ziemlich verständnislos. Aber lieb sind sie. Immerhin versuchen sie, mir meine Wünsche von den Augen abzulesen."

„Bei diesen wunderschönen Augen verständlich." Lutz blickt Saskia tief in die Augen. „Doch die meisten Anwender haben keine so schönen Augen."

„Lass bitte die blöde Bemerkung. Die Entwickler übertragen dann meine ungenauen Angaben in ein Datenmodell, das ich noch weniger verstehe. Wenn mein Kollege dann das Datenmodell prüft, schimpft er über die Entwickler, dass sie so wenig Ahnung vom Wertpapiergeschäft haben und einfach keine Phantasie, sich in unsere Anforderungen hineinzudenken. Ich frage mich, wie Software überhaupt entwickelt werden kann, wenn die

Fachleute, die die Software brauchen, und die IT-Leute, die sie entwickeln, sich nicht verstehen und auch nicht die Zeit haben, ausführlich miteinander zu reden."

Ludwig nickt mit dem Kopf. „Dies ist wahrscheinlich der Grund, warum Software so häufig am Bedarf vorbei entwickelt wird und erst in der Abnahmephase bzw. im laufenden Betrieb angepasst wird."

„Oder gar nicht eingesetzt wird!", setzt Franz noch eins obendrauf. „Häufig ist es doch so, dass die Leute aus den Fachabteilungen gar nicht wirklich mitarbeiten wollen, da das neue System Veränderungen für sie bedeutet. Manchmal sogar den Verlust ihres Arbeitsplatzes."

„Ja, die Angst vor dem Unbekannten verhindert häufig eine effektive Zusammenarbeit", bestätigt Helga. „Dabei könnten sie durch ihre Mitarbeit das neue System entscheidend prägen."

Es wird am Bedarf vorbei entwickelt

- Wenn die zukünftigen Anwender nicht in das Projekt einbezogen sind, wird schnell am Bedarf vorbei entwickelt.
- Fachabteilung und Entwickler sprechen unterschiedliche Sprachen. Es muss eine für beide Seiten verständliche Sprache gefunden werden.
- Angst vor dem Unbekannten oder vor Veränderung behindern häufig eine konstruktive Zusammenarbeit zwischen Fach- und EDV-Abteilung.

6.2 Kein System arbeitet auf der grünen Wiese!

Franz streicht sich nachdenklich über das Kinn. „Kommunikation mit dem Auftraggeber, das ist die eine Seite. Doch auch mit der Kommunikation der Entwickler untereinander hapert es oft." Er macht eine kurze Pause. „Ich denke da an die Schnittstellendefinition, gewissermaßen auch eine Form der Kommunikation."

Ludwig muss schon wieder grinsen. „Zu dem Thema kann ich auch etwas aus meinem Projekt beisteuern. Das System, das wir entwickeln, ersetzt nur ein kleines System aus einer ganzen Kette von Systemen, die alle Schnittstellen zu unserem System haben. Doch an diesem Thema arbeitet derzeit nur eine Person halbtags. Ich bezweifle, dass das reicht. Aber ich muss es ja nur testen." „Falls es etwas zu testen geben wird", zweifelt Franz. „Dabei machen doch bekanntlich die Schnittstellen den meisten Aufwand, weil sie selten an das neue System angepasst werden. Und sie beeinflussen außerdem die Architektur des neuen Systems, sollten also so früh wie möglich feststehen."

„In einem Projekt", erzählt Lutz, „sollte ich einen Texteditor mit neuartiger GUI-Oberfläche entwickeln. Leider gab es zu dem Zeitpunkt weder die GUI-Oberfläche noch einen Ansprechpartner für die Schnittstellen. So musste ich die Schnittstellen allein definieren." „Die Schnittstelle für eine GUI-Oberfläche aus den Anforderungen eines Texteditors heraus definieren? Das kann doch nicht funktionieren", zweifelt Helga. „Genauso war's", stimmt Lutz ihr zu. „Als dann das GUI entworfen wurde, wurde die Schnittstelle natürlich ganz anders definiert. Und ich musste 60% des Codes neuschreiben, da ein Editor naturgemäß ständig auf die Oberflächenschnittstelle zugreift."

„Dieses Beispiel zeigt zwar, wie wichtig eine frühzeitige Schnittstellendefinition ist", unterbricht Kathrin, „doch wir wollten doch eigentlich über Kommunikation sprechen. Das Projekt z.B., von dem ich am Anfang unserer Unterhaltung gesprochen habe, ist genau ein Beispiel für falsch gelaufene Kommunikation."

„War das das Projekt, in dem bei dem Projektleiter insgesamt die Basics fehlen?", hakt Helga nach. „Ja, genau. Das Zuliefersystem. Es wurden zwar zunächst die Anforderungen von den zu beliefernden Systemen aufgenommen, aber nur unvollständig, und dann werden sie einfach in die Schublade gelegt." „Oder in den Papierkorb", wirft Ludwig grinsend ein. „Ja, vielleicht. Jedenfalls glaubte der Projektleiter, dass er schon wisse, was die anderen Systeme brauchen, und definierte die Schnittstelle gewissermaßen im stillen Kämmerlein. Die Projektleiter der zu beliefernden Systeme fragten zwar immer wieder nach, doch sie wurden auf den großen Tag X vertröstet." „Der natürlich ein Reinfall wurde", vermutet Franz. „Genau", fährt Kathrin fort. „Am Tag X wurde das neue System als riesiges Überraschungspaket angekündigt, doch es wurde zu einer gewaltigen Enttäuschung. Keines der Zuliefersysteme konnte etwas mit der Schnittstelle anfangen."

„Was meine These vom Anfang nur bestätigt", freut sich Franz.

Schnittstellen werden zu spät berücksichtigt

- Schnittstellen beeinflussen die Architektur. Wenn sie zu spät definiert werden, muss vieles überarbeitet werden.
- Die Schnittstellen insbesondere zu Altsystemen erfordern oft einen größeren Entwicklungsaufwand, als für das Neusystem notwendig ist.
- An der Schnittstellendefinition sind immer mindestens zwei beteiligt.

7 Nicht die Technik, die Menschen bestimmen den Erfolg eines Projektes

Ludwig macht eine abfällige Handbewegung. „Die Projekte, über die wir bisher gesprochen haben, boten doch eigentlich keine echte Herausforderung. Es waren doch mehr die persönlichen Ziele Einzelner, die zu Problemen führten."

„Ein immenses Datenvolumen mit hohen Performanzanforderungen zu verarbeiten, das ist doch eine echte technologische Herausforderung!" Hans-Georg zugewendet, fragt Lutz: „Hatte Ihre Beraterin hierfür auch eine Lösung"? Hans-Georg verneint. „Nicht direkt. Sie wies nur darauf hin, dass hier die eigentlichen Probleme auf uns zu kommen werden, und dass wir frühzeitig Maßnahmen ergreifen sollten. Wie z.B. mit Prototyping die Verarbeitung großer Datenmengen zu testen. Um zu prüfen, ob der Durchsatz überhaupt in der geforderten Zeit gewährleistet werden könnte."

Franz holt tief Luft. Das ist sein Thema. „Jetzt kommen wir endlich zum Kern unserer ganzen Diskussion. Die eigentlichen Herausforderungen für uns liegen doch in der Technologie. Früher mussten wir noch so richtig tricksen, um möglichst viel Speicherplatz und Rechenzeit zu sparen. Heute kostet Speicher so gut wie nichts mehr, und die Rechenoperationen laufen doch inzwischen auch mit nahezu unendlicher Geschwindigkeit ab. Das Nadelör sind immer noch die Dateizugriffe."

Ludwig wird auch ganz aufgeregt. „Und völlig neuartige Anforderungen. Oder auch die Komplexität der Anforderungen. Früher hat die EDV das nachgebildet, was bis dahin der Mensch von Hand erledigt hat, wie z.B. Buchen oder einen Kran steuern. Heute eröffnet die EDV Dimensionen, die ohne sie nie möglich wären."

„Dass solche Projekte Probleme haben, kann ich verstehen. Hier können sicher Prozesse, Methoden und Tools helfen, die richtigen Lösungen zu finden." Kathrin freut sich, endlich doch einen Nutzen für Prozesse und Methoden zu sehen.

Helga hat geduldig zugehört. „Sie haben vollkommen Recht. Die technologischen Anforderungen sollten die eigentliche Herausforderung in der Software-Entwicklung sein. Software wird jedoch immer noch von Menschen gemacht. Und die haben nun mal alle ihre Schwächen und ihre persönlichen Ziele. Software-Entwicklung ist ein ganzes Geflecht aus Visionen, Zielen, Erfahrungen, Herausforderungen, Organisation, Hardware, Prozessen, Methoden und Werkzeugen. Das Projekt, das ich schon mehrfach erwähnt habe, betrat damals auch technologisches Neuland und musste zusätzlich mit einem ziemlich unerfahrenen Team unter großem Zeitdruck durchgeführt werden. Trotzdem, wie schon gesagt ..."

„Ich werde immer neugieriger auf dieses Projekt. Wie wär's denn, erzählen Sie uns doch einfach von diesem Projekt", fordert Franz Helga auf.

Keine Konzentration auf die Lösung der technologischen Anforderungen

- Software-Entwicklung ist ein komplexes Geflecht aus Visionen, Zielen, Erfahrungen, Herausforderungen, Organisation, Hardware, Prozessen, Methoden und Werkzeugen.
- Die technologischen Anforderungen sollten die eigentlichen Herausforderungen in der Software-Entwicklung sein.

Teil 2 – ContiKi

Anleitungen, Schiffe zu bauen, gibt es viele.

Doch wer sagt einem, wie man das Schiff sicher durch die Stürme des Projektalltags zum Ziel steuert?

Handelnde Personen Teil 2

Alfred Klein	48 Jahre, Geschäftsführer einer Softwarefirma, glänzender Redner und Verkäufer, Kaufmann, sehr innovativ, glaubt an den Erfolg von ConTiki.
Karl Müller	37 Jahre, Abteilungsleiter, leitet die Produktentwicklung für ConTiki, ruhig und besonnen, nüchtern denkend, viele Jahre IT-Erfahrung, erfolgreich in der Leitung seiner Abteilung, schafft es, einen guten Kontakt sowohl zur Geschäftsführung als auch zu seinen Mitarbeitern herzustellen.
Bodo Wessel	38 Jahre, Leiter des Vertriebs von ConTiKi, dynamischer Verkäufer, langjährige Verkaufserfahrung.

Hans-Ulrich Knauf	32 Jahre, geistiger Vater von ConTiKi, sehr lässig, immer ein freundliches Lächeln und ein lockerer Spruch auf den Lippen, erst Abteilungsleiter von ConTiKi, später Vertriebsmitarbeiter für ConTiKi.
Britta Salzwedel	28 Jahre, drei Jahre IT-Erfahrung, acht Semester Soziologie-Studium, dann halbjährige Umschulung auf EDV, kann sehr strukturiert und gut in Prozessen denken, sehr hilfsbereit, besitzt wenig Programmiererfahrung.
Uwe Koch	29 Jahre, Informatiker, verheiratet, ein Kind, zwei Jahre Programmiererfahrung, spricht wenig, doch wenn, dann sehr fundiert, ist sehr gründlich und sehr zuverlässig.
Jürgen Schwarz	31 J, Informatiker, drei Jahre Programmiererfahrung, verheiratet, drei Kinder, sehr experimentierfreudig und technikverliebt, kann hervorragend abstrahieren und strukturieren
Carsten Hanf	32 Jahre, Elektrotechniker, verheiratet, zwei Kinder, vier Jahre Erfahrung in Systemprogrammierung, ein Bastlertyp
Paul Mildner	26 Jahre, Informatiker, Studium gerade beendet, hat während des Studiums als wissenschaftliche Hilfskraft in einem anderen Softwarehaus gearbeitet.
Lukas Brecher	28 Jahre, Informatiker, Studium gerade beendet, hat als Student an ConTiKi mitgearbeitet, hat die erste Version von ConTiKi zum größtenteil programmiert, keine weitere IT-Erfahrung.
Dr. Hans-Otto Kroll	31 Jahre, Informatiker, Schwerpunkt Software-Engineering, drei Jahre als wissenschaftlicher Assistent an der Hochschule, erstes IT-Projekt in der freien Wirtschaft, stark methodengläubig, sehr ehrgeizig, möchte ConTiKi nutzen, um sich zu profilieren.
Kurt Baumeister	26 Jahre, BWLer, Studium gerade beendet, hat als Student an ConTiKi mitgearbeitet, kennt insbesondere die fachlichen Funktionen von ConTiKi sehr gut, hat Teile der ersten Version von ConTiKi programmiert, keine weitere IT-Erfahrung.
Richard Schneider	29 Jahre, Informatiker, ConTiKi ist sein erstes IT-Projekt, sehr zurückhaltend, fast ängstlich.
Dr. Martin Smit	34 Jahre, Physiker, Tscheche, verheiratet, drei Kinder, seit einem Jahr in Deutschland, beteiligt an der Entwicklung des DBMS für ConTiKi, keine weitere IT-Erfahrung, sehr verantwortungsbewusst und kooperativ, sorgt sich um seinen Arbeitsplatz.
Carlos Marquez	32 Jahre, Informatiker, Spanier, seit fünf Jahren in Deutschland, bereits fünf Jahre Datenbank-Erfahrung bei einem Automobilhersteller, neu in ConTiKi.

Ludger Bonhoff	27 Jahre, Informatiker, zwei Jahre Datenbank-Erfahrung, beteiligt an der Entwicklung des DBMS für ConTiKi.
Horst Stahl	28 Jahre, Informatiker, zwei Jahre Programmiererfahrung, aus der Logistik-Abteilung zu ConTiKi gewechselt, beteiligt an der Entwicklung des DBMS für ConTiKi, sehr kooperativ, jemand, der Arbeit einfach erledigt statt darüber zu diskutieren.
Hermann-Josef Michaelis	38 Jahre, Qualitätssicherer, verheiratet, vier Kinder, ursprünglich Lehrer für Mathematik und Physik, erstes IT-Projekt, sehr ruhig und besonnen, etwas naiv, hat sehr viel Angst um seinen Job.
Helga Lüpschen	36 Jahre, Mathematikerin, ein Kind, insgesamt 18 Jahre EDV-Erfahrung, mehr als fünf Jahre Projektleitungserfahrung, Projektleiterin von ConTiKi.

außerdem:

Rainer und Uli	Studenten, die in ConTiKi als wissenschaftliche Hilfskräfte mitarbeiten
Fred	als Unix-Berater im Team
Hendrik	im Rechenzentrum zuständig für ConTiKi
Sven und Benno	technical writer, zuständig für die Handbücher von ConTiKi

8 Neue Horizonte

Das Projekt, von dem ich euch erzähle, heißt ConTiKi. ConTiKi steht für ‚e**Con**omical decision **Ti**ming **Ki**t'. Es ist ein Werkzeugkasten zur Ermittlung des richtigen Zeitpunkts für wirtschaftliche Entscheidungen. Irgendwie passt der Name auch ganz gut zu diesem Projekt. Ein Floß, das zuerst aus einzelnen Baumstämmen zusammengebaut werden muss, und mit dem sich dann die Mannschaft durch die Stürme des Meeres kämpft, um unentdeckte Ufer zu erreichen.

8.1 Einen weißen Fleck auf der Landkarte entdecken

Damals arbeitete ich für ein Bamberger Softwarehaus. Ich hatte schon einige Projekte im Kundenauftrag, also unter Termindruck und knappem Budget, geleitet. Einer meiner Kollegen hatte das ‚e**Con**omical decision **Ti**ming **Ki**t' im Rahmen eines Forschungsauftrags zusammen mit zwei Studenten entwickelt. Zur großen Überraschung bestand riesiges Interesse für dieses Kit am Markt. Doch für die Vermarktung als Produkt war ConTiKi nicht reif genug. Es stürzte häufig ab, war ziemlich umständlich in der Bedienung, gleichartige Operationen sahen in verschiedenen Kontexten unterschiedlich aus. Die Firmenleitung beschloss, in ConTiKi zu investieren, um es in größerem Stil zu vermarkten.

Es wurde eine eigene Abteilung für ConTiKi eingerichtet, Hans-Ulrich Knauf, der ‚Erfinder' von ConTiKi, wurde Abteilungsleiter. Der zukünftige Vertriebsleiter, Bodo Wessel, wurde auch gleich eingestellt. Als Start wurden alle an ConTiKi interessierten Kollegen zu einer Klausurtagung eingeladen. Visionen für ein neues ConTiKi sollten entwickelt werden.

Ich selbst dachte nach fünf Jahren Projektgeschäft gerade über eine berufliche Veränderung nach. Ein Wechsel in eine Produktentwicklung erschien mir sehr reizvoll. Also meldete ich mich auch zur Klausurtagung an.

Die Klausur fand in Rech statt, einem kleinen idyllischen Weinort an der Ahr. Wir waren in zwei Gruppen unterteilt, eine Gruppe sollte das Marketing- und Vertriebskonzept entwickeln, die andere Gruppe - in der auch ich war – das technische Konzept.

Unsere Stimmung war großartig. Einmal zwei Tage lang nur einfach träumen! Von unserem Besprechungszimmer aus konnten wir auf die Ahr und die Weinberge sehen. Das Wasser der Ahr glitzerte in der Sonne, die kleinen Häuser mit ihren roten Dächern drängten sich wie Schutz suchend an die sonnendurchfluteten hellgrünen Weinberge, der Himmel war strahlend blau. Wir genossen in den Pausen die Wärme der Sonnenstrahlen und am Abend den hervorragenden Ahrwein.

Inspiriert durch die wunderbare Umgebung sprudelten unsere Ideen für ConTiKi nur so. Sogar am Abend beim Wein redeten wir uns die Köpfe heiß. ConTiKi sollte auf beliebig vielen Plattformen laufen, eine völlig neuartige Benutzeroberfläche erhalten, der Flatfile sollte durch eine Datenbank ersetzt werden, es sollte leicht erweiterbar für neue Funktionalitäten sein und auch noch um ein neuartiges Auswertungssystem erweitert werden. Alles natürlich nach dem neuesten Stand der Technik. Oder auch kurz ausgedrückt, ConTiKi musste komplett neu geschrieben werden.

Zum Abschluss der Klausur gabt es Sekt und Büffet. Natürlich auch wieder Ahrwein. Einer der Geschäftsführer, Herr Klein, war extra angereist. Er betonte, wie wichtig ConTiKi für unser Unternehmen sei und wie glücklich er wäre, dass die Klausurtagung ein so toller Erfolg sei. Unser neuer Vertriebsleiter, Bodo Wessel, seit 14 Jahren im Produktvertrieb, erläuterte das gerade erarbeitete Marketing- und Vertriebskonzept. ConTiKi sollte zuerst bei unseren Auftraggebern als wirtschaftliche Entscheidungshilfe platziert werden. Hierunter waren einige sehr namhafte Firmen. Mit dieser Referenz sollte dann der deutsche Markt weiter erobert werden. Danach Europa und vielleicht sogar die USA. Dafür hatte er bereits ein Partnering-Konzept – er wieß auf seine weltweit sehr guten Kontakte hin - angedacht, damit die dann nötigen Investitionen finanziert werden können. Er betonte, dass er noch nie vorher eine so großartige Stimmung vor einem Projektstart erlebt hatte.

Hans-Ulrich warb anschließend sehr wortreich für unser technisches Konzept. Er stellte die technologischen Neuerungen besonders heraus: ein Produkt, dass nicht nur in seiner Funktionalität, sondern auch in seiner Konstruktion völlig neuartig sei. Wir Entwickler blickten etwas ängstlich zu Herrn Klein hinüber, schließlich würde unser Vorhaben so einiges kosten. War das im Budget drin? Doch Herr Klein nahm uns schnell unsere Befürchtungen. „Wir wollen mit ConTiKi einen weißen Fleck in der Landkarte der Wirtschaft ausfüllen. Dafür ist uns kein Aufwand zu groß."

Wir alle waren begeistert. Ich beschloss, schnellstmöglich in die Produktentwicklung von ConTiKi zu wechseln.

Visionen sind der Ursprung jeden Fortschritts

- Wer Erfolg haben will, braucht Visionen.
- Eine Vision muss erreichbar, lohnend und inspirierend sein, damit ihr alle folgen.
- Visionen lassen sich losgelöst vom Tagesgeschäft leichter entwickeln.

8.2 Viele Baumstämme treiben unkontrolliert den Strom hinunter

Mein Wechsel zu ConTiKi verzögerte sich um mehrere Monate, denn es gab einen Folgeauftrag zu dem Projekt, in dem ich gerade arbeitete.

Als ich dann endlich wechseln konnte, war das Projekt ConTiKi schon voll im Gange. Es waren sechs Entwickler und ein Qualitätssicherer neu eingestellt worden, zusätzlich waren vier Kollegen aus anderen Abteilungen in die Produktentwicklung gewechselt. Die beiden Studenten, die früher schon an ConTiKi gearbeitet hatten, sind in eine Festanstellung übernommen worden. Für das Schreiben der Benutzerhandbücher sind extra zwei technical writer eingestellt worden. Außerdem waren da noch Hans-Ulrich und ich. Zusammen mit zwei Studenten ein Team von 19 Personen.

Zunächst arbeitete ich mich in ConTiKi ein, indem ich die alte Version auf einen Compaq portierte. Dies war ein eigenes Projekt, das parallel zur Neuentwicklung von ConTiKi durchgeführt wurde.

ConTiKi war in Fortran geschrieben und lief bisher auf einem IBM-PC. Bei dieser Portierung erkannte ich sehr schnell, warum ConTiKi nicht produktreif war: Konstanten waren fest im Code verdrahtet, Error-Parameter wurden grundsätzlich nicht abgefragt, dafür Realzahlen auf = 0, der Code war völlig unstrukturiert und undokumentiert. Kurz und gut, ConTiKi verstieß so ziemlich gegen jeden guten Programmierstil. Ich war entsetzt!

Da auf dem Compaq viele der Fehler zu Abstürzen führten, erhielt ich die Zeit, ein Refactoring durchzuführen. So konnte ich dem Kunden doch noch ein stabiles ConTiKi zur Verfügung stellen, erhielt gleichzeitig einen guten Einblick in den Code und die Funktionalität von ConTiKi und bekam in dieser Zeit auch einen Einblick in den aktuellen Projektstand der Neuentwicklung. Oder auch nicht. Denn eigentlich erfuhr ich so gut wie nichts. Es dauerte eine Weile, bis ich begriff, dass *nichts* da war! Es gab keinen offiziellen Projektleiter, keine Planung, kein Fachkonzept, kein Design, und vermutlich auch keinen ablauffähigen Code.

Stattdessen gab es einen Endtermin, den 31.10. Und das war schon in acht Wochen! Damit hätte die Neuentwicklung gerade mal 6 Monate gedauert. Mein Bauch sagte mir, dass mit diesem Team mindestens zwei Jahre Entwicklungszeit notwendig seien.

Meine Bedenken wurden durch Hans-Ulrich dadurch abgetan, dass die Funktionalität von ConTiKi doch bekannt sei. Schließlich könne sich jeder ansehen, welche Funktionen in ConTiKi realisiert sein sollten. Und was die Architektur anbelangt, so seien doch einzelne Arbeitspakete gebildet. Dies müsse seiner Meinung nach ausreichen, für mehr sei keine Zeit. Es sei eben die Eigeninitiative jedes Einzelnen gefordert.

Hans-Otto unterstützte die Auffassung von Hans-Ulrich. Hans-Otto war promoviert. Bevor er zu ConTiKi kam, hatte er als wissenschaftlicher Assistent mit Schwerpunkt Software-Engineering gearbeitet. Er hatte die Arbeitspakete entsprechend den Funktionen in ConTiKi geschnürt, d.h. für jede Auswertung ein Arbeitspaket. Zusätzlich hatte er die Arbeitspakete Reporting, Datenbank und Qualitätssicherung definiert. Seiner Meinung nach waren damit alle Aufgaben ausreichend beschrieben. Dass DV-technische Komponenten sich selten mit Komponenten aus der fachlichen Sicht decken, konnte er nicht nachvollziehen. An der Hochschule hatten sie Komponenten immer nach fachlichen Gesichtspunkten gebildet. Nun ja, Performanz war da auch nicht unbedingt die Anforderung mit der höchsten Priorität.

Nur in einem Punkt gab er mir Recht: bei der fehlenden Projektleitung. Ich hatte den starken Verdacht, dass er hoffte, offiziell Projektleiter zu werden.

Das in Rech geplante Datenbankmanagementsystem, DBMS genannt, wurde in einem separaten Projekt von einem kleinen Team entwickelt. Carlos, ein Spanier mit großer Datenbankerfahrung, leitete das Projekt. Das DBMS-Team entwickelte ein neues relationales Datenbankmanagementsystem, obwohl es davon bereits genügend auf dem Markt gab. Auf meine Frage, ob sie denn ConTiKi überhaupt kennen würden, reagierten sie nur überheblich. ConTiKi? Wer interessiert sich schon für ConTiKi? Sie hatten hier die Chance, ihr ganzes Datenbankwissen in einer eigenen Entwicklung einzubringen. Ich war sprachlos. Wenn schon ein eigenentwickeltes DBMS, dann doch bitteschön eins, das genau auf die Anforderungen von ConTiKi zugeschnitten sein wird! Stattdessen durfte sich hier ein teures Team von Spezialisten unbehindert der Verwirklichung der eigenen Träume hingeben.

Der Qualitätssicherer, Hermann-Josef, erschien mir auch recht hilflos. Er sammelte die Fehlermeldungen der Kunden von ConTiKi, um überhaupt Testfälle zusammenzubekommen. Außerdem klagte er, dass Hans-Otto ihn drängte, das V-Modell im Projekt einzuführen, doch alleine könne er das nicht. Unterstützung hierfür erhielt er aber auch nicht.

Jeder Mitarbeiter hatte ein eigenes Arbeitspaket, von dem angeblich jeder ganz genau wusste, was er damit anfangen sollte. Was ich bezweifelte, da ja fast keiner von ihnen ConTiKi kannte. Und da sich das Team auch noch nicht richtig kannte, wurde auch nicht miteinander gesprochen. Im Gegenteil, jedes Mal, wenn ich versuchte, einen Kollegen zu fragen, woran er denn genau arbeitete, erhielt ich ausweichende Antworten.

Ich brauchte eine Weile, um zu begreifen, dass die ausweichenden Antworten der Kollegen mit ihrer Unsicherheit über ihre Arbeit zu tun hatten. Da sie selbst wenig Erfahrung hatten, glaubten sie, es läge an ihrer Unerfahrenheit, dass sie ihre Aufgabenstellung nicht verstanden hätten. Deshalb trauten sie sich nicht, bei anderen Kollegen nachzufragen, denn sonst hätten diese ja ihre Unwissenheit entdecken können.

Zu Uwe und Jürgen war mein Kontakt besser, wir kannten uns schon aus früheren Projekten. Die beiden hatten auch schon Bedenken, ob denn alles so seine Richtigkeit habe. Ihre Projekterfahrung war aber noch nicht groß genug, um gegen die Selbstsicherheit, die Hans-Ulrich und Hans-Otto verbreiteten, argumentieren zu können.

Gemeinsam gelang es uns, nach und nach das Vertrauen der anderen Kollegen zu gewinnen und uns ein genaues Bild vom aktuellen Projektstand zu machen. Und uns davon zu überzeugen, dass das Projektziel nicht zu erreichen war. Doch für eine Korrektur war es schon zu spät.

Der Endetermin rückte bedrohlich nahe und alle wurden ziemlich nervös. Es herrschte Chaos und Hans-Ulrich geriet in Panik. Kollegen, die öffentlich Kritik übten, dazu gehörte auch ich, wurden von Hans-Ulrich lautstark angeschrien, sie wären einfach unfähig. Viele kündigten, Uwe und Jürgen beschlossen, in ihre früheren Abteilungen zurückzukehren.

Durch die Kündigungen wurde die Geschäftsleitung auf die Probleme in der Abteilung aufmerksam. Herr Klein sprach mit jedem Mitarbeiter. Hans-Ulrich wirkte sehr verstört, wenn ich ihn traf. Kein Lächeln umspielte mehr seine Mundwinkel und es kam auch kein lockerer Spruch mehr von seinen Lippen. Dafür hingen seine Schultern, als würde er eine große Last tragen. Irgendwie tat er mir leid. Schließlich hatte er eine großartige Vision, und an diese Vision glaubte ich immer noch. Und eigentlich war er ja auch ein ganz netter Kerl.

Im Team herrschte große Aufregung. Wie würde es weitergehen? Würde es überhaupt weitergehen? Wir standen meist in der Kaffeeküche zusammen und redeten. Immerhin, jetzt redeten wir alle miteinander. Schade, dass es erst so spät erfolgte. Vielleicht hätte man sonst das Desaster verhindern können?

Einigen merkte man an, dass sie Angst um ihren Arbeitsplatz hatten. Insbesondere Hermann-Josef und Martin machten sich große Sorgen. Sie waren beide Quereinsteiger, hatten beide Familie und waren froh, endlich einen vermeintlich sicheren Job in der EDV gefunden zu haben.

Nach einer Woche berief Herr Klein ein Team-Meeting ein. Wir alle waren sehr gespannt. Hans-Ulrich war auch dabei. Er wirkte wesentlich entspannter als in der verhergehenden Woche.

Mit ConTiKi, so betonte Herr Klein ausdrücklich, würde es auf jeden Fall weitergehen. Die Geschäftsleitung wolle unbedingt an ConTiKi festhalten. Wie, sei jedoch noch unklar. Die Leitung übernehme vorübergehend Karl Müller, der Abteilungsleiter der Logistik, der bereits diese Abteilung hervorragend geleitet hat.

Herr Klein würdigte ausdrücklich die Verdienste von Hans-Ulrich als Erfinder von ConTiKi. Und unterstrich, dass Hans-Ulrich hervorragende Ideen habe und die Fähigkeit besitze, andere von seinen Ideen überzeugen zu können. Er würde deshalb zum Vertrieb von ConTiKi wechseln, den er mit seinen Begabungen und seinen Kenntnissen von ConTiki sinnvoll unterstützen könne.

Unsere Anspannung legte sich langsam. Gut, dass Hans-Ulrich eine neue Chance bekam. Er war wirklich sehr begabt, nur Software-Entwicklung gehörte anscheinend nicht zu seinen Stärken. Und er war schließlich einer von uns.

Karl kannte ich gut, es wäre prima, wenn er unsere Abteilung dauerhaft leiten würde. Immerhin gab es das Versprechen, dass es mit ConTiKi weiter gehen würde. Mal abwarten, was die nächsten Wochen bringen.

Wenn eine Vision an der Realität vorbeigeht, verpufft die Vision im Nichts.

8.3 Aus einzelnen Baumstämmen ein seetüchtiges Floß bauen

Karl sondierte zuerst einmal die Lage. Er führte Gespräche mit allen Teammitgliedern, ließ sich von jedem genau erklären, woran er gearbeitet hatte, was davon zukünftig verwendbar sei, und wo seine speziellen Probleme lagen.

Mit seiner ruhigen, aber überzeugenden Art gelang es ihm sogar, die Kündigungswilligen vorerst zurückzuhalten. Es wäre fatal gewesen, wenn jetzt auch noch das ohnehin geringe ConTiKi-Know-how verloren gegangen wäre.

8.3.1 Die Technik des Floßbaus erlernen

Es gab eine Denkpause von drei Monaten. Bange Momente für alle. Aber auch spannende Momente. In dieser Denkpause wurden verschiedene Arbeitsgruppen gebildet: fachliche Anforderungen für ConTiKi, Architekturkonzepte, Prototyping mit neuen Windowsystemen, Reporting, Objektorientierung, Benutzeroberflächen, grafische Ausgaben, Anforderungen von ConTiKi an ein Datenbankmanagementsystem.

In den Arbeitsgruppen waren auch Kollegen anderer Abteilungen vertreten, um den Know-how-Transfer zu fördern.

Einer meiner Kollegen, Jürgen, nutzte die Zeit für die Umsetzung seiner Ideen der grafischen Darstellung, ein anderer - Martin - betrieb Refactoring des neu entwickelten DBMS.

So richtig wusste noch niemand von uns, wohin die Reise gehen sollte. Die Ungewissheit ließ uns näher zusammenrücken.

Wir, die wir schon in Rech dabei gewesen waren, erzählten den ‚Neuen' von unseren Visionen für ConTiKi. Unsere damalige Begeisterung übertrug sich auch auf sie. Wir waren uns einig, es lohnt sich, abzuwarten.

Visionen müssen auf ihre Machbarkeit in der Realität überprüft werden.

deshalb:

Grundlagenwissen schaffen

- Fehlende technologische Erfahrung kann durch gezieltes Forschen aufgebaut werden.
- Wichtige Know-how-Träger unbedingt im Team halten.
- Durch abteilungsübergreifende Workshops kann benötigter Know-how-Transfer geschaffen werden.

8.3.2 Konstruktionspläne zeichnen

Nach diesen drei Monaten ging es wieder nach Rech. Diesmal war trübes Novemberwetter. Unsere Stimmung war genau so trübe. Hans-Ulrich war nicht dabei. Das letztemal, als ich ihn im Gang getroffen hatte, hatte er weggesehen. Was mochte in ihm wohl jetzt vorgehen?

Ziel der Klausurtagung war es diesmal, eine realistische Umsetzung für die Visionen der ersten Klausur zu erarbeiten. Wir waren alle ziemlich verunsichert.

Jede Arbeitsgruppe trug das Ergebnis ihrer Arbeit vor. Unsere Stimmung wurde langsam besser, denn die Arbeitsergebnisse zeigten, dass unsere Visionen technisch umsetzbar waren. Mehr sogar. Es hatte sich herausgestellt, dass eine objektrelationale Datenbank für ConTiKi wesentlich besser geeignet war. Etwas derartiges gab es damals noch nicht am Markt. Und dass Objektorientierung die neue Benutzeroberfläche und das Reporting am effektivsten unterstützen würden. Objektorientierung war damals absolutes Neuland. Das könnte zu einer echten technologischen Herausforderung werden!

Am Nachmittag trafen wir uns in einem anderen Besprechungsraum. Dieser war viel kleiner und auch dunkler als der Raum vom Vormittag. Es gab nur zwei kleine Fenster, die zum Hinterhof des Hotels hinausgingen. Wir schauten auf die Mülltonnen und hörten das geschäftige Klappern aus der Hotelküche.

Beim Mittagessen hatten wir wieder angefangen, von der großen technologischen Herausforderung zu träumen. Doch Karl dämpfte gleich unseren Optimismus. „Wir können nicht für drei Jahre am Markt verschwinden, und dann mit etwas wiederkommen, das zwar technisch neu ist, für den Kunden jedoch keine neue Funktionalität bietet. Dann sind wir als Produkt tot. Wir brauchen alle sechs Monate ein neues Release.“ Er hatte Recht. Doch was tun?

„Wie wärs, wenn wir zuerst den vorhandenen Code auf Unix portieren und danach Stück für Stück neu schreiben?“, schlug ich vor. „Der Code ist durch die Compaq-Portierung stabil und portabel.“ „Dann werden wir vieles doppelt machen und noch länger brauchen!“ wendeten meine Kollegen ein. „Das glaube ich nicht. Der Lerneffekt ist nicht zu unterschätzen. Im Energieversorgungsprojekt damals musste ich die gleichen Programme zweimal hintereinander schreiben, da sie in verschiedenen Programmiersprachen für zwei verschiedene Plattformen gebraucht wurden. Beim zweiten Mal habe ich nur noch ein Drittel der Zeit gebraucht.“

„Selbst wenn es länger dauert, ist dies immer noch besser als gar nicht fertig zu werden. Weil die Aufgabe zu komplex ist. Oder für den Markt zu spät sein wird“, unterstützte Karl meinen Vorschlag. Niemand hatte einen besseren Vorschlag. Und die Vorstellung, unsere Visionen doch noch umsetzen zu können, reizte uns alle.

Am nächsten Tag begannen wir, uns die einzelnen Entwicklungsstufen genauer zu überlegen. Erst die Portierung dann eine Windowoberfläche unter dem System der Firma Luna, parallel dazu Weiterentwicklung des DBMS. Anschließend umsteigen auf die neue Datenbank und Umstellen auf eine neue Software-Architektur, parallel dazu portieren auf andere Plattformen mit anderen Windowoberflächen, danach Entwicklung des neuen Auswertungsverfahrens

„Was ist mit dem DBMS?“, fragte Richard, einer der Neuen, fast etwas ängstlich. „Muss es nicht völlig neu geschrieben werden, um es umzustellen?“ Carlos schüttelte stolz den Kopf.

„Glücklicherweise haben wir das DBMS stufenweise geplant. Zuerst den Kern mit den Dateizugriffen. In jeder Stufe kommt Basisfunktionalität dazu und erst zuletzt die eigentliche DBMS-Funktionalität. Wir können den größten Teil des vorhandenen Codes weiterverwenden."

„Und was ist mit der Objektorientierung? Wir haben hier bisher zuwenig Know-how", wendete Karl ein. Hierauf hatte Jürgen die richtige Antwort. „Mein Grafik-Tool habe ich doch schon objektorientiert entwickelt. So schwierig war die Umstellung für mich nicht. Und in der Arbeitsgruppe haben doch auch schon einige Erfahrung mit OO gesammelt. Außerdem stellen wir nur langsam darauf um. Da ist sicher Zeit genug, das Know-how rechtzeitig aufzubauen." Wir alle nickten.

„Wir haben auch noch keine Projektinfrastruktur, kein Vorgehensmodell z.B. für eine Produktentwicklung", gab Britta zu bedenken. Britta ist Soziologin und hatte früher als Vertriebsassistentin gearbeitet. „Du hast Recht", sagte ich zu ihr gewendet. „Wir werden außerdem Programmierrichtlinien, ein Planungstool und für die vielen unterschiedlichen Versionen auch ein Konfigurationsmanagementtool brauchen. Sowie ausreichend Testfälle, die später für Regressionstests wiederverwendet werden können." Kurt und Lukas, die bereits als Studenten an ConTiKi mitgearbeitet hatten, boten sofort an, Testfälle zu entwerfen. Und Uwe stellte fest, dass er die Richtlinien aus früheren Projekten auch hier verwenden könnte. Hermann-Josef, unser Qualitätssicherer, hatte sich schon ausführlich mit dem Thema Vorgehensmodell beschäftigt.

Es könnte klappen. Allerdings, der erste Schritt, das war uns allen klar, war der schwierigste.

Visionen müssen in konkrete Ziele umgesetzt werden

- Visionen müssen auf ihre Machbarkeit in der Realität überprüft werden.
- Die konkreten Umsetzungen der Vision müssen kritisch hinterfragt werden.
- Der Prozess „Vision entwickeln, auf Machbarkeit prüfen, kritisch hinterfragen" sollte solange wiederholt werden, bis kein kritischer Einwand mehr zu hören ist.
- Eine ‚Leitfigur', die die Vision trägt, personalisiert die Vision.

9 Auch Herausforderungen haben ihre Grenzen

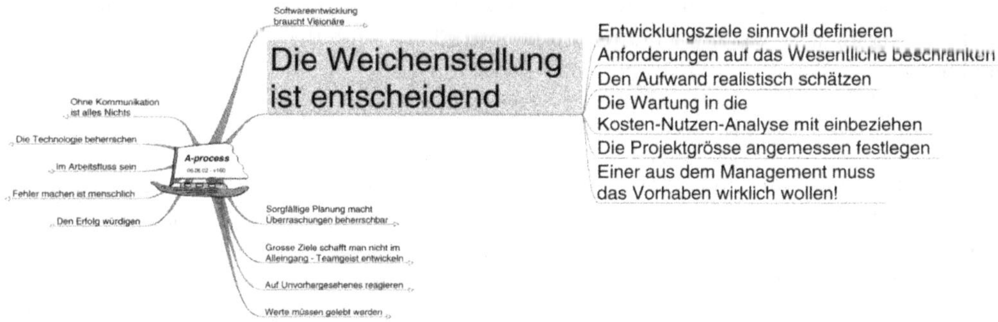

Diesmal kam Herr Klein nicht zu uns nach Rech. Doch Karl sollte ihm, wieder zurück in Bamberg, unser Konzept vorstellen.

Vor der Präsentation hatte Karl mich gebeten, mit ihm zusammen noch einmal ganz genau zu prüfen, ob eine Schritt-für-Schritt-Umstellung von ConTiKi wirklich möglich sei. Karl wollte nichts versprechen, was dann doch nicht haltbar wäre.

Wir gingen noch einmal jeden einzelnen Schritt durch: Erst die Portierung, dann die Window-Oberfläche und die Anpassung der dazu benötigten Programmteile, dann die Anbindung an die neue Datenbank, danach die Umstellung des restlichen Codes. Wir müssten allerdings zuerst einen Rahmen aus C++ für ConTiKi schreiben. Von dem aus wir dann die Fortran-Teile aufrufen konnten. Wir würden im ersten Schritt das Windowsystem der Firma Luna einsetzen, damit hatten wir schon den Prototypen erstellt.

Wir kamen gemeinsam zu dem Schluss, dass es technisch tatsächlich möglich sei. Und hätten durch die schrittweise Umstellung von ConTiKi auch das Risiko einer Neuentwicklung deutlich gemindert.

Zusammen mit Herrn Wessel formulierte Karl die Projektziele und die wesentlichen Anforderungen an ConTiKi:

- Leichte Portierbarkeit auf alle gängigen Plattformen, d.h. Windows, OS/2, Unix-Derivate, evtl. MVS
- Leichte Erweiterbarkeit um neue fachliche Komponenten
- Moderne Benutzeroberfläche, d.h. ein Windowsystem
- Windowoberfläche angepasst an das darunterliegende Windowsystem mit dem jeweiligen Look-and-Feel
- Moderne Grafiken
- Flexible Reportingmöglichkeiten
- Leichte Erweiterbarkeit für neue Zulieferdaten

Die Anforderungen präzisierten wir im Team weiter. So weit, dass wir eine halbwegs verlässliche Aufwandsschätzung durchführen konnten. Uwe schätzte den Aufwand für die Anbindung an ein Windowsystem und Carlos den Aufwand für die Anbindung an das neue DBMS. Karl und ich führten unabhängig voneinander Schätzungen über das gesamte Paket durch.

Als wir unsere Ergebnisse verglichen, zeigte sich, dass Karl die Definition und das Einziehen der neuen Architektur und die Schnittstellen zu den Zulieferprogrammen nicht berücksichtigt hatte, ich den Aufwand für die Dokumentation vergessen hatte. Meine Schätzung für das Windowsystem war fast doppelt so hoch wie die von Uwe. In meiner Schätzung hatte ich noch das Risiko, dass das Windowsystem möglicherweise noch nicht ausgereift sei, mit berücksichtigt. Außerdem die Komplexität, die dadurch entstand, dass wir flexibel verschiedene Windowsysteme anbinden konnten. Das Risiko der Komplexität veranlasste Carlos, auch seine Schätzung für die Datenbankanbindung zu überdenken. Was wäre, wenn das neue DBMS nicht performant genug wäre? Dann müssten wir zu einem anderen DBMS wechseln.

Wir konsolodierten unsere unterschiedlichen Schätzungen und kamen so zu einer gemeinsamen Schätzung von 46 Mannjahren. Also fast zweieinhalb Jahre Entwicklungszeit.

Ob Herr Klein tatsächlich bereit sein würde, so viel in ConTiKi zu investieren? Schließlich kämen ja auch noch die Hardware- und Software-Kosten sowie die Kosten für Marketing und Vertrieb hinzu.

Sicherheitshalber hatte Karl gleich die Wartungskosten in die Kosten-Nutzen-Analyse mit einbezogen. Mit dem jetzigen ConTiKi dauerte eine einfache Portierung – wie z.B. die auf Compaq – drei Monate, die Erweiterung um eine neue Auswertungsform mindestens zwei Mannjahre. Abgesehen davon, dass ConTiKi ohne Windowoberfläche und Datenbankanbindung für Neukunden bald indiskutabel sein würde.

Mit der neuen ConTiKi-Version wird eine Portierung wahrscheinlich ebenfalls drei Monate dauern, da die Windowoberfläche dann angepasst werden muss, die Erweiterung um eine neue Auswertung jedoch wird nur noch höchstens sechs Monate benötigen.

Und die Fehleranfälligkeit würde sich auch wesentlich verringern. Zurzeit musste jede Woche ein neues Update herausgegeben werden, da so häufig schwerwiegende Fehler gefunden wurden. Alleine die Fehlerbereinigung und die notwendigen Tests verbrauchten im letzten Jahr eineinhalb Mannjahre.

Gleich war es soweit. Herr Klein wollte sich unser Konzept von uns vorstellen lassen. Das ganze Team hatte sich im Besprechungsraum im zweiten Stock versammelt. Wir alle waren unglaublich nervös.

Karl dagegen wirkte seltsam ruhig. Er stellte unsere Ausarbeitungen Herrn Klein sachlich vor: die Projektziele, die Anforderungen und die ziemlich realistisch aussehende Aufwandsschätzung, dazu die Kosten-Nutzen-Aanalyse. Er wieß auch auf die möglichen Risiken hin. Nach Karls Vortrag warteten wir gespannt auf die Reaktion von Herrn Klein. Doch der sagte kein Wort, seinem Gesicht war auch nicht anzusehen, was er dachte. Wortlos stand er auf, nahm seine Unterlagen und verließ einfach den Raum. Wir sahen uns enttäuscht an. War das das Ende von ConTiKi?

Doch Karl beruhigte uns. Er hatte natürlich schon vorher mit Herrn Klein gesprochen und ihm die Zahlen genannt. Und Herr Klein hatte ihn nicht gleich rausgeworfen, sondern war zur Präsentation gekommen. Karl war ganz optimistisch, wir langsam auch wieder.

Drei Tage später berief Karl ein Teammeeting ein. Und platzte sofort mit der wichtigsten Nachricht heraus: „Herr Klein hat sein ‚OK' gegeben. Unsere gründlichen Vorüberlegungen haben ihn davon überzeugt, dass wir uns diesmal nicht wieder kopfüber in ein Abenteuer stürzen, sondern planvoll und systematisch vorgehen werden. Herr Klein ist bereit, ein weiteres Jahr in ConTiKi zu investieren. Dann allerdings muss der Turnaround geschafft sein. Sonst ist ConTiKi für den Markt uninteressant." Wir jubelten. Wir würden sein Vertrauen nicht enttäuschen.

Die Weichen richtig stellen

- Die Anforderungen auf das Wesentliche beschränken.
- Die Projektgröße angemessen festlegen.
- Die Wartungskosten in die Kosten-Nutzen-Analyse mit einbeziehen.
- Einer aus dem Management muss das Vorhaben wirklich wollen!

10 Reisevorbereitungen

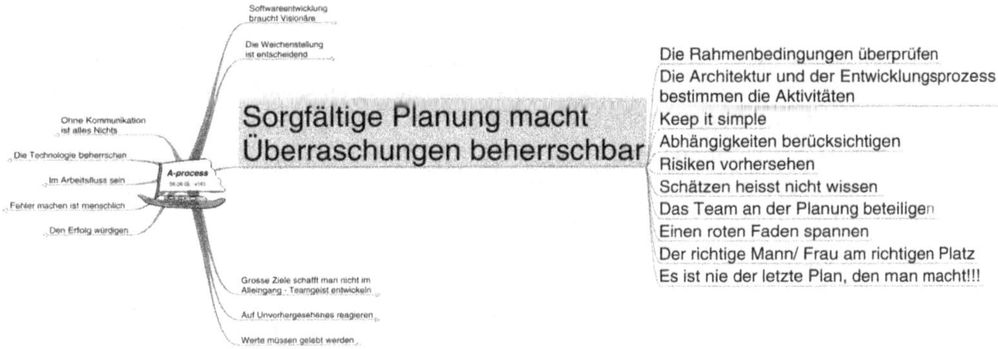

Es war Mittwoch, der 14.12. Mein erster Tag als Projektleiterin von ConTiKi. Das habe ich nun davon. Hätte ich mich doch in Rech nur zurückgehalten! Karl hatte mich mit der Projektleitung beauftragt, da ich von allen im Team die größte Entwicklungserfahrung hatte und außerdem als Einzige auch schon Projektleitungserfahrung besaß. ConTiKi würde sicher mein abenteuerlichstes Projekt werden, dafür jedoch auch besonders reizvoll sein.

Da ich die einzige Raucherin in unserer Abteilung war, hatte ich ein Einzelzimmer. Auf meinem Schreibtisch stand ein Foto von meiner Tochter mit ihrem Hund Mücke, daneben die Bürotasse, die ich von meinen Kollegen aus der Logistikabteilung zum Abschied geschenkt bekommen hatte. Und der Aschenbecher, der noch leer war, am Abend aber sicher randvoll sein würde. Auf der Fensterbank stand eine kleine Palme. Sie hatte schon drei Jahre bei mir überlebt. An der Wand hing eine Karte mit dem Foto einer Frau und dem Spruch: „Manches ist so einfach, dass es sogar ein Mann versteht." Diese Karte hatte mir mal ein Kundenmitarbeiter aus dem Energieversorgunsprojekt geschenkt. Ob meine Kollegen mich genau so gut verstehen würden wie dieser Mitarbeiter?

10.1 Eine Reiseroute suchen

Ich lehnte mich in meinem Schreibtischstuhl zurück, schloss die Augen und ließ in Gedanken noch einmal die Ereignisse von Rech Revue passieren.

Kon Tiki. Das war der Name des Floßes, mit dem Thor Heyerdahl bewiesen hatte, dass die alten Peruaner bereits in der Lage waren, die Südseeinseln zu erreichen. Kon Tiki, das stand aber auch für eine Vision. In Kon TiKi trafen sich die alte und die neue Welt. Thor Heyerdahl und seine Mannschaft waren Visionäre und Abenteurer. Menschen, die nur eins beweisen wollten, nämlich dass Motivation und Teamgeist allein das scheinbar Unmögliche möglich werden lässt. Ohne die heutige Technik und ohne eine angemessene Ausrüstung.

Kon Tiki stand für Abenteuer, mit den Stürmen des Meeres kämpfen, für eine Mannschaft, die den Gefahren trotzte, weil sie den unbedingten Willen hatte, die Richtigkeit ihrer Ideen zu beweisen.

Wir hier im Projekt ConTiKi, wir bauten auch ein Floß. Keinen mächtigen Ozeanriesen. Ein Floß, das genau wie Kon Tiki in der Lage sein sollte, den Stürmen des Meeres zu trotzen. Wir würden unser Floß zusammen bauen, uns dabei als Mannschaft kennen lernen, unsere Rollen finden und uns Regeln geben. Mit diesem Floß würden wir uns aufmachen, neues Land zu entdecken. Wir hatten keine vorgefertigten Muster und waren nur wenig gerüstet für unsere Aufgabe. Nur unseren Teamgeist. Würde unser Floß während der Überfahrt halten? Was würden wir auf dieser Fahrt alles erleben?

Ich sah mir in Gedanken das Team genau an.

Da war zuerst einmal Britta, außer mir die einzige Frau im Team. Britta war schon seit drei Jahren in der Firma, hatte aber wenig Programmiererfahrung. Sie war Soziologin, sehr kooperativ und hilfsbereit. Vielleicht könnte gerade sie mir einmal helfen, wenn's Schwierigkeiten im Team geben sollte. Britta konnte sehr gut in Prozessen denken und sie auch visualisieren. Bei der Prozessdefinition und den Standards würde sie auf jeden Fall eine große Hilfe sein.

Zum Team gehörten Kurt und Lukas, die außer ConTiKi noch keine anderen Projekterfahrungen hatten. Die Einzigen, die außer mir den Code von ConTiKi kannten. Kurt hatte BWL studiert und kannte insbesondere die fachlichen Funktionen von ConTiKi sehr gut. Beide waren immer gut gelaunt, es machte richtig Spaß, mit ihnen zusammenzuarbeiten. Trotz der guten Laune schienen beide aber ihren Job recht ernst zu nehmen.

Paul und Richard waren direkt von der Hochschule nach ConTiKi gekommen, konnten C, hatten aber noch keine praktische Erfahrung. Richard war fast zwei Meter groß und lief immer mit herabhängenden Schultern und eingezogenem Kopf herum, er wirkte sehr ängstlich und schüchtern. Paul hatte schon als HiWi in einem anderen Softwarehaus gearbeitet, wirkte häufig etwas abwesend. Beide konnte ich nicht richtig einschätzen.

Uwe war bereits seit zwei Jahren bei uns, hatte zumindest schon in einem gut gelaufenen Projekt mitgearbeitet und kannte C. Uwe sprach nur wenig, aber das, was er sagte, hatte Hand und Fuß. Er wusste genau, was er wollte und setzte dies auch durch.

Horst war aus der Logistik-Abteilung zu uns gewechselt. Er war bisher im DBMS-Team, und würde jetzt bei uns mitarbeiten. Horst war jemand, der nicht lange diskutiert, sondern die Arbeit einfach erledigt. Ich war froh, dass er in unserem Team war.

Hans-Otto war genau wie Paul und Richard direkt von der Hochschule gekommen, hatte aber dort schon Erfahrungen gesammelt. Hans-Otto war jedoch mehr der Theoretiker, außerdem sehr ehrgeizig. Er hatte Hans-Ulrich sehr engagiert unterstützt, in Rech war er ziemlich ruhig gewesen.

Carsten hatte schon einige Jahre Erfahrung in Systemprogrammierung, war mehr der Bastlertyp. Und drückte sich sehr technisch aus. Auch wenn's manchmal unverständlich war, es war unglaublich, was er da an Ideen zusammenschraubte. Meist brauchte er mehrere Versuche. Doch letztendlich fand er immer eine Lösung.

Jürgen hatte auch erst drei Jahre Programmiererfahrung. Er war sehr experimentierfreudig und sehr technikverliebt. Gleichzeitig konnte er hervorragend abstahieren und auch strukturieren, und sich blitzschnell in unterschiedliche Themen einarbeiten. Jürgen war schon dreifacher Vater, obwohl er noch sehr jung war. Würde er Familie und Projekt unter einen Hut bringen können?

Hermann-Josef war außer mir der einzige im Team, der älter als 35 war. Die meisten waren sogar jünger als 30 Jahre alt. Er hatte gerade ein kleines Reihenhaus für sich und seine Familie gekauft. Hermann-Josef war Quereinsteiger, ein umgeschulter Lehrer ohne Programmiererfahrung. Qualitätssicherung kannte er auch nur aus Büchern. Er dachte nicht besonders strukturiert und drückte sich sehr ungenau aus. Gleichzeitig wirkte er etwas oberlehrerhaft. Wahrscheinlich wollte er seine fehlenden Fachkenntnisse verbergen. Dafür arbeitete er sehr engagiert. Abends nahm er sich immer noch Fachliteratur mit nach Hause.

Unix-Erfahrung hatte außer mir überhaupt niemand im Team. Wie konnte Hans-Ulrich nur glauben, eine Software nach Unix portieren zu können, ohne irgendjemand mit Unix-Kenntnissen im Team zu haben?

Das waren wir nun, eine bunt gemischte Truppe, die einmal eine homogene, hochqualifizierte Mannschaft werden sollte. Und mit dieser Truppe sollte ich nun die erste Stufe realisieren! Auf was hatte ich mich da nur eingelassen? Aber irgendwie waren wir in Rech zu einem Team zusammengewachsen. Unser Teamgeist war hervorragend. Wir alle blickten, ohne zu wissen, was sich dahinter verbarg, auf den fernen Horizont. Wir wollten alle endlich loslegen. Die Zeit drängte.

Wir hatten ein Jahr Zeit für diese erste Stufe. Länger ging nicht. Wir hatten schon zu viel Zeit beim ersten Versuch verloren. Und am 30.6. sollte es ein Zwischenrelease geben, damit wir dem Markt zeigen könnten, dass wir noch da seien. Mein Bauch sagte mir, dass das nicht zu schaffen sei! Aber irgendwie musste es trotzdem gehen.

Die Planung sollte bis zu den Weihnachtsferien stehen, damit wir am 2.1. mit dem Projekt starten konnten.

Die Rahmenbedingungen überprüfen

- Termine und Budget sind immer fix, die Freiheitsgrade bei der Planung liegen in der Funktionalität, Reihenfolge der Aktivitäten und der Ressourcenverteilung.
- Bei der Planung Schritt für Schritt vorgehen.

10.2 Keep it simple – schwierig wird's von ganz allein

Jetzt galt es, zuerst einmal die einzelnen Arbeitspakete durchzugehen.

Es gab vier verschiedene Szenarios in ConTiKi, die durchlaufen werden konnten. Für jedes Szenario gab es die Datenerfassung, die Ablage im Flatfile, die Einstellung der Szenario-Parameter, mehrere Auswertungen, die grafische Anzeige der Auswertungsergebnisse, das Reporting, zusätzlich die Übernahme von Daten aus Fremdsystemen. Außerdem musste etwas für die Lizenzierungen hinzugefügt werden und die Benutzerhandbücher mussten überarbeitet werden. Dann musste die Anpassung an das Windowssystem und die Portierung auf Unix durchgeführt werden. Außerdem eine Projektinfrastruktur eingerichtet werden. Und in meinem Kopf begann es zu rauchen. Das nahm ja kein Ende. So würde es nicht gehen.

Ich ging in die Kaffeeküche und trank einen Kaffee. Dort traf ich Christa, eine Kollegin, mit der ich gelegentlich auch außerhalb der Firma etwas unternahm. Christas Tochter war genauso alt wie meine. Sie pubertierten gerade beide. Christa hatte ihre Tochter gestern beim Rauchen erwischt. Wir trösteten uns mal wieder gegenseitig in unserem Mütterfrust.

Danach ging es zurück an den Schreibtisch. Der Kopf war wieder frei. Auf ein Neues. Diesmal wählte ich eine andere Perspektive. Der Rumpf von ConTiKi blieb im wesentlichen erhalten. Er würde unter das Windowsystem von Luna gezogen werden und nahezu unverändert bei der Portierung nach Unix bleiben. Zusätzlich die Einbindung des neuen Grafiktools, die Lizensierung, das Reporting, die neue Architektur, die Dokumentation und die Infrastruktur. Außerdem die Datenübernahme aus den Zuliefersystemen. Halt. Die Datenübernahme brauchte jetzt nicht geändert zu werden. Sie konnte aufs nächste Release verschoben werden. So wurde es schon übersichtlicher.

Für die Lizensierung könnte man auch erst mal eine einfache Lösung wählen, z.B. über einen Lizenzfile, eine Lizenz pro Arbeitsplatz. Und erst mit der neuen Datenbank auch eine Floating Licence einführen. Das neue Reporting könnte man notfalls auch auf das nächste Release verschieben. Hauptsache, wir hätten erst mal den Anfang geschafft!

Die Arbeitsgruppe Benutzeroberflächen könnte weiterarbeiten. Die Gestaltung der Benutzeroberflächen lag sowieso besser bei den Anwendern als bei Technikern, in unserem Fall beim Vertrieb wegen der größeren Kundennähe. Und die Arbeitsgruppe Architektur würde ohnehin weiterarbeiten. Außerdem sollten wir noch eine Arbeitsgruppe für die Datenzugriffsschicht einrichten.

In den nachfolgenden Releases würden wir dann die neue Datenbank unterziehen, Teilpakete neu schreiben, das Reporting hinzufügen. Jetzt schien es machbar. Ich war froh, dass wir uns für eine stufenweise Entwicklung entschieden hatten.

Mache die Dinge so einfach wie möglich, aber keinesfalls einfacher
[Albert Einstein]

- Die Funktionalität erst mal auf das Wesentliche beschränken. So kann leichter ein tragfähiges Fundament gefunden werden, um zusätzliche Funktionalität später einzufügen.
- Fortschritt bedeutet Veränderung. Nicht das Wegwerfen des Alten, sondern das Aufbauen auf und Erweitern von Bewährtem.

10.3 Zwischenstopps einplanen

Ich sah auf die Uhr. Kurz vor zwölf, also noch etwas Zeit, weiter an der Planung zu basteln. Ich kam mir vor wie bei einem Puzzlespiel. Nachdem ich mir die Einzelteile genau angesehen hatte, baute ich zuerst den Rahmen zusammen. Von der Geschäftsleitung waren vier Meilensteine vorgegeben. Ich versuchte, mir den Ablauf der Arbeiten vorzustellen.

Am 30.6. sollte es ein produktreifes Zwischenrelease geben, d.h. es sollte voll getestet sein, mit Handbüchern und Installationsprozedur. Die Windowoberfläche sollte integriert sein.

Im März zur Cebit sollte eine vorführbare Messeversion vorliegen. Eine, an der sich erkennen ließe, wohin es gehen sollte. Und im Oktober zur Systems wieder eine Messeversion. Dann unter Unix.

ExterneMeilensteine /Stand: 15.12.	
Messeversion Zwischenrelease	13.03.
Auslieferung Zwischenrelease	30.06
Messeversion Release 1	12.10.
Auslieferung Release 1	31.12.

Damit waren die wichtigsten Iterationen vorgegeben, alle drei Monate eine. Machte es Sinn, weitere Iterationsstufen zu definieren?

Wir brauchten dringend ein Fachkonzept, auch wenn in diesem Release noch keine funktionale Veränderung enthalten war. Mindestens aber für die Definition der Benutzeroberfläche, damit die Neuen genau wussten, was zu tun war und damit das DBMS genau auf ConTiKi zugeschnitten werden konnte. Und auch als Grundlage für eine tragfähige neue Software-Architektur.

Dann brauchten wir natürlich die neue Architektur. Am Nachmittag sollte ein Meeting stattfinden, bei dem die Architektur für das neue ConTiKi festgelegt werden sollte.

Uwe schaute zur Tür herein. „Guten Morgen, Helga. Einen guten Start mit ConTiKi wünsche ich. Wie ich sehe, bist du schon voll bei der Arbeit?“ „Danke. Komm doch rein. Wie war Dein Kurzurlaub?“ Ich tauchte so langsam aus meinen Gedanken auf. „So la la. Unser Sohn bekommt Zähne.“ „Da habt ihr wohl nicht viel Zeit zur Erholung gehabt?“, fragte ich mitfühlend. „Weshalb ich hier bin ...“, Uwe zögerte etwas und ich merkte, dass etwas nicht stimmte. Er blickte mich fragend an. „Weshalb ich hier bin, ich weiß nicht so recht, woran ich jetzt arbeiten soll. Und die anderen – glaube ich – auch nicht.“ Ich sah ihn erschrocken an. „Daran habe ich ja gar nicht gedacht. Ich habe mich einfach gleich auf die Planung gestürzt und dabei gar nicht an euch gedacht. Danke, dass du mich darauf aufmerksam machst.“

Der Wille alleine – er reichte also doch nicht. Sofort ging ich an allen Büros vorbei, wünschte einen guten Projektstart und überlegte mit jedem zusammen, was er denn bis zum Abschluss der Planung tun könnte. Jeder konnte an seinen Themen aus den Arbeitsgruppen weiterarbeiten, in der Hoffnung, die Arbeit dann im Projekt verwerten zu können. Uns allen war klar, das dies mehr Beschäftigungstherapie war, aber alle spielten mit bis auf Hans-Otto. Er moserte, ihm ging es nicht schnell genug. Er würde wohl am liebsten sofort ablegen. Selbst macht er keinen Vorschlag, was er tun könnte. Ich schlug ihm vor, sich zusammen mit Hermann-Josef Gedanken über unseren Entwicklungsprozess zu machen. Zögernd stimmte er zu. Ob er mir Schwierigkeiten machen würde?

Zurück in meinem Büro dachte ich weiter über den Ablauf nach. Erst die Benutzeroberfläche und die neue Architektur, dann die Portierung. Machte das Sinn? Es müssten sich ja auch noch alle in Unix einarbeiten! Und nur zwei im Team kannten sich mit Windowsystemen aus. Für das Einziehen der neuen Architektur wiederum brauchte ich Leute, die sich mit der Software von ConTiKi auskannten. Und das alles erstmal ohne Fachkonzept. Auch ohne detaillierte Planung war mir klar, dass dies in einem halben Jahr nicht zu schaffen sein würde!

Wir könnten die Arbeitsschritte auf die einzelnen Inkremente verteilen. Die Software ließe sich ganz gut teilen. Für das Zwischenrelease im Sommer könnte man nur die beiden wichtigsten Szenarios anbieten. Das müsste eigentlich reichen, schließlich würde mit diesem Release kaum ein Kunde ernsthaft arbeiten wollen. Außerdem könnte er für die anderen Szenarios immer noch die alte Version benutzen, die Datenbasis blieb ja gleich.

Damit bräuchten wir weniger Zeit für die Realisierung des Zwischenreleases und hätten mehr Zeit für die vorbereitenden Arbeiten. Und auch nicht soviel Änderungsaufwand, wenn der erste Wurf noch nicht perfekt sein sollte.

Parallel dazu könnnten wir den Teil mit den beiden anderen Szenarios unverändert auf Unix portieren und so auch hier unsere Erfahrungen sammeln. Dann könnte das auch mit dem Messetermin im Herbst unter Unix klappen.

Dann allerdings würden wir an vielen Programmteilen gleichzeitig ändern müssen. Sowohl Benutzeroberfläche als auch Architektur als auch Portierung, was so wahrscheinlich auch nicht machbar sein würde.

Wir brauchten schnellstmöglich ein Konfigurationsmanagementtool, damit wir uns nicht selbst verhedderten bei den vielen verschiedenen Varianten. Und eine Entwicklungsumgebung, die gewährleisten könnte, dass jeder entweder immer an der neuesten Version seines Moduls arbeitete, oder aber sicherstellte, dass alle Varianten später auch integriert würden.

Wir brauchten auch schnellstmöglich Programmierrichtlinien, sowohl für C als auch für C++, damit der Code portabel würde für alle Plattformen. Die frühzeitige Portierung auf Unix wäre hierfür auch von Vorteil. Und wir benötigten spätestens zum 30.6. regressionsfähige Testfälle.

Ich sah auf die Uhr. Schon kurz vor zwei, Zeit für eine Mittagspause. Und um zwei das Architekturmeeting. Die Zeit würde höchstens noch für ein Brötchen reichen.

Externe Meilensteine definieren den groben Planungsrahmen

- Vom Auftraggeber vorgegebene Meilensteine sind unverrückbar.
- Angepasst an die externen Meilensteinen muss ein Projektverlauf gewählt werden, der für die Erreichung der Meilensteine realistisch ist.
- Planung ist wie ein Puzzle-Spiel. Zuerst wird der Rahmen zusammengesetzt, dann werden die Einzelteile eingefügt.

10.4 Die Statik bestimmt die Tragfähigkeit

14.00 Uhr. Wir saßen im Besprechungsraum im 4. Stock. Wir, das waren Britta, Jürgen und ich von ConTiKi, außerdem Holger, Kevin und Christian, die schon Erfahrung aus anderen Unix-Projekten hatten. Jürgen und Holger waren außerdem auch in der OO-Arbeitsgruppe, Britta und Kevin in der Arbeitsgruppe für Benutzeroberflächen.

Unser Architektur-Entwurf ging bereits über die Anforderungen des ersten Releases hinaus, war aber noch nicht detailliert genug. Heute wollten wir auf dieser Grundlage die Architektur für das erste Release festlegen.

Als erstes unterteilen wir ConTiKi in Subsysteme:

- das plattform- und herstellerabhängige Windowsystem,
- eine eigene Benutzeroberfläche auf Basis des jeweiligen Windowsystems,
- jede Auswertung wird ein eigenes Subsystem,
- die Datenbank,
- die grafische Anzeige,
- das Reporting,
- das DBMS,
- die Anschlüsse an die Zuliefersysteme incl. Import und Export.

Soweit war alles klar. Doch genügte das? Sicher nicht. Die grafische Anzeige war Teil jeder Auswertung. Die dargestellten Objekte jedoch waren für jede Auswertung unterschiedlich. Sollte die grafische Anzeige auf jedes Auswertungssubsystem verteilt werden? Oder die grafischen Anzeigen aller Auswertungen dem Grafik-Subsystem zugeordnet werden? Jürgen schlug vor, seine Grafik-Komponente als Basis-Grafik zu betrachten und für jede Auswertung eine separate grafische Komponente auf dieser Basis-Grafik aufzusetzen. Die auswertungsabhängige Grafik könnte dann gewissermaßen ein Subsystem des Subsystems Auswertung sein. So hätten wir für jede grafische Anzeige das gleiche Verhalten und trotzdem der jeweiligen Auswertung angepasste Darstellungen.

Die Idee mit dem Basis-Subsystem war hervorragend. Sie könnten wir doch sicher auch für die Benutzeroberfläche anwenden! Schließlich brauchten wir auch hier für jedes Windowsystem und jede Auswertung eine eigene Oberfläche. Für das Reporting galt das Gleiche. Auch hier könnten wir einen Basis-Reporter erstellen und dann für jeden Report einen speziellen, was auch hervorragend zur Idee der Objektorientierung passte.

Doch für die Benutzeroberfläche war es nicht so einfach. Eine Basis-Benutzeroberfläche wäre von jedem Windowsystem abhängig. Wir könnten sie dreiteilen, schlug Britta vor. Einen Teil, der vom jeweiligen Windowsystem abhängig wäre, ein Teil, der die Schnittstelle zu jedem Subsystem von ConTiKi realisierte, und einen Teil, der die Verbindung zwischen beiden Teilen bildete. So wäre nur der plattformabhängige Teil bei jeder Portierung anzupassen.

„Wir brauchen aber auch noch ein Subsystem für alle systemabhängigen Teile, wie z.B. Remote Procedure Call", warf Jürgen ein. „Den gibt's zwar unter Unix, nicht aber auf dem PC und auf dem Host. Sicher werden wir auf noch andere systemabhängige Funktionen stoßen." Also ein weiteres Subsystem.

„Und was ist mit der Datenbank?", fragte Kevin. „Wenn ConTiKi objektorientiert geschrieben ist, müssen die Objekte auf die Relationen der Datenbank abgebildet werden." „Bei der Datenbank habe ich noch ganz andere Bauchschmerzen", wandte ich ein. „Unser Flat-File ist zwar sehr unflexibel, aber schnell. Ob unsere selbstentwickelte Datenbank genauso schnell sein wird, ist noch nicht raus. Vielleicht sollten wir eine Datenbankzugriffsschicht schreiben, die es uns ermöglicht, zwischen Flat-File, unserem DBMS und eventuell einer gekauften relationalen Datenbank zu wechseln?" Britta griff meine Bedenken auf: „Wir könnten so eine Zugriffsschicht doch ebenfalls in mehrere Teile aufgliedern, ähnlich wie bei der Benutzeroberfläche. Dann hätten wir auch hier nur die Teile, die auf die entsprechende Datenbank zugreifen, jeweils neu zu realisieren." „Der Vorschlag ist sehr gut," unterstütze Jürgen Brittas Vorschlag. „Diese Zugriffsschicht wäre erst für's nächste Release notwendig. Wir könnten hierfür eine neue Arbeitsgruppe gründen, die die Anforderungen und die Architektur entwirft."

„Vielleicht überlegen wir erst einmal, was denn noch alles zum Thema Architektur gehört und fehlt", schlug Jürgen vor. „Heute haben wir die Architektur im Großen festgelegt, für mich fehlen noch Konzepte wie Error-Handling, Queing, Messaging, Remote Procedure Call oder was sonst noch so auf uns zukommen wird. „Einige dieser Konzepte haben wir unter Unix schon realisiert. Gerade hier kann Euch die Architekturgruppe weiter unterstützen", ergänzte Holger. „Trotzdem solltet Ihr einen hauptverantwortlichen Architekten haben, der unsere Konzepte auf ConTiKi überträgt", schlug Kevin vor.

„Was ist denn mit Namenskonventionen? Ich denke gerade an unsere vielen Sub-Subsysteme. Überhaupt, was ist mit Standards? Gehört das auch zur Architektur?“, gab Britta zu bedenken.

„Das wäre vielleicht eher etwas für unseren Qualitätssicherer“, dachte ich laut. „Aber, da fällt mir ein, dass er am besten auch in der Architekturgruppe sein sollte. Schließlich gibt gerade die Architektur der Software den inneren Halt und bietet dadurch den besten Überblick.“ „Was die Teilnahme von Hermann-Josef an unseren Meetings betrifft, hast du sicher Recht“, bestätigt mich Christian. „Doch Hermann-Josef kann nicht allein alle notwendigen Standards definieren und gleichzeitig die Tests planen.“ „Vielleicht könnten wir zusätzlich eine Gruppe für Standards einrichten, mit Hermann-Josef als Leiter. Dann wäre auch der Know-how-Transfer zwischen Architektur und Standards gewährleistet“, schlug Britta vor. Ich runzelte die Stirn. „Noch eine Arbeitsgruppe? Irgendwie wird's mir zu viel. Aber es ist wahrscheinlich die vernünftigste Lösung. Standards brauchen wir in unserem Projekt schnellstmöglich. Und wenn die einer allein macht, dann ist ConTiKi bis dahin davongeschwommen.“ Wir lachten bei der Vorstellung, dass ConTiKi tatsächlich irgendwann würde schwimmen können.

Wir beschlossen, dass Holger als Leiter der Architekturgruppe und ich unsere Ideen zuerst einmal mit Karl besprechen und dann der Geschäftsleitung vorschlagen würden. Britta bot an, die heute festgelegte Aufteilung in Subsysteme grafisch darzustellen. Die Grafik will sie schon morgen fertig haben. Damit wir möglichst schnell alle über die Architektur informieren können.

Inzwischen war es 16.30 Uhr. Das lief ja ziemlich zügig heute. Ich ging mit viel Optimismus zurück in mein Büro. Nun konnte es mit der Planung weitergehen.

Die grobe Architektur muss bereits für die Planung bekannt sein

- Eine Aufteilung in Subsysteme (große Komponenten) bietet eine übersichtliche Struktur.
- Die Software-Architektur gibt der Software den inneren Halt.
- Für die Architektur sollte es einen hauptverantwortlichen Architekten geben.

10.5 Jede Rolle ist wichtig

Durch die Aufteilung in Subsysteme waren die Arbeitspakete größtenteils schon vorgegeben, was die Planung einfacher machte. Jetzt musste ich überlegen, wer in unserem Team welche Aufgabe übernehmen könnte. Und dann sollte ich natürlich auch mit jedem sprechen. Hierzu müssten zuerst die Rollen festgelegt werden, wie z.B. die des Chefarchitekten, danach sollten die Personen zugeordnet werden.

Es war nun schon fünf Uhr. Sollte ich noch anfangen oder lieber nach Hause gehen? Die Planung fing gerade an, Spaß zu machen. Eine Stunde konnte ich noch bleiben. Meine Tochter würde ohnehin erst um sieben nach Hause kommen. Die Subsysteme hatte ich mir notiert, die Rollen musste ich mir noch überlegen. Einige waren ja bereits festgelegt, z.B. die des Projektleiters. Welche Rollen würden wir denn in ConTiKi wohl sonst noch brauchen?.

Die Rolle des Qualitätssicherers war schon festgelegt: Hermann-Josef hatte sie übernommen. Ob er seine Rolle wirklich würde ausfüllen können? Das sollte ich vielleicht noch genauer überdenken, doch nicht heute.

Sven und Benno, die beiden Handbuchschreiber gehörten nicht zu meinem Projektteam, sollten aber das Handbuch für dieses Release überarbeiten. Schließlich änderte sich die Benutzeroberfläche gravierend. Und sie sollten eine neue Installationsanleitung schreiben.

Zudem brauchten wir dringend einen Konfigurationsmanager, beziehungsweise jemand für die Entwicklungsumgebung. Eine oder zwei Rollen? Mir schien eine besser, denn schließlich hing beides stark voneinander ab.

Außerdem waren noch die fachlichen Anforderungen zu definieren sowie die Benutzeroberfläche zu designen. Auch das gehörte irgendwie zusammen. Als Rolle sollten diese Aufgaben vielleicht doch besser getrennt werden?

Was war mit der Datenbank? Datenbankentwickler brauchten wir natürlich. Doch benötigten wir auch einen Datenbankadministrator? Für Release 1 sicher nicht, doch was war mit den Daten, insbesondere mit denen aus den Zuliefersystemen? Auch wenn sich diese Daten nicht so häufig änderten, so ganz von alleine würde dies nicht funktionieren. Besser wäre es schon, wenn einer dafür verantwortlich wäre. Dies wäre dann die Rolle Datenadministrator.

Desweiteren müsste uns jemand die Rechner aufbauen und konfigurieren. Hendrik aus dem Rechenzentrum war für uns zuständig. Soviel ich wusste, hatte er aber keinerlei Unix-Erfahrung. Mit ihm musste ich auch dringend sprechen, schließlich würden wir bald mehrere Unix-Maschinen brauchen.

Hatte ich jetzt alle Rollen? Ach nein, Designer und Realisierer brauchten wir ja natürlich auch. Die wichtigsten Rollen hätte ich fast vergessen! Wären dies eine oder zwei Rollen? Auch hier schien mir eine besser, denn welcher Programmierer ließe sich schon gern vorschreiben, wie er zu programmieren habe. Außerdem war in diesem Release ohnehin nicht sehr viel zu designen. Das meiste würde durch die Architekturgruppe definiert werden. Diese Rolle bezeichnete ich besser Entwickler.

Testen sollten wir auch noch. Dies wäre dann also noch die Rolle Tester. Doch woher sollte ich Tester bekommen? Die Entwickler selbst testen lassen, war nicht so gut. Sie würden versuchen zu beweisen, dass sie keine Fehler gemacht hätten, statt den Ehrgeiz zu haben, möglichst viele Fehler zu finden. Also der völlig falsche Denkansatz. Tester brauchten wir aber auf jeden Fall. Schließlich sollten wir im Produktgeschäft den Abnahmetest selbst durchführen und den auch noch wesentlich gründlicher als im Projektgeschäft. Es ist war ja bekannt, je unterschiedlicher die Benutzergruppe, desto mehr Fehler kommen hoch. Und nachher gibt es zu viele verärgerte Kunden.

Wir bräuchten jemand, der für uns den externen Kunden ersetzt, gewissermaßen einen internen Auftraggeber. Dies war natürlich unsere Geschäftsleitung und als deren Vertretung Karl. Interne Auftraggeber waren sie aber auch in jedem Kundenprojekt. Wir bräuchten zusätzlich jemand, der die Rolle des externen Auftraggebers übernehmen würde. Hans-Ulrich würde sicher hervorragend in dieser Rolle sein. Schließlich wusste er genau, was unsere Kunden von ConTiKi erwarteten. Zusätzlich bräuchten wir einen Anwender. Im Projektgeschäft zwei verschiedene Rollen, auch verschiedene Personenkreise. Das sollten wir auch in der Produktentwicklung so handhaben. Die Vertriebsleute könnten diese Rolle übernehmen. Schließlich kannten sie unsere Kunden am besten. Ich wollte darüber mit Karl reden.

Hatte ich jetzt alle Rollen? Ich fasste noch einmal zusammen:

- externer Auftraggeber,
- interner Auftraggeber,
- Anwender,
- Projektleiter,
- Qualitätssicherer,
- Architekt,
- Analytiker,
- Entwickler,
- Datenadministrator,
- Tester,
- Konfigurationsmanager,
- Systemverantwortlicher,
- Technical writer.

Das Telefon klingelte. Am Apparat war meine Tochter. Ich sah erschrocken auf die Uhr. Schon halb acht! „Wo bleibst du denn?", fragte sie ganz vorwurfsvoll. „Tut mir leid, mein Mädchen. Ich habe die Zeit ganz vergessen. Aber jetzt fahre ich sofort los. Bist du so lieb und kochst was für uns?" Sie schmollte ein wenig, aber ich wusste, dass ich mich auf sie verlassen konnte, wenn es darauf ankam. Der erste Tag von ConTiKi war ganz gut gelaufen. Zuversichtlich fuhr ich nach Hause.

Rollen festlegen

- Die Anzahl der Rollen muss überschaubar bleiben.
- Die Aufgabe jeder Rolle muss genau definiert sein.
- Externe, am Projekt Beteiligte müssen bei der Rollendefinition berücksichtigt sein.

10.6 Vier Augen sehen mehr als zwei

Donnerstag, mein zweiter Tag als Projektleiterin von ConTiKi. Ich war gespannt, was heute an Terminen geplant war: Britta wollte mit mir um drei die Grafiken zur Architektur durchsprechen. Mehr stand nicht in meinem Terminkalender. Dann konnte es also erst einmal mit der Planung weitergehen. Am besten fing ich mit der Qualitätssicherung an, bevor ich die Definition der Arbeitspakete ausfeilte. Denn daraus würden sich vermutlich weitere Aufgaben ergeben.

Wie stellte ich mir eine Qualitätssicherung vor? Eine Qualitätssicherung hatte ich bisher nur im Energieversorgungsprojekt gesehen und die war nicht sehr effektiv. Wir Entwickler schauten eigentlich immer nur ziemlich genervt, wenn Karl-Heinz vorbeikam und uns auf die Qualitätsaspekte der Entwicklung aufmerksam machen wollte. Das einzige, was er erreicht hatte, war, dass wir uns bemühten, den Code einigermaßen ordentlich zu dokumentieren. Doch es blieb beim Bemühen. Und der Code war beim Abnahmetest eher instabiler, als ich es aus anderen Projekten kannte.

Dass es einen Qualitätssicherer als eigene Rolle geben sollte, gefiel mir irgendwie gar nicht. Das suggerierte doch nur, dass ein Einzelner schon für die geforderte Qualität sorgen würde. Letztendlich war aber ich als Projektleiterin für die Qualität von ConTiKi verantwortlich. Und genau genommen war doch jeder für die Qualität seiner Arbeitsergebnisse verantwortlich! Was genau war denn überhaupt Qualität? Das Sahnehäubchen obendrauf?

Bei Qualität fielen mir meine rot-schwarzen Schuhe ein, die ich mir schon vor einigen Jahren gekauft hatte. Sie waren immer noch schick, sahen immer noch wie neu aus und ich konnte hervorragend in ihnen gehen. Oder ich dachte an die Aufführung von Nabucco, die ich kürzlich in der Mailänder Oper erlebt hatte. Kein Vergleich zu der Aufführung, die ich vor Jahren mal in einem kleinen Provinztheater gehört hatte. Andererseits bedeutete ein Porsche für mich auch Qualität, aber den konnte ich mit Kind und Hund nicht gebrauchen. Und meine Tochter? Die interessierte sich nicht für Opern, sondern zurzeit mehr für Markenkleidung. Für sie war der Markenname allein das Zeichen für Qualität.

Wenn ich es mir recht überlegte, dann dachte ich nicht an Qualität, sondern an Gegenstände, Opern oder sonst etwas, das für mich mit qualitativ sehr gut zusammenhing. Qualität heißt Beschaffenheit, d.h. alles hat irgendeine Qualität. Ob die Qualität gut ist, hängt vom Betrachter ab, d.h., in unserem Fall von unseren Kunden. Unser Produkt musste also genau so beschaffen sein, wie es unsere Kunden erwarteten. Dies wiederum sollte in den Anforderungen festgelegt werden. Wir würden also die geforderte Qualität erreicht haben, wenn wir genau die Anforderungen erfüllten. Das wollten wir aber doch sowieso. Warum also eine zusätzliche Qualitätssicherung?

Was genau sollten denn die Aufgaben einer Qualitätssicherung sein? Sicherlich Teststrategie und Testplanung, auch Tests oder Reviews durchführen Und was sonst noch? Z.B. Richtlinien und Standards erstellen? Was brauchte ich für mein Projekt?

Am besten war, sofort mit Hermann-Josef zu sprechen, was denn mit ihm vereinbart worden war und welche Vorstellungen er selbst hat. Hermann-Josef saß im Büro links neben meinem Büro. Er rauchte Pfeife bei geschlossenem Fenster. Das Büro sah ziemlich verqualmt aus. Ich mochte den Geruch von Pfeifentabak. Mein Vater hatte früher auch Pfeife geraucht.

Was genau Hermann-Josefs Aufgabe war, war nicht definiert. Hans-Ulrich hatte damals gemeint, dass ConTiKi als Produkt unbedingt auch eine Qualitätssicherung brauche, aber er hatte nie genau gesagt, was er darunter verstünde. Und in der damaligen Projektsituation fand Hermann-Josef auch keine Möglichkeit, Qualitätssicherung zu definieren oder gar Qualität zu sichern. Schließlich wurde ja nichts produziert, also gab es auch nichts zu sichern.

Wir überlegten gemeinsam, was wir für ConTiKi denn brauchen würden. Hermann-Josef wollte gerne nach dem V-Modell arbeiten, aber dies gefiel mir nicht. Wir hatten keine Zeit, lange Prozesse zu taylorn und alle darin einzuweisen. Hermann-Josef machte ein bedenkliches Gesicht. „Aber einen definierten Entwicklungsprozess sollten wir schon haben. Einen, aus dem für jeden klar ist, was er zu tun hat und wann er es zu liefern hat.“ Genau genommen hatte er Recht. Doch so ein bis ins letzte Detail formalisierter Prozess war nichts für unser Projekt. Zeit hatten wir dafür auch nicht. „Vielleicht können wir einen leichten Prozess, einen, der grob die Aufgaben festlegt, definieren. Einen, der die größten Probleme verhindert und trotzdem die Kreativität nicht einschränkt“, räumte ich ein. Hermann-Josef blickte mich verunsichert an. „Wir können ja mal gemeinsam damit beginnen“, bot ich ihm an. Noch etwas unsicher, stimmte Hermann-Josef zu. Das wäre also die erste Aufgabe für Hermann-Josef. Dann bräuchten wir dringend Programmierrichtlinien, damit unsere Software portabel wäre, und eine Dokumentenvorlage, um unsere Entwicklungsdokumente einheitlich zu gestalten. Reviews sollten auch durchgeführt werden, inhaltlich prüfen konnte Hermann-Josef jedoch nicht, dafür aber die Reviews organisieren und auf die Einhaltung einiger Formalien achten. Dann wären da die Testfälle zu erstellen. Das könnte er, wäre jedoch für einen allein zu aufwendig. Aber prüfen, ob die erstellten Testfälle sinnvoll wären und alle Fehlerquellen erfassen, das sollte gehen. Eine Teststrategie entwickeln und die Testplanung erstellen wollte er auch übernehmen. Und die Tests organisieren, nicht jedoch selber testen, dafür aber die Testdurchführung überwachen und die Testergebnisse kontrollieren. Das war eine ganze Menge, was da auf ihn zukam und was er mir an Arbeit abnahm.

Hermann-Josef wies auf einen wichtigen Punkt hin, den wir vergessen hatten: die Definition der Qualitätsziele. Ich sah ihn verständnislos an. Was war denn das? Hermann-Josef erklärte mir, dass nicht nur Vorgaben für Termine und Budget gemacht werden müssten, sondern auch für die Beschaffenheit, die Funktionalität, z.B. aber auch Performance oder Ausfallsicherheit usw. Ich verstand. Auch hierfür müssten nachprüfbare Vorgaben gemacht werden.

Die Aufgaben, die Hermann-Josef übernahm, halfen, unser Entwicklungsziel zu erreichen. Dies galt aber für jeden im Team. Ohne Entwickler würden wir unser Ziel auch nicht erreichen.

Wir einigten uns darauf, dass die Verantwortung für die Qualität sowohl des Entwicklungsprozesses als auch des Produktes ConTiKi bei mir – also der Projektleitung – liegen sollte, und dass jeder Projektmitarbeiter für seine Arbeitsergebnisse selbst verantwortlich sein sollte.

Die Ziele und den Prozess wollten wir gemeinsam definieren. Hermann-Josef würde dann die Einhaltung des Prozesses und der Produkt-Ziele überprüfen. Zusätzlich würde er Hilfsmittel in Form von Standards und Formularvorlagen erstellen.

Ich fing an, die Aufgabe von Hermann-Josef zu verstehen. Wir alle waren für die Qualität unserer Arbeitsergebnisse selbst verantwortlich. Aber oft war man selbst blind für seine eigenen Fehler. Er half uns dabei, unsere eigenen Arbeitsergebnisse kritisch zu überprüfen.

Vier Augen sehen eben mehr als zwei.

Jeder ist für die Qualität seiner Arbeitsergebnisse verantwortlich

- Qualität ist Teil des Produktes, nicht Zugabe.
- Eine Qualitätssicherung hilft, die eigenen Arbeitsergebnisse kritisch zu überprüfen.
- Der Qualitätsbeauftragte ist Teil des Entwicklungsteams. Er hat, wie jeder andere Entwickler auch, lediglich spezielle Kenntnisse, nämlich die der Qualitätssicherung.
- Das Vorhandensein einer Qualitätssicherung suggeriert, dass diese für die Qualität zuständig ist.

10.7 Die Mannschaft aufstellen

Ich sah auf die Uhr. Schon fast zwölf, Zeit zu Essen. Doch ich wollte lieber an der Planung weiterarbeiten.

Die Aufgabenpakete waren durch die Architektur schon grob festgelegt. Die Rollen hatte ich auch, jetzt kam der schwierigste Teil, die Zuordnung der Personen zu den Aufgabenpaketen und Rollen. Doch die Zuordnung sollte ich schon jetzt vornehmen, damit sich jeder so früh wie möglich selbst Gedanken über seine Aufgabe machen konnte.

Doch war das Team überhaupt in der Lage, Aufgaben und Rollen ausreichend auszufüllen? Im Geist ging ich noch einmal das Team durch.

Toll, dass Karl jetzt ganz zu uns gewechselt und seinen sicheren Stuhl in der anderen Abteilung aufgegeben hatte. Er glaubte an unseren Erfolg. Das gab uns allen Auftrieb.

In unserem Team waren Britta und ich die einzigen Frauen. Und dann eine Frau als Projektleiterin? Ob meine Kollegen mich tatsächlich akzeptieren würden? Sie waren alle einverstanden. In den letzten Monaten hatten wir uns ganz gut kennengelernt. Ich dachte, ich würde mich auf sie verlassen können. Nur bei Hans-Otto war ich mir nicht sicher. Er wäre beim ersten Versuch schon gerne Projektleiter geworden. Sollte ich ihn offen darauf ansprechen? Lieber abwarten. Schließlich hatte ich von uns allen die größte Projektleitungserfahrung. Und technisch kannte ich ConTiKi inzwischen auch ganz gut.

Die Rollen Qualitätssicherung und Dokumentation waren bereits besetzt. Britta könnte Hermann-Josef bei der Definition der Standards und Richtlinien unterstützen und auch am Standards-Workshop teilnehmen. Die beiden Handbuchschreiber brauchten Input aus dem Projektteam. Das Fachkonzept und die Beschreibung der Benutzeroberfläche würden hier wahrscheinlich der wichtigste Input sein. Zusätzliche Ansprechpartnerin für die beiden wäre ich.

Wer aus dem Team wäre als Architekt gut geeignet? Spontan fiel mir da eigentlich nur Jürgen ein. Er war bereits in der Architekturgruppe und hatte auch die meiste Erfahrung mit OO. Unix-Kenntnisse hatte er dagegen überhaupt nicht und ConTiKi kannte er auch nicht. Doch die Kenntnisse, die ihm hier fehlten, ließen sich über die Architekturgruppe erst mal kompensieren sowie zusätzlich über Schulung und ‚learning by doing'.

Mit dem Konfigurationsmanager wurde es schwieriger. Außer mir hatte eigentlich noch niemand Erfahrung mit Konfigurationsmanagement. Horst hatte ganz gute Kenntnisse in Systemtechnik und Tooladministration. Wir würden die Rolle gemeinsam wahrnehmen können. Horst könnte das Tool administrieren und die Entwicklungsumgebung bereitstellen, ich würde die Anforderungen definieren und die Baselines bilden. Diese Vorgehensweise hätte den Vorteil, dass ich als Projektleiterin ständig über den aktuellen Entwicklungsstand genau informiert wäre.

Carsten hatte schon in anderen Projekten einige systemabhängige Funktionen geschrieben, sowohl auf dem PC als auch auf dem Host. Er könnte das systemabhängige Subsystem übernehmen. Es würde ihm sicher Spaß machen, sich zusätzlich auch noch ganz tief in UNIX einzuarbeiten.

Die Datenadministration konnte Lukas übernehmen. Er hatte in der früheren ConTiKi-Version schon die Software für die Zuliefersysteme geschrieben und sollte die Daten ganz gut kennen. Ich vermutete jedoch, dass er daran keinen großen Spaß haben würde. Er war, schien mir, mehr an der Entwicklung der Benutzeroberfläche interessiert, was ich an seiner Stelle auch gewesen wäre. Vielleicht konnte ich Lukas ja doch zur Datenadministration überreden, wenn sicher sein sollte, dass er sie im nächsten Release wieder abgeben könnte. An der Benutzeroberfläche konnte er ja trotzdem mitarbeiten, die Datenadministration war schließlich kein Full-Time-Job.

Die Querschnittsaufgaben waren jetzt zugeordnet. Oder? Systemadministrator war Hendrik. Einen Stellvertreter für mich brauchte ich noch. Uwe vielleicht oder Hans-Otto? Das sollte ich später überlegen. Dann kämen nun die Aufgabenpakete.

Ich fing am besten mit dem Fachkonzept an. Im Projektteam würden eigentlich nur Kurt oder Lukas oder ich infrage kommen. Wir waren die einzigen, die ConTiKi schon kannten. Lukas sollte schon die Datenadministration übernehmen und wollte an der Benutzeroberfläche mitentwickeln, mehr ging sicher nicht. Blieben noch Kurt und ich. Kurt war der Idealkandidat. Er war auch schon in der Arbeitsgruppe für die Benutzeroberfläche. Da fiel mir ein, Hilfetexte und Fehlermeldungstexte müssten auch definiert werden. Das gehörte eigentlich mit zur Benutzeroberfläche. Das sollte ich an die Arbeitsgruppe weitergeben. Für mich bliebe dann die Definition der Funktionalität. Würde ich dafür neben der Projektleitung genügend Zeit haben? Leichter wäre es sicher, wenn wir auf Auftraggeberseite Hans-Ulrich als Ansprechpartner hätten. Er kannte die Funktionalität aus dem Eff-Eff. Aber würde er bereit sein mitzumachen? Ich wollte ihn einfach fragen.

Für die Benutzeroberfläche stand Lukas schon fest. Uwe und Lukas hatten schon beim ersten Versuch von ConTiKi an dem Thema gearbeitet. Uwe wollte sicher auch an dem Thema bleiben. Doch knapp drei Personen waren wahrscheinlich immer noch zu wenig. Wer wäre denn noch da? Es blieben nur noch Richard, Horst, Paul und Hans-Otto. Außer Lukas hatte nur noch Hans-Otto OO-Erfahrung durch die Mitarbeit in der Arbeitsgruppe. Also wäre Hans-Otto sinnvoll. Wir bräuchten aber sicher auch noch einen externen C++-Coach. Noch ein Punkt für das Gespräch mit Karl heute Nachmittag.

Es wurde immer unübersichtlicher.

Ich sollte mir dies mal aufschreiben und zu jedem Arbeitspaket die Personen mit ihrem Zeitaufwand eintragen. Sonst würde ich noch vergessen, wer schon alles verplant war.

Arbeitspaket	Personen
Rechenzentrum	Hendrik
Handbücher	Sven, Benno
Projektleitung	Helga 50%
Qualitätssicherung	Hermann-Josef 100%
Konfigurationsmanagement	Horst 30%, Helga 25%
Architektur	Jürgen
Standards	Hermann-Josef
Datenadministration	Lukas 10%
Fachkonzept	Helga 25%
Subsystem Systemfunktionen	Carsten 30%
Benutzeroberfläche implementieren	
Subsystem GUI	
Grafische Auswertungen	
Anpassung Auswertungen	
Reportingtool	

So wurde es schon übersichtlicher.

Als nächstes ging es an die grafische Darstellung der Auswertungen. Sie sollte besser auch in die Benutzeroberfläche integriert werden. Würde Jürgen hierfür neben der Architektur noch Zeit haben? Wohl kaum. Vielleicht zusammen mit Richard? Er hatte schon in der Arbeitsgruppe mit Jürgen zusammengearbeitet.

Jetzt fehlte noch das Reporting. Wenn es wie in Rech geplant ausgeführt werden sollte, würde es auch ein größeres Paket werden, schätzungsweise ein Personenjahr, mindestens zwei Personen in einem halben Jahr. Oder einer in einem ganzen Jahr? Ein ganzes Jahr nur an einem Tool arbeiten, schien mir nicht gut. Und einer alleine auch nicht. Also doch besser zwei Personen ein halbes Jahr. Damit könnte man ohnehin erst anfangen, wenn die Benutzeroberfläche feststehen würde. Aber wir wollten ja zuerst einen Basis-Reporter schreiben. Trotzdem war ich der Meinung, dass zwei Personen innerhalb eines halben Jahres nötig wären, möglicherweise erst zu Release-Ende.

Es blieben ohnehin nur noch Britta und Paul. Paul hatte früher schon mal einen Reportgenerator geschrieben.

Die Anpassung der Auswertungen an das Windowsystem und die neue Architektur hatte ich vergessen. Dies würde nur jemand können, der den Code kannte, also nur Lukas oder Kurt. Lukas würde nicht einverstanden sein, also Kurt? Der war im ersten Halbjahr auch schon verplant. Horst war noch nicht ausgelastet, außerdem würde er sich schnell in neue Aufgaben einarbeiten können. Vielleicht könnten Kurt und Horst zusammenarbeiten?

Ich fasste noch einmal zusammen:

Rechenzentrum	Hendrik
Handbücher	Sven, Benno
Projektleitung	Helga 50%
Qualitätssicherung	Hermann-Josef 100%
Konfigurationsmanagement	Horst 30%, Helga 25%
Architektur	Jürgen 50%
Standards	Britta 25%
Datenadministration	Lukas 10%
Fachkonzept	Helga 25%
Subsystem Systemfunktionen	Carsten 30%
Benutzeroberfläche implementieren	Kurt 50%
Subsystem GUI	Uwe 100%, Hans-Otto 100%, Lukas 90%
Grafische Auswertungen	Richard 100%, Jürgen 50%
Anpassung Auswertungen	Horst 70%, Kurt 50%
Reportingtool	Britta 75%, Paul 100%

Carsten war noch nicht ausgelastet. Da würde sich sicher noch genügend finden. Arbeit gab es genug. Das GUI-Subsystem war sicher nicht ausreichend besetzt. Es lohnte nicht, jetzt schon weiter ins Detail zu gehen.

Der richtige Mann am richtigen Platz – gilt auch für Frauen

- Für die Aufgaben so früh wie möglich verantwortliche Personen benennen, damit diese ihre Aufgaben selbst präzisieren können.
- Für jedes fachliche Thema (bzgl. der fachlichen Anforderungen und der DV-technischen Anforderungen) muss mindestens ein Mitarbeiter entsprechendes Know-how besitzen.
- Im Team die Stärken stärken, die Schwächen kompensieren.
- Die Mischung zwischen Lehrenden und Lernenden muss stimmen. Mindestens ein Viertel der Mitarbeiter im Entwicklungsteam sollte mehr als drei Jahre Entwicklungserfahrung besitzen.

10.8 Entfernungen abschätzen

Freitag, der dritte Tag. Heute war ein Gespräch mit Hendrik aus dem Rechenzentrum geplant, dann eines mit Karl über den aktuellen Stand der Planung. Bis zu diesen Terminen hatte ich Zeit, also konnte ich meine Planung fortsetzen. Ich wollte zumindest einmal eine grobe Vorstellung davon haben, wie viel Aufwand denn für die einzelnen Pakete anzusetzen sei. Sonst würde ich ja überhaupt nicht wissen, wie viele Personen pro Paket vorzusehen wären. Pro Paket sollten Design, Codierung, Dokumentation und Entwicklertests in der ersten Schätzung enthalten sein. Und ein Personenjahr hatte nicht mehr als 10 Zeitmonate. Am besten schien es, ich diskutierte dies gleich mit meinen Kollegen, statt Rätselzuraten. Später sollte dann natürlich noch jeder für sich seine Aufgabe selbst schätzen.

Das größte Paket war sicherlich die Benutzeroberfläche. Hierfür benötigten wir drei Schichten und die Einarbeitung in das Windowsystem. Fünf Personenjahre erschienen mir nicht zu viel.

Ich ging zu Uwe, der im Büro neben mir saß. Uwe hatte den Prototypen von ConTiKi für Windowsysteme mit entwickelt und war außerdem in der Arbeitsgruppe Benutzeroberflächen. Er würde mir helfen können, den Aufwand für die technische Anbindung der Windowsysteme zu schätzen.

„Hallo Uwe. Ich brauche deine Hilfe“, überfiel ich ihn gleich. „Im Architekturmeeting gestern haben wir eine sehr gute Aufteilung in Subsysteme gefunden. Britta macht heute noch eine Zeichnung dazu. Wir haben uns überlegt, für die technische Anbindung der Windowsysteme ein eigenes Subsystem zu entwickeln, das in drei Schichten unterteilt ist, zusätzlich zu der Definition des Aussehens der Benutzeroberfläche.“ Uwe sah mich etwas fragend an. Er wusste womöglich nicht so recht, worum es ging. „Britta bringt mir gleich die Zeichnungen der Architektur vorbei. Könntest du danach grob schätzen, wie hoch der Aufwand sein wird. Ich vermute, dieses Paket wird die meiste Zeit kosten.“ Uwes Gesicht erhellte sich. „Ja klar, das mach ich. Sehr genau wird's aber noch nicht sein.“ „Muss es auch nicht. Dafür hätte ich es gerne morgen.“ Ich ging schnell wieder raus, bevor Uwe protestieren konnte.

Als nächstes sollte die grafische Auswertung auf dem Grafiktool realisiert werden, insgesamt sieben verschiedene Darstellungsmöglichkeiten mit Option auf weitere. D.h. ein flexibles Konzept. Ein halbes Personenjahr? Da ging gerade Jürgen an meinem Büro vorbei. „Hallo Jürgen, hast du einen Augenblick Zeit?“ Jürgen kam in mein Büro. „Na klar habe ich Zeit“, Jürgen war gut gelaunt. „Soll ich uns einen Kaffee holen?“ Ich nickte. „Für mich bitte schwarz.“

Jürgen kam mit zwei großen Kaffeetassen. „Du siehst nachdenklich aus. Was gibt's denn?“ „Ich sitze gerade an der ersten Planung für ConTiKi. Im Augenblick überlege ich, wie groß der Aufwand für die einzelnen Subsysteme so ungefähr sein könnte. Hast du dir schon einmal Gedanken darüber gemacht, wie lange es dauert, dein Grafiktool unterzuziehen?“ Jürgen runzelte die Stirn. „Einfach nur unterziehen reicht nicht. Die Darstellungen müssten schon komplett neu geschrieben werden.“ „Da hast du Recht, die Darstellungen müssen neu geschrieben werden, die Auswertungen selbst können wir aber hoffentlich noch verwenden, oder?“ Jürgen rieb sich die Nase. „Lass mal nachdenken. Alle Grafiken anbinden geht fix. Vielleicht ein Monat. Die Auswertungen selbst anbinden, vielleicht noch ein Monat.“ Ich hatte so meine Bedenken, ob die Anbindung wirklich so schnell gehen würde. Jürgen neigte dazu, Routinearbeiten wie Einarbeitung neuer Mitarbeiter, Dokumentation und Test zu unterschätzen.

„Wie weit ist denn das Grafiktool? Wird es bis zum Ende des Jahres vollständig getestet vorliegen? Wie machst du denn die Tests?“ „Ich probiere gerade ein Testtool aus. Scheint ganz gut zu sein. Das könnten wir auch für ConTiKi als Testrahmen einsetzen.“ „Lass uns darüber später sprechen. Wichtig ist, dass das Grafiktool nahezu fehlerfrei ist, wenn wir die Auswertungen anbinden. Schließlich haben wir kaum jemand, der ConTiKi kennt. D.h. dass bei jedem Fehler unglaublich lange gesucht werden wird. Wir bräuchten nicht nur DV-technische, sondern auch fachliche Testfälle.“ Jürgen nickte verstehend. „So habe ich das bisher noch nicht gesehen. Was die DV-technischen Testfälle anbelangt, das kriege ich schon hin. Aber fachliche Testfälle?“ „Geh doch zu Hermann-Josef. Er muss sich doch sowieso in ConTiKi einarbeiten. Und Testfälle definieren gehört schließlich zu seinen Aufgaben. Kurt könnte euch vielleicht dabei helfen. Er kennt ConTiKi ja auch.“ „Wird gemacht, Captain. Ich vermute, dass das Tool noch bis Jahresende fertig getestet vorliegen soll?" scherzte Jürgen. „Wie immer am besten gestern. Reicht das, es ist gerade mal noch eine Woche." „Wenn Kurt mitmacht, wird's schon klappen." Jürgen trank seinen Kaffee aus.

„Ich möchte dich gern noch etwas anderes fragen. Du bist sicher nicht überrascht, dass ich bei der Rolle des Chefarchitekten an dich gedacht habe." Jürgen nickte lachend. „Ehrlich gesagt, wäre ich frustriert gewesen, wenn du dabei nicht an mich gedacht hättest. Mir fehlt allerdings das Unix-Know-how, das weißt du?" Ich runzelte die Stirn. „Leider nicht nur dir. Wir bräuchten einen Unix-Spezialisten im Team. Du müsstest zu einer Schulung. Außerdem gibt es genügend Know-how in der Architektur-Gruppe. Und ansonsten ‚Training on the Job'. Das kennst du ja sicher schon." Jürgen nickte erleichtert. „Danke, dass du mir diese Aufgabe zutraust."

„Kannst du dir bis morgen überlegen, wie viel Aufwand diese Aufgabe für dich bedeutet und ob genügend Zeit für die Anbindung der grafischen Auswertungen bleibt?"

Jürgen sah mich nachdenklich an. „Eine Planung durchzuführen, ist gar nicht so einfach. Wie gehst du denn vor?" „Ich unterteile die Aufgabe in überschaubare kleine Pakete und schätze jedes Paket einzeln. Zusätzlich hole ich die Meinung anderer ein und vergleiche die unterschiedlichen Schätzungen. Du z.B. könntest zusätzlich eine Schätzung aus der Architektursicht für das gesamte Release durchführen." „Etwa auch bis morgen?" witzelte Jürgen. „Na klar." Jürgen verließ kopfschüttelnd mein Büro.

Ich dachte weiter über die möglichen Aufwände nach. ConTiKi müsste an das Windowsystem angepasst werden. Auch nicht einfach. Schließlich war ConTiKi bisher nicht windowfähig. Aber das müsste es in diesem Release auch noch nicht werden, trotzdem wäre einiges an der Schnittstelle umzuprogrammieren. Schätzungsweise ein halbes Personenjahr? Außerdem müssten die Auswertungen an die neue Architektur angepasst werden. Wir sollten nicht zu viel Aufwand reinstecken, da der Code in den nächsten Releases neu geschrieben werden würde, trotzdem, ein weiteres halbes Personenjahr würde es schon kosten.

Dann das Reportingtool. Mindestens zwanzig verschiedene Reports. Generierbar für weitere Reports. Wobei jeder Report aus den gleichen Text- und Grafik-Bausteinen bestehen könnte. Dies waren zurzeit sieben verschiedene Bausteine, die aber auch mehr werden könnten. Sollte auch flexibel sein. Vielleicht ein Personenjahr?

Die Zuliefersysteme durfte ich auch nicht vergessen. Das war nicht viel, trotzdem machte Kleinvieh auch Mist. Vielleicht ein Monat für die Pflege der Daten?

Zusätzlich der Entwicklungsprozess und die Standards und Richtlinien. Mehr als drei Monate wären sicher nicht drin. Aber besser als gar nichts.

Wie viel Aufwand mochte denn das Konfigurationsmanagement sein? Ich setzte mal ein halbes Personenjahr an, für alles zusammen, also Tool-Administration, Baselines bilden und Entwicklungsumgebung bereitstellen.

Und das Fachkonzept. Drei Monate sollten reichen.

Fehlte noch das Testen. Welche Tests würden wir denn überhaupt durchführen? Entwicklertests, klar. Integrationstest auch. Zusätzlich Funktions- System- und Abnahmetest? Das schien mir etwas übertrieben zu sein. Ich plante hierfür vorläufig zwei Zeitmonate ein. Das war sicher nicht zu wenig für ein Produkt. Halt, dies hätte zweimal zwei Zeitmonate bedeutet, da wir ja am 30.6. das Zwischenrelease ausliefern sollten. Da blieb ja kaum noch Zeit für die Entwicklung! Testplanung war ein Thema für Hermann-Josef. Das sollte ich mit ihm klären.

Die Fehlerbehebungen aus dem früheren ConTiKi sollte ich auch noch berücksichtigen. Das ging aber noch nicht. Ich setzte erst einmal einen Personenmonat an. Ein großer Teil der gemeldeten Fehler würde ja schon durch mein Refactoring behoben sein.

Mal zusammenrechnen: 3 Monate Fachkonzept, 10 Monate Reporting, 5 Monate Anbindung an GUI, 5 Monate Anpassung an neue Architektur, 5 Monate grafische Auswertung, 50 Monate Subsystem GUI, 5 Monate Benutzeroberfläche, 40 Monate Testen, Konfigurationsmanagement 5 Monate, Datenadministration 1 Monat, Fehlerbehebung 1 Monat. Architektur habe ich vergessen. Wahrscheinlich auch 5 Monate. Projektleitung ebenfalls. Standards drei Monate. Zusätzlich Qualitätssicherung 10 Monate. Macht zusammen 163 Personenmonate. Nicht schlecht. Für ein Team von 12 Personen in einem Jahr! Dabei hatte ein Personenjahr nur 10 Monate! Und die Planung war noch sehr ungenau. Andererseits fehlten also nur vier Personen. Zwei Studenten hatte Karl mir schon zugesagt. Es war also nicht ganz unmöglich. Ich wurde immer zuversichtlicher.

Schätzen heißt ‚Nicht wissen'

- Der Aufwand kann durch Vergleich mit ähnlichen Projekten oder durch erfahrene Entwickler geschätzt werden.
- Es sollten immer mehrere Schätzungen mit unterschiedlichen Schätzmethoden durchgeführt werden, um die Schätzung zu verbessern.
- Architektur und Entwicklungsprozess geben Arbeitspakete vor. An diesen Arbeitspaketen kann sich die Aufwandsschätzung orientieren.
- Die Ausführenden immer an der Schätzung beteiligen. Wer sein O.K. zur Schätzung gegeben hat, fühlt sich auch verpflichtet, den geschätzten Aufwand nicht zu überschreiten.

10.9 Genügend Reiseproviant einplanen

Was fehlte jetzt noch? Ach ja, die Zuliefertermine. Da waren zum einen das Handbuch und die Installationsanleitung. Beides sollte jeweils mindestens vier Wochen vor Auslieferternin zum Review vorliegen. Reichte das für eine Überarbeitung? Das wollte ich mit Sven und Benno klären.

Die Benutzeroberfläche sollte schon vor der Cebit definiert und implementiert sein. Unmöglich! Wenn wir hier noch den Prototypen nehmen würden, würde es zeitlich gehen, wir hätten jedoch zusätzlichen Aufwand für die Messeversion gehabt. Aber bis zum 30.6. würde wohl auch das nicht klappen. Da musste ich mir was einfallen lassen.

Standards und Richtlinien mussten schnellstmöglich definiert werden und natürlich die Testplanung.

Außerdem mussten UNIX-Rechner und Software beschafft werden. Würde dies überhaupt funktionieren? Dass das ganze Team unter UNIX entwickelte, ohne UNIX-Kenntnisse? Ich bekam Bauchschmerzen. Wie sollte man in einer Umgebung unter Zeitdruck arbeiten, ohne die Unterstützung der Umgebung voll nutzen zu können?

Ich überlegte, erst einmal zu Hendrik zu gehen, um mit ihm über die Unix-Umgebung zu sprechen. Hendrik saß im Rechenzentrum im Keller in einem Glaskasten zwischen vielen Rechnern und Kabeln. Hendrik hatte schon auf ein Gespräch mit mir gewartet, denn ihm war auch nicht wohl bei dem Gedanken, für ConTiKi eine Unix-Umgebung schnellstmöglich aufzubauen. Markus, sein Kollege im Rechenzentrum hatte zwar genügend Unix-Know-how, aber keine Zeit. Ihn konnte er höchstens gelegentlich kurz mal was fragen. Wir waren uns einig, dass das nicht reichen würde. Unix ist ein offenes System, das damit sehr viele Möglichkeiten bietet, aber genauso viele Fehlerquellen, wenn man sich damit nicht auskennt. „Was wäre denn, wenn wir uns einen Unix-Spezialisten holen würden?“, schlug Hendrik vor. „Der könnte mich dann bei der Rechnerkonfiguration unterstützen und gleichzeitig euch beim Aufbau einer Entwicklungsumgebung.“ Ich nickte, der Vorschlag gefiel mir. Nur, würde Karl dem zustimmen? Eine weitere Erhöhung unseres Budgets. Dennoch, eine andere Lösung sah ich auch nicht. Hendrik würde mich bei Karl mit diesem Vorschlag unterstützen.

Auf dem Weg zurück zu meinem Büro ging ich an der Kaffeeküche vorbei. Ich brauchte jetzt dringend einen Kaffee. Hans-Ulrich war auch dort. Eine gute Gelegenheit, mit ihm zu sprechen. Hans-Ulrich sah weg, als er mich kommen sah. Ich fasste all meinen Mut zusammen und ging freundlich lächelnd auf ihn zu. „Hallo Hans-Ulrich, schenkst du mir auch eine Tasse ein?“ Hans-Ulrich sah mich forschend an und lächelt dann vorsichtig zurück. Und schenkte mir Kaffee ein. Ich wurde mutiger.

„Schade, dass du in Rech nicht dabei warst. Wir hätten deine Fachkenntnisse zu ConTiKi sehr gut gebrauchen können.“ Hans-Ulrich lächelte noch mehr. Das Eis schien gebrochen. „Ich hatte leider keine Zeit. Im Vertrieb geht's um einiges hektischer zu als in der Entwicklung.“ „Ja, das glaube ich dir gern. Trotzdem fehlt uns dein Know-how. Könntest du vielleicht trotz deiner vielen Arbeit uns mit deinem Fachwissen unterstützen?“ „Was meinst du denn mit unterstützen? Soll ich vielleicht wieder in der Entwicklung arbeiten?“ „Nein, natürlich nicht. Im Vertrieb wirst du ja auch dringend gebraucht. Ich dachte mehr als Ansprechpartner für das Fachkonzept. Wir beide zusammen müssten das doch ziemlich schnell hinkriegen. Was meinst du? Hast du Lust dazu?“ „Ansprechpartner für das Fachkonzept? Du meinst, die derzeitigen Funktionen in ConTiKi beschreiben?“ „Ja, genau. Vielleicht könntest du sogar die Rolle des Auftraggebers übernehmen, d.h. Anforderungen definieren, Benutzeroberfläche mit gestalten, Testfälle definieren und ConTiKi abnehmen. Wer außer dir könnte das schon sonst noch?“

Hans-Ulrich wandte sich jetzt ganz zu mir. „Was wird denn Karl dazu sagen? Glaubst du, er ist damit einverstanden?“ „Warum sollte er etwas dagegen haben? Deine fachliche Unterstützung kann uns doch nur nützen.“ Hans-Ulrich begann zu strahlen. „Wenn ich ehrlich bin, ich würde schon gern mitarbeiten. Schließlich ist ConTiKi so etwas wie mein Baby.“ „Und wie sieht's bei dir im Vertrieb aus? Wirst du dort die Zeit dafür bekommen? Es wäre wahrscheinlich ein Aufwand von ungefähr drei Monaten.“ „Ich werde das abklären. Müsste aber drin sein.“

Ich reichte Hans-Ulrich meine Hand. „Also dann, auf gute Zusammenarbeit. Ich freu' mich drauf.“ Hans-Ulrich drückte meine Hand. Es war gut, dass ich auf ihn zugegangen war.

Abhängigkeiten berücksichtigen

- Abhängigkeiten haben einen wesentlichen Einfluss auf die zeitliche Projektplanung.
- Termine für Zulieferungen und Beistellungen müssen bereits während der Planung fest (schriftlich) vereinbart sein.
- Wichtige Abhängigkeiten als Meilensteine im Projektplan definieren.

10.10 Die Mannschaft rechtzeitig mit ins Boot nehmen

Montag. Der vierte Tag. Um zehn Uhr war Projektmeeting. Ich wollte das Team über den aktuellen Stand informieren und mit ihnen gemeinsam die Planung aufsetzen. Hendrik, Sven und Benno kamen auch. Britta hatte die Architekturzeichnungen fertig. Karl hatte erstaunlicherweise allen meinen bisherigen Vorschlägen zugestimmt, sogar dem Vorschlag, Hans-Ulrich als fachlichen Ansprechpartner mit einzubeziehen. Und einen Unix-Experten hatte er auch schon für uns, Fred aus dem Logistik-Bereich, seiner früheren Abteilung. Er würde uns für mindestens ein halbes Jahr zur Verfügung stehen. Karl hatte ich gebeten, nicht zu kommen. Wir wollten erst einmal ‚unter uns' sein.

Das Projektteam traf sich zum ersten Mal als Team. Ich sah mich um. Da saßen Uwe, Lukas, Horst und Kurt nebeneinander und witzelten über irgendetwas. Bei ihnen schien schon etwas wie Zusammengehörigkeitsgefühl zu bestehen. Links von ihnen saßen Carsten und Hermann-Josef auf Abstand. Es sah so aus, als ob die beiden sich nicht sonderlich mochten. Britta hatte sich neben Jürgen gesetzt. Hans-Otto saß etwas abseits, Paul war noch nicht da. Hendrik, Sven und Benno saßen gleich neben der Tür. Fred stand etwas verloren neben der Tür. Ich setzte mich neben Jürgen. Da kam Paul, er wirkte abgehetzt, murmelte was von vergessen und setzt sich auf die Fensterbank.

Zuerst stellte ich Fred vor. Es war für alle beruhigend, dass wir jetzt einen echten Unix-Spezialisten im Team hatten.

Danach begann Jürgen mit der Vorstellung der Subsysteme. Die Gesichter wirkten alle sehr gespannt. Horst stellte einige kritische Fragen zur Idee der Basis-Subsysteme. Er war der Einzige, der fragte. Jürgen hatte sich insbesondere bezüglich seines Grafik-Tools schon viele Gedanken über die Basis-Systeme gemacht und konnte alle Fragen plausibel beantworten. Die Gesichter entspannten sich. Die Architektur schien von allen akzeptiert zu sein.

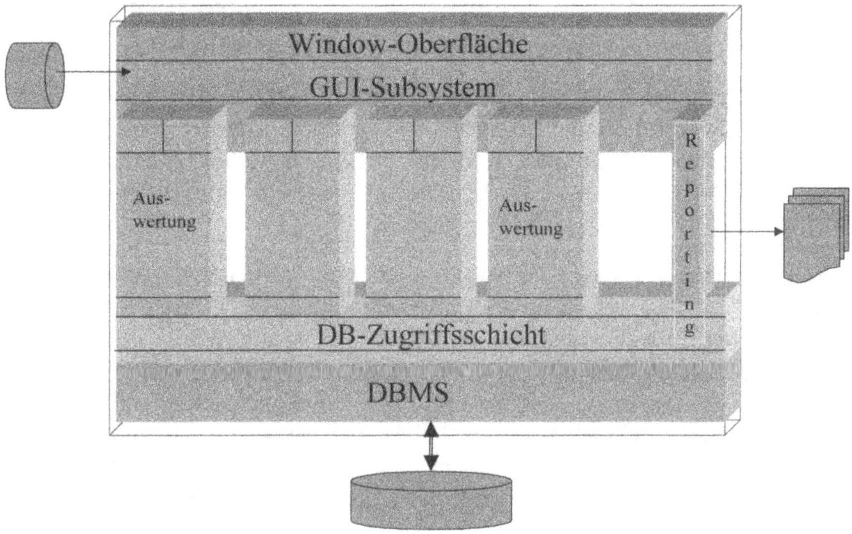

Abbildung 1: Die Architektur von ConTiKi

Jetzt erzählte ich von meinen aktuellen Planungsüberlegungen, den Rollen, den Arbeitspaketen. Auch hier schien es keinen Widerspruch zu geben. Oder trauten sich meine Kollegen nur nicht? Hermann-Josef ging nach vorne und berichtete wortreich, aber mit monotoner Stimme, wie wir seine Aufgaben definiert hatten. Noch immer keine rege Diskussion.

Ich schrieb die Rollen und die Aufgabenpakete auf das Flipchart. Anschließend verteilte ich Karten. „Schreibt doch bitte auf diese Karten, in welcher Rolle und welchem Aufgabenpaket ihr euch seht. Ihr könnt auch mehrere Rollen oder Aufgabenpakete angeben. Für die Rollen rote Karten, für die Aufgaben grüne Karten. Und heftet sie da vorne an die Metaplanwand", forderte ich meine Kollegen auf. Sie wirkten erstaunt. Unsicher fragte ich, was sie so erstaunen ließ. Carsten antwortete zögerlich. Er hätte erwartet, dass ich Zuordnungen und Aufwandsplanung schon vorgenommen hätte. Und er zweifelte daran, dass das Team ein wirkliches Mitspracherecht hätte. Ich beugte mich vor und sah mit festem Blick in die Runde. „Natürlich habe ich mir schon meine Gedanken gemacht, schließlich wollte ich dieses Meeting etwas vorbereiten. Aber wir haben eine sehr schwierige Aufgabe vor uns, und wir können sie nur lösen, wenn wir alle an einem Strang ziehen, wenn jeder sich mit seiner Aufgabe auch identifizieren kann. Und wenn wir alle offen miteinander umgehen. Glaubt ihr mir?" Horst füllte wortlos seine Karten aus und heftete sie an die Wand. Er hatte natürlich Subsystem GUI und Entwickler auf seine beiden Karten geschrieben. Ich hing meine Karten ebenfalls an. Ich hatte erst einmal nur Projektleitung auf meine Karten geschrieben. Nach und nach füllten auch die anderen die Karten aus.

Wie erwartet, hatte sich keiner für die Datenadministration entschieden. Und auch nicht für das Konfigurationsmanagement. Britta hatte sich ebenfalls bei der Architektur eingetragen. Hans-Otto hatte für sich zusätzlich zum GUI-Subsystem die Prozess-Definition ausgewählt. Sonst deckten sich die Wünsche des Teams mit meinen Vorüberlegungen.

Jetzt bat ich alle, sich Gedanken über die Aufwände für ihre gewählten Aufgaben zu machen. Hierfür würden wir eine Kaffeepause von einer halben Stunde machen. Meine Kollegen sahen mich wieder verständnislos an. „Die Schätzung soll nur ungefähr sein. Ich bin sicher, ihr wisst in etwa, was alles zu tun sein wird. Und ihr könnt natürlich untereinander diskutieren."

In der Kaffeepause bildeten sich kleine Gruppen, die über die Aufwände angeregt diskutierten. Ich stand bewusst etwas abseits und trank meinen Kaffee. Nach einer halben Stunde trafen wir uns alle wieder im Meeting-Raum. „Und, wie sieht's aus? Konntet ihr Aufwände schätzen?" „Beim Reportingtool bin ich alleine. Ich komme auf cirka ein Mannjahr. Da ist eine Person wahrscheinlich zu wenig. Lieber wär's mir, ich hätte noch einen Diskussionspartner", meldete sich Paul. Carsten ergänzte: „Ich komme bei den Systemfunktionen auf drei Mannmonate, damit wäre ich nicht ausgelastet." „Vielleicht tragen wir die Aufwände zu den Aufgabenpaketen hinzu und berechnen danach für jeden seine Auslastung", schlug ich vor. „Da jeder von uns zusätzlich in irgendeiner Arbeitsgruppe ist, sollten wir für jeden pauschal schon einmal 10% Auslastung vorsehen."

Das GUI-Team war sogar auf sechs Personenjahre gekommen. Uwe erläuterte, wie sich die Aufwände zusammensetzen würden. Das klang plausibel. Es war klar, dass wir noch mindestens drei weitere Mitarbeiter brauchten. Wir konnten sicher noch einen Studenten ins Team bekommen. Dies würde aber nicht reichen.

Britta und Jürgen konnten die Architekturaufwände ganz gut unter sich aufteilen, aber beide waren damit nicht ausgelastet.

Carsten war mit den Systemfunktionen nicht ausgelastet. Fred schlug vor, ihn intensiv in Unix einzuarbeiten. Schließlich würde Fred nicht ewig bei ConTiKi bleiben. Ein guter Vorschlag.

Ich fragte Horst, ob er zusätzlich zum GUI noch das Konfigurationsmanagement zusammen mit mir übernehmen wolle. Das Thema Entwicklungsumgebung reizte ihn und er stimmte, wenn auch noch ein wenig skeptisch, zu.

Die Diskussion kam endlich in Fluss. Alle beteiligten sich angeregt.

Britta bot freiwillig an, zusätzlich zur Architektur am Reportingtool mitzuarbeiten. Dann konnte sie dort auch gleich die Architekturüberlegungen umsetzen. Und Jürgen bot an, zu 60% im GUI-Team mitzuarbeiten. Kurt bot ebenfalls an, am GUI mitzuarbeiten und dort die grafischen Auswertungen zusammen mit Jürgen zu integrieren.

Fehlte noch die Datenadministration. Ich sah Lukas bittend an. „Du bist leider der Einzige, der die Zulieferdaten kennt. Im nächsten Release könnte es dann die Datenbanktruppe übernehmen. Und der Aufwand ist nicht übermäßig groß", versuchte ich ihn zu überreden. Lukas nickte langsam mit dem Kopf. „O.k., das sehe ich ein. Aber wirklich nur für dieses Release!"

„Danke. Dann hätten wir ja alles zusammen. Was noch fehlt, ist eine ausreichende Besetzung des GUI-Teams. Könnt ihr euch vorstellen“, fragte ich zu Uwe gewendet, „drei weitere Personen einzuarbeiten?“ Uwe schüttelte den Kopf. „Wie soll das gehen? Wir müssen uns doch selbst noch einarbeiten“ „Ich habe auch so meine Zweifel.“ Ich fühlte mich in meinen Bedenken bestätigt. „Dann bleibt eigentlich nichts anderes übrig, als die Funktionalität für dieses Release zu kürzen. Oder hat einer von euch eine bessere Idee?“ Alle schüttelten den Kopf. „Trotzdem danke für eure konstruktive Mitarbeit. Auf dieser Basis kann ich jetzt den ersten Projektplan erstellen. Eure Vorschläge werde ich soweit wie möglich berücksichtigen. Doch habt bitte Verständnis, wenn ich nicht alle Eure Wünsche umsetzen kann. Ich halte euch auf dem Laufenden. Ihr könnt inzwischen überlegen, was alles genau zu eurem Aufgabenpaket gehört, und die Schätzungen genauer machen. Damit können wir dann gleich den ersten Plan überarbeiten. Eine erfolgreiche Arbeitswoche wünsche ich uns allen.“

Das lief gut. Und dass Britta jetzt bei der Architektur mitmachen würde, war eine gute Idee. Jürgen mit seiner Technikverliebtheit und Britta mit ihrem Prozessdenken würden sich sehr gut ergänzen. Hans-Otto würde dafür die Prozess-Definition übernehmen. Als zusätzliche Unterstützung für Hermann-Josef genügte dann auch ein Student.

Das Team an der Planung beteiligen

- Für die Aufgabenverteilung das O.K. des jeweiligen Betroffenen einholen.
- Nur wer ein Ergebnis zusagt, fühlt sich für dieses auch verantwortlich.
- Durch die gemeinsame Planung wird die Qualität der Aufwandsschätzung verbessert.

10.11 Die Baumstämme sortieren

Nach der Mittagspause setzte ich mich wieder an die Planung. Für heute standen keine weiteren Termine an, so dass ich dran bleiben konnte. Wäre schön, wenn ich heute schon Klarheit haben könnte.

Die Idee der Einarbeitung von Carsten in Unix war hervorragend. Wie wäre es, wenn wir alle erst einmal auf dem PC entwickelten und Carsten alleine unter Unix arbeitete? Das Windowsystem gab es auch für den PC. Wir würden dann Carsten regelmäßig einzelne Portionen nach Unix übergeben können, um zu prüfen, wo die Unterschiede wären, und sie in die Programmierrichtlinien einarbeiten. Außerdem wäre dann auch Zeit genug, die systemnahen Funktionen unter Unix vorher zu schreiben. Und alle könnten sich so nach und nach in die Unix-Entwicklungsumgebung einarbeiten. Der Gedanke gefiel mir.

Wir könnten ConTiKi in die vier Auswertungen unterteilen und zwei davon unverändert nach Unix portieren. Die beiden anderen Auswertungen könnten wir auf dem PC als Prototyp für das Zwischenrelease unter das Windowsystem ziehen. Dann hätten wir in der zweiten Jahreshälfte Zeit, das GUI-Subsystem zu verbessern. Das Reportingtool enthielt keine Systemabhängigkeiten. Wenn die Programmierrichtlinien beachtet werden würden, müsste es problemlos sowohl auf dem PC als auch unter Unix laufen. Das galt für die Anpassungen an die neue Architektur ebenfalls.

Was wäre noch zu beachten? Die Definition der Benutzeroberfläche war auch für PC und Unix gleich, da es sich ja um das gleiche Windowssystem handelte.

In der zweiten Jahreshälfte könnte Carsten dann das Zwischenrelease portieren. Und parallel dazu würden die beiden anderen Auswertungen unter das Windowssystem gezogen werden.

Außerdem müssten die Unix-Rechner erst in der zweiten Jahreshälfte beschafft werden, d.h., wenn abzusehen war, dass wir es wirklich schaffen würden. Und wir bräuchten für dieses Release nicht für jeden einen Unix-Rechner. Das würde das Budget schonen und Reserven für einen weiteren Mitarbeiter geben. Noch ein Vorteil.

Ich fasste noch einmal die wesentlichen Punkte zusammen: Zuerst brauchten wir die Anforderungen, dann würde Paket 1 nach Unix portiert und Paket 2 auf dem PC unter die Windowoberfläche gezogen werden, anschließend würde Paket 2 nach Unix portiert werden und Paket 1 erhielte eine Windowoberfläche auf dem PC. Parallel dazu könnte zunächst das Reporting-Tool auf dem PC entwickelt und anschließend nach Unix portiert werden. Die wechselweise Entwicklung auf dem PC und Portierung nach Unix zog sich gewissermaßen wie ein roter Faden durch das Projekt.

Einen roten Faden spannen

- Am roten Faden entlang können sich alle auf das gemeinsame Ziel hin ausrichten.
- Eine sinnvoll gewählte Reihenfolge im Ablauf der Entwicklung ermöglicht Parallelarbeit.
- Bei der Reihenfolge ist darauf zu achten, dass die notwendigen Voraussetzungen für jede Aktivität erfüllt sind.
- Bei der Festlegung der Reihenfolge ist genaue Kenntnis der Aktivitäten notwendig.
- Die Summe aller Aktivitäten muss alle definierten Arbeitsergebnisse liefern.

10.12 Die Reiseroute auf Klippen und Eisberge untersuchen

Duch diese Vorgehensweise wurde das Risiko der unbekannten Entwicklungsumgebung schon mal entschärft. Außerdem hatten wir noch Fred. Konnten wir dieses Risiko noch weiter minimieren?

Das neue Windowsystem von Luna war ebenfalls ein ziemlich hohes Risiko. Wir kannten es bisher nur von unserem Prototypen. Es war noch in der Beta-Version und würde erst im Herbst als Produkt auf den Markt kommen. Was würde sein, wenn Fehler auftauchten? Wir würden lange brauchen, um zu wissen, worin der Fehler bestehen würde. Und wie schnell würde Luna den Fehler beheben? Vielleicht ließe es sich einrichten, dass ich bei einem Fehler oder einer Frage nicht über die Hotline gehen müsste, sondern direkt einen der zuständigen Entwickler sprechen könnte. Die Geschäftsleitung hatte gute Kontakte zu Luna. Das sollte ich mal vorschlagen.

Ein weiteres Risiko war die Portierbarkeit von ConTiKi. Das konnte ich guten Gewissens ausschließen. Dafür kannte ich Unix gut genug, um zu wissen, dass ConTiKi mit den Anpassungen laufen würde. Außerdem bekamen wir hier sehr schnell Gewissheit durch die vorgezogene Portierung.

Durch die Entwicklung auf dem PC würden wir eine weitere ConTiKi-Version haben. Außerdem würden in der zweiten Jahreshälfte wahrscheinlich mehrere gleichzeitig an einer Komponente arbeiten, durch die Anpassung an die Architektur, Anpassung ans Windowsystem und die Portierung. Da hieße es, besonders sorgfältig zu arbeiten. Die Entwicklungsumgebung und das Konfigurationsmanagementtool müssten dieses Risiko unbedingt minimieren.

Wir würden wahrscheinlich nicht zum vorgesehenen Termin fertig sein. Damit wir den Endtermin gewährleisten könnten, müssten weitere Personen in das Projektteam. Weitere Personen erhöhten jedoch auch den Arbeitsaufwand derjenigen, die die Neuen einarbeiten mussten. Mehr als zwei zusätzliche Mitarbeiter würde zeitlich nichts bringen.

Wir könnten die Funktionalität eben durch die teilweise Anbindung an das Windowssystem für das Zwischenrelease reduzieren.

Da fiel mir ein: Welcher Kunde würde tatsächlich am 2.1. beginnen, ernsthaft mit ConTiKi zu arbeiten? Die Altkunden hatten noch das alte Release und Neukunden würden sich sicher erst einmal einarbeiten. Es würde wahrscheinlich genügen, wenn wir Ende Februar ein Update nachlieferten und bis Ende Dezember nur die wichtigsten Fehler behoben hätten. Also offizieller Fertigstellungstermin Ende des Jahres, endgültiger Fertigstellungstermin Ende Februar?

Das größte Risiko war sicher das noch unerfahrene Team. Es gab eigentlich niemanden, der für seine Aufgabe hundertprozentig ausgebildet war. Glücklicherweise musste keiner ganz alleine an seiner Aufgabe arbeiten. Vier Augen sahen immer mehr als zwei. Und durch Fred hatten wir wenigstens einen Unix-Spezialisten. Außerdem könnte, wenn einer länger als eine halbe Stunde für die Lösung eines Problems brauchen sollte, er es mir auf den Schreibtisch legen. Ich hatte die größere Erfahrung, um zu erkennen, wo die Ursache liegen könnte. Damit würde ich die Problemlösung besser kanalisieren können.

Und was war mit mir? Würde ich alles das schaffen, was ich an Arbeit für mich vorgesehen hatte? Projektleitung, Prozessdefinition, Fachkonzept, Konfigurationsmanagement, Problemlöser. Und bei der Erstportierung würde ich Carsten sicher auch unterstützen müssen. Dazu die vielen Arbeitsgruppen. Im ersten Halbjahr war das einfach zu viel.

Das GUI-Subsystem könnte ich herauslösen und daraus ein separates Teilprojekt machen, zusammen mit Definition der Benutzeroberfläche und der Implementierung der Benutzeroberfläche. Dann könnte ich mich sowohl fachlich als auch organisatorisch daraus halten, wenigstens bis zum Zwischenrelease. D.h., eigentlich war für das Zwischenrelease doch nur die Oberfläche neu zu gestalten. Also das Zwischenrelease als Teilprojekt? Mit Uwe als Teilprojektleiter? Außerdem könnte Uwe dann gleichzeitig stellvertretender Projektleiter für ConTiKi sein.

Risikoanalyse, Stand: 22.12.				
Wichtigkeit	**Beschreibung**	**Eintrittswahrscheinlichkeit**	**Auswirkung auf Projekt**	**Maßnahmen**
1	Mangelnde Qualifikation der Projektmitarbeiter	100 %	70	a) abteilungsübergreifende Workshops b) Fortbildung c) Prototyping d) stufenweise Entwicklung e) Pärchenbildung f) externe Berater
2	Fehler in Beta-Version des Window-Systems	90 %	20	Direkte Leitung zu Entwicklern der Firma Luna
3	Mangelnde Portierbarkeit	10 %	50	—
4	Endtermin kann nicht gehalten werden	100 %	80	a) zusätzliche Mitarbeiter b) Reduzierung der Funktionalität c) Beta-Release
5	Projektleiter überlastet	50 %	80	Teilprojektleiter benennen

Risiken vorhersehen

- Vorsicht ist die Mutter der Porzellankiste.
- Für jedes Risiko die Eintrittswahrscheinlichkeit und die Auswirkungen auf das Projekt ermitteln. Risiken mit geringen Eintrittswahrscheinlichkeiten oder geringen Auswirkungen auf das Projekt vernachlässigen. Sehr wahrscheinliche Risiken oder Risiken mit fatalen Folgen sofort berücksichtigen.
- Für Risiken mit mittlerer Eintrittswahrscheinlichkeit und mittleren Auswirkungen auf das Projekt einen Notfallplan erstellen.
- Unwahrscheinliche Risiken oder Risiken mit geringen Auswirkungen auf das Projekt vergessen.

10.13 Endlich eine schiffbare Reiseroute gefunden!

Jetzt hatte ich wohl alles zusammen, was ich für einen ersten Projektplan brauchte.

Erst 15.30 Uhr. Damit würde ich heute sicherlich noch fertigwerden. Vielleicht war Karl ja auch noch länger da. Insbesondere meine Gedanken zum Risikomanagement wollte ich gern heute noch mit ihm durchsprechen.

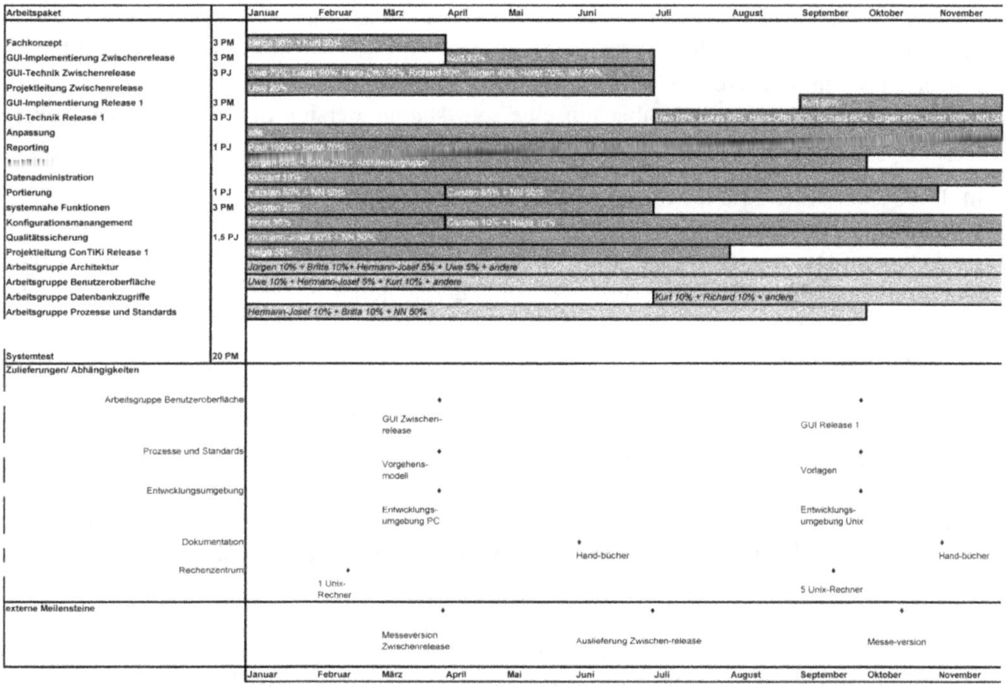

Das würde knapp werden. Wenn wir das Reporting in diesem Release rausließen, könnte es so gerade hinkommen. Allerdings ohne Reserven für unvorhergesehene Fälle. Und wenn wir eine Person zusätzlich ins Projekt nehmen würden? Nur wer? Für Einarbeitung weiterer Mitarbeiter hatte auch keiner Zeit. Eventuell Martin? Das DBMS wurde ja erst im nächsten Jahr gebraucht. Martin müsste nicht lange eingearbeitet werden. Er könnte die Datenadministration übernehmen und zusätzlich bei der GUI-Technik oder am Reporting-Tool mitarbeiten. Lieber war es mir, er arbeitete zuerst am GUI mit, und, wenn nichts unvorhergesehenes passieren sollte, könnte er mit dem Reporting beginnen.

Ich sah auf die Uhr. Schon 17.30 Uhr. Ich griff zum Telefon und rief Karl an. Er wartete bereits auf mich und war schon gespannt auf meine ersten Planungsergebnisse. Karl saß noch in der ersten Etage direkt unter meinem Büro. Er würde erst im Januar zu uns auf die Etage ziehen. Ich nahm meine noch dünnen Unterlagen unter den Arm und ging nach unten.

Es ist nie der letzte Plan, den man macht!

10.14 Inspektionstermine einplanen

Dienstag, der fünfte Tag. Karl hatte bei Vorlage meiner Planung erst einmal geschluckt, vor allem bei meinem Vorschlag, das Reporting wegzulassen. Dem Vertrieb war das neue Reporting besonders wichtig, er würde nicht so einfach darauf verzichten. Andererseits waren die Risiken enorm hoch, das sah Karl auch so. Lieber ein schwaches ConTiKi als gar keins zum Jahresende. Karl wollte versuchen, den Vertrieb zu überzeugen.

Martin und zwei Studenten würden zusätzlich ins Team kommen. Mit meinem Vorschlag, zum Jahresende nur ein Beta-Release auszuliefern, war Karl auch einverstanden. Im Notfall würden wir vor der endgültigen Auslieferung auf Anforderung noch Updates nachliefern können. Dies würde allerdings auch die Termine für die nachfolgenden Releases verschieben. Diese könnten dafür dann aber auf eine sehr stabile Version und auf eine dann schon vorhandene Projektinfrastruktur aufsetzen.

Um 15.00 Uhr sollte es ein Meeting mit Hans-Ulrich geben, um die Liste der in ConTiKi bereits bekannten Fehler zu durchzugehen. Sicherlich würde im Laufe des Jahres noch mehr hinzukommen. Das musste ich in meiner Planung auch berücksichtigen. Ein richtiges Changemanagement sollte auch aufgesetzt werden. Zurzeit liefen Fehlerbehebungen mehr oder weniger nur auf Zuruf.

Aber erst musste ich dringend mit Hermann-Josef über das Testen sprechen, um zu wissen, welche Tests und wie viel Aufwand ich hierfür einplanen muss.

Hermann-Josef konnte ich von meinem Schreibtisch aus sehen. Er saß an seinem PC und rauchte wieder Pfeife. Ich ging zu ihm 'rüber. „Hallo, hast du dir schon Gedanken gemacht, welche Tests wir durchführen werden? Ich weiß noch nicht genau, wie viel Zeit ich für Tests einplanen muss.“ Hermann-Josef sah mich mit einem geistesabwesenden Blick an. „Entschuldige, ich bin gerade ziemlich in Gedanken vertieft. Gut, dass du das Thema ansprichst. Genau darüber denke ich im Augenblick auch nach.“ Ich zog den Besucherstuhl zu mir herüber. „Was hast du dir denn so an Tests vorgestellt?“ „Einen richtigen Abnahmetest durch den Kunden werden wir ja nicht haben, den müssen wir selbst durchführen. Wir brauchen in jedem Fall einen Systemtest, in dem alles zusammen geprüft wird, auch die Installationsanleitung und die Handbücher.“ „Das macht Sinn. Dann könnten wir sogar die Software gegen die Handbücher testen und umgekehrt. Das würde uns sogar zusätzliche Testfälle bringen.“ Herman-Josef fasste sich ans Kinn. „Daran habe ich ja noch gar nicht gedacht. Klingt einleuchtend.“

„Aus Entwicklersicht führen wir natürlich Entwicklertests durch. Damit meine ich, dass jeder einzelne Entwickler sein Aufgabenpaket selbst prüft. Sowohl jede Funktion, falls notwendig, als auch das gesamte Paket. Außerdem werden wir Integrationstests durchführen, d.h. jeweils mehrere Komponenten zusammengefasst testen. Reicht dir dies als Test auf unserer Seite?“ „Grundsätzlich ja, fragt sich natürlich, wie ordentlich ihr die Tests macht. Vor allem müssen die Komponenten nicht nur DV-technisch, sondern auch fachlich geprüft werden. Und ihr müsst sie dokumentieren.“

„Jürgen sprach kürzlich von einem Testtool, das er gerade ausprobiert, vielleicht hat er Zeit, 'rüberzukommen." Ich rief Jürgen an. Er schlug vor, sich in seinem Büro zu treffen, dann könnten wir uns das Tool gleich bei ihm ansehen.

Sein Büro lag am Ende des Ganges. Unsere Stühle hatten wir sicherheitshalber mitgebracht. Jürgen führte uns das Tool vor. Man konnte zu jeder Funktion einen Testrahmen schreiben und die Testdaten angeben. Der Testrahmen konnte auch auf mehrere Funktionen angewendet werden und eignete sich also auch für einen Komponententest. Dokumentiert werden konnte auch im Testrahmen, die Dokumentation konnte separat herausgezogen werden. Hervorragend. Hermann-Josef und ich waren begeistert. So würden unsere Tests gleich dokumentiert werden und man würde sie außerdem für Regressionstests wieder verwenden können. Das wäre für ein Produkt besonders wichtig, da so die unveränderte Funktionalität bei jedem neuen Release wiederholt werden könnten. Das wollte ich mit Karl besprechen.

Zurück in Hermann-Josefs Büro diskutierten wir weiter über die Testplanung. Hermann-Josef wies zu Recht darauf hin, dass ohne QS-Ziele eine vollständige Testplanung gar nicht sinnvoll sei. Wie aufwändig würde z.B. eine Performance-Prüfung sein? Brauchten wir überhaupt eine Performance-Prüfung? „Können wir nicht trotzdem festlegen, was alles geprüft werden sollte, und erst später die genaue Testplanung machen?", fragte ich zaghaft. „Die genaue Zeitdauer für die Tests kann ich doch ohnehin nicht schätzen. Sie hängt doch schließlich von der Anzahl der gefundenen Fehler ab." Hermann-Josef schüttelte den Kopf. „Auch dies hängt von den QS-Zielen ab. Je gründlicher wir testen, desto mehr Fehler finden wir auch. Ob jedoch alle Fehler behoben werden müssen, hängt von der Schwere der Fehler und wiederum von den QS-Zielen ab." Ich begann zu begreifen. Auch wenn Hermann-Josef oft sehr an den Formalien hing, die QS-Ziele mussten wir wohl auf jeden Fall schon in der Planungsrunde klar haben.

Auch das Testen muss geplant werden

- Testplanung ist Bestandteil der Planung des Entwicklungsvorhabens.
- Die Qualitätsziele müssen vor der Planung eines Entwicklungsvorhabens bekannt sein. Von ihnen hängt der benötigte Testaufwand ab.
- Modul- und Komponententests sind Teil der Entwicklung.
- Die Testfälle so planen, dass sie jederzeit für Regressionstests wieder verwendet werden können.

10.15 Kein Floßbau ohne Floßbauanleitung

Mittwoch, der sechste Tag. Noch drei Tage bis zu den Weihnachtsferien. An diesem Abend war Weihnachtsfeier. Hermann-Josef, Hans-Otto und ich wollten uns um 10.00 treffen und den Entwicklungsprozess grob definieren. Die grobe Definition benötigte ich so früh, um weitere Meilensteine für meine Planung identifizieren zu können. Wir hatten beschlossen, dies als erstes Meeting der Arbeitsgruppe Prozesse und Standards zu definieren. Ab Januar würde dann noch ein Student hinzukommen.

Was gehörte denn sonst eigentlich alles zu einem Entwicklungsprozess? Und was genau war das Ziel eines solchen Prozesses? Mein Blick wanderte nach draußen und fiel auf die gegenüberliegende Baustelle .

Ein solcher Prozess sollte einen möglichst reibungslosen Ablauf in der Entwicklung gewährleisten, Mehrfacharbeiten und Inkonsistenzen verhindern und natürlich sicherstellen, dass das Entwicklungsziel auch tatsächlich erreicht werden könnte. Doch konnte ein Prozess dies wirklich? Dies hätte bedeutet, dass man nur einen Prozess definieren müsste, und dann würden alle Arbeiten reibungslos wie am Fließband ablaufen. Doch Software-Entwicklung war keine Fließbandarbeit! In erster Linie waren es die Menschen, die den Ablauf des Prozesses bestimmten, nicht umgekehrt. Nein, das Ziel war zu hoch. Es würde schon genügen, wenn der Prozess sicherstellte, dass rechtzeitig erkannt würde, ob das Entwicklungsziel erreicht werden könnte, bzw. wo Korrekturen notwendig wären.

Wenn es aber die Menschen waren, die den Ablauf des Prozesses bestimmten, lohnte es dann überhaupt, einen Prozess zu definieren? Ich wurde unsicher. Doch, denn ohne definierten Prozess würden die Beteiligten unkoordiniert arbeiten. Wir benötigten also einen Prozess, der sich an der Arbeit der Menschen orientierte und sie bei ihrer Arbeit unterstützte, ohne sie zu zwingen, von ihrem natürlichen Arbeitsablauf gravierend abzuweichen.

Ich stellte mir vor, wie Hermann-Josef zu Carsten gehen würde und ihm sagte: „Unser Prozess schreibt vor, dass du deine systemnahen Funktionen zuerst beschreiben musst, bevor du sie kodierst. Deine Funktionen kann ich so nicht abnehmen.“ Carsten würde ihn wahrscheinlich nur verdutzt ansehen, wie sollte Carsten seine Funktionen im vorhinein beschreiben? Er würde es wahrscheinlich nicht einmal bei seinen komplizierten Gedankengängen hinterher können. Aber seine Funktionen würden laufen, da war ich mir sicher. Es würde genügen, wenn bei Fertigstellung eine Beschreibung vorläge. Ob sie vor- oder hinterher erstellt würde, könnte jedem Entwickler freigestellt werden.

Andererseits war für die Beurteilung der Tragfähigkeit des Designs und die frühzeitige Definition der Schnittstellen eine Beschreibung schon vorher notwendig. Das würde auch Carsten verstehen. Und er würde sicher soweit wie nötig seine Funktionen im Vorfeld beschreiben.

Dies löste aber noch nicht das Problem seiner schwerverständlichen Ausdrucksweise. Mir fiel auf, dass Carsten der Einzige im Team war, der seine Aufgaben alleine lösen sollte. Vielleicht war es besser, er arbeitete mit jemand zusammen? Dann hätten wir auch gleich einen Ersatz, falls Carsten ausfallen sollte. Es war ohnehin für jeden besser, zumindest einen Ansprechpartner zu haben. Sonst schmorte man nur im eigenen Saft. Und dieser Ansprechpartner könnte auch die Dokumentation erstellen. Doch wer könnte das sein? Vielleicht Britta? Ohne Reporting-Tool hätte sie noch etwas Luft. Britta wäre großartig. Schreiben konnte sie, und durch die Architektur hatte sie auch mit den systemnahen Funktionen zu tun.

Wieder zurück zum Prozess. Der Prozess musste den natürlichen Arbeitsablauf des Entwicklers unterstützen, nicht die QS-Aspekte. Aufgabe des Entwicklers war die Software-Entwicklung, nicht die Einhaltung des QS-Prozesses.

Wenn ich es mir genau überlegte, war ein Teil des Prozesses ja schon definiert. Die Rollen waren schon festgelegt, einzelne Arbeitsergebnisse wie Fachkonzept, Benutzeroberfläche auch. Eine grobe Teststrategie hatten wir zudem bereits. Und die Planung war in Arbeit. Dass wir ein Konfigurationsmanagement und eine Qualitätssicherung haben würden, stand auch schon fest. Was fehlte? Eine genaue Aufgabenbeschreibung der einzelnen Rollen, Teilaktivitäten der einzelnen Prozesse, Ergebnisse der Teilaktivitäten, Standards und Vorlagen. Und eine Reihenfolge. D.h. mussten wir die wirklich festlegen?

Zehn Uhr. Hans-Otto und Hermann-Josef waren pünktlich. Hermann-Josef hatte sogar schon einige Skizzen zu unserem Prozess angefertigt dementsprechend, was wir schon definiert haben. Großartig, das erleichterte die Arbeit. Wir gingen die Skizzen durch und diskutierten, jedoch nicht sehr lange, denn schnell war klar, das dies unsere Ausgangsbasis war.

Wir definierten weitere Teilaufgaben zu den einzelnen Prozessen. Bei der Entwicklung fehlte noch das Design. Fehlte es wirklich? War es nicht durch die Architektur schon größtenteils erledigt? Was gehörte denn zum Design? Die Aufteilung in Subsysteme hatten wir. Die Aufteilung in Module bzw. Klassen fehlte allerdings noch, ebenfalls zusätzliche Schnittstellen sowohl zwischen den Subsystemen als auch zwischen den Klassen und Modulen. Sollten auch jede einzelne Funktion bzw. Methode im vorhinein entworfen werden? Wir ließen diese Frage offen. Datenfelder allerdings mussten auch definiert werden, schon allein für die Schnittstellen. Und das nachfolgende Release benötigte solch ein Datenmodell auch dringend, allerdings ein fachliches. Zum Design gehörte jedoch das physikalische Datenmodell. Dies wäre in unserem Fall die Dokumentation der Struktur unseres Flat-Files. Da dieser unverändert bleiben und im nächsten Release wegfallen würden, beschlossen wir, darauf zu verzichten und nur die Daten zu definieren, die für die Schnittstellen und die Benutzeroberfläche notwendig wären. Das physikalische Modell selbst wollten wir jedoch als Ergebnistyp in unseren Prozess aufnehmen.

Zusätzlich gehörten zur Entwicklung die Modul- bzw. Klassentests. Für diese Tests war jeder Entwickler selbst zuständig, ebenso für den Nachweis, dass er getestet hatte. Das wären also die Entwicklertests. Ein Modul oder eine Klasse galt erst dann als fertig, wenn es auch getestet war. Ich notierte mir, darauf noch besonders hinzuweisen, da ich schon oft erlebt hatte, dass insbesondere unerfahrene Entwickler glaubten, fertig hieße fehlerfrei compiliert. Und eine derartige Einstellung traute ich einigen in meinem Team auch zu.

Die Software musste auch dokumentiert werden, denn ohne Dokumentation ist Software nicht fertig. Die Dokumentation sollte aussagefähig sein, nicht zu viel und nicht zu wenig. Eine sehr subjektive Anforderung. Wir vereinbarten, in Reviews zu prüfen, inwieweit diese Anforderung erfüllt sei. Hans-Otto und Hermann-Josef würden Schablonen für eine Software-Dokumentation anfertigen. Sie würden vor jeder Funktion und jedem Modul stehen.

Die Integrationstests waren ebenfalls Bestandteil der Entwicklung. Es sollten sukzessive kleinere Komponenten miteinander bis hin zum gesamten ConTiKi integriert werden. Eine Integration über alles wäre dann der Funktionstest. Er gehörte auch noch zur Entwicklung. Danach würde die getestete Software an Hermann-Josef zum Systemtest übergeben werden.

Was war mit der Reihenfolge? Das Wasserfallmodell ließ sich schon aus Termingründen nicht anwenden. Das war auch nicht notwendig. Durch die Arbeitsgruppen war schon einiges an Vorarbeit in allen Bereichen geleistet worden. Dadurch war Parallelarbeit möglich. Hans-

Otto würde die parallele Arbeit anhand der Arbeitsgruppen und meines Projektplanes in die Prozessdarstellung aufnehmen.

Der Entwicklungsprozess war jetzt vollständig. Mehr war eigentlich an Teilaktivitäten und Ergebnistypen nicht notwendig. Nun fehlten nur noch die Standards und Vorlagen und die genauen Rollenbeschreibungen. Die Rollenbeschreibungen wollte ich erstellen, Standards und Vorlagen würden durch die Arbeitsgruppe nachgereicht werden.

Die Teilaktivitäten und Ergebnistypen zum Konfigurationsmanagement und zur Qualitätssicherung waren bereits festgelegt. Hierzu fielen uns keine weiteren Aktivitäten ein.

Als nächstes befassten wir uns mit der Projektleitung. Was gehörte noch dazu? Planen natürlich und steuern. Doch was war darunter zu verstehen? Planung machte ich gerade, was noch fehlte, war die Abstimmung mit den Lieferanten und Zulieferen.

Und was war bei der Steuerung zu beachten? Zuerst einmal sicher, die geplanten Arbeiten auch zu beauftragen, dann die Ausführung durch Abfrage der aufgewendeten Zeiten und der Fertigstellungsgrade zu überwachen, unter Umständen sogar Überprüfung der gemachten Aussagen.

Die fertigen Arbeitsergebnisse, d.h. Reviews und Tests, sollten ebenfalls überprüft werden.. Dann die Reaktion auf unvorhergesehene Ereignisse. Dazu musste ich sie aber auch frühzeitig mitbekommen. Also ein umfangreiches Risikomanagement.

Motivation der Teammitarbeiter war für mich die wichtigste Aufgabe. Wie würde ich das erreichen? Hermann-Josef wies mich wieder einmal auf die Wichtigkeit der Zieldefinitionen hin. Er hatte Recht. Ohne Ziele war das Arbeitsergebnis nicht messbar, und damit auch nicht feststellbar, ob die Arbeitsanstrengung sich gelohnt hatte. Zieldefiniton hatte ich bisher vergessen. Das würden wir nachher sofort nachholen.

Für die korrekte Übergabe der Arbeitsergebnisse war die Projektleitung auch verantwortlich. Dies wurde durch die Reviews und die Tests sichergestellt. Außerdem brauchten wir ein Changemanagement, damit sich auch feststellen ließe, ob sich die Arbeitsergebnisse mit den ursprünglich vereinbarten deckten. Es sollte genau dokumentiert werden, wenn sich Änderungen an den ursprünglichen Anforderungen ergeben würden. Das war für unser Release wahrscheinlich nicht so wichtig, da ich einige Freiheitsgrade bei der Festlegung der Funktionalität hatte, doch das war nicht der Normalfall. Wir sollten dies also für zukünftige Releases mitberücksichtigen.

Eine weitere Aufgabe war die Überwachung der Zulieferer und eine Berücksichtigung im Risikomanagement, falls Zulieferer nicht rechtzeitig lieferten.

Dann die Vertretung des Projektes nach außen, in unserem Fall gegenüber dem Vertrieb, eventuell auch gegenüber einigen wichtigen Kunden. Hierzu gehörte natürlich auch die ständige Kommunikation mit dem Auftraggeber, um ihn über den Fortgang der Arbeiten zu unterrichten und ihn über die Konsequenzen zu informieren, falls er wichtige Zusagen nicht einhielte. Und um ihm die Möglichkeit zu geben, rechtzeitig Änderungswünsche einzubringen, falls er am Anfang noch nicht so genau wissen würde, was er eigentlich wollte, was ja der Normalfall war.

Wir stellten uns vor, wir entwickelten ConTiKi im stillen Kämmerlein, ohne mit unserem Vertrieb zu sprechen. Und kämen dann mit ConTiKi in einem Überraschungspaket heraus, ohne Reporting-Tool und mit einer unhandlichen Benutzeroberfläche, dafür ziemlich instabil. Wie wäre die Reaktion? Wahrscheinlich katastrophal. Die Erwartungen wären in der Zeit sicher immens gestiegen, und dann diese Enttäuschung! Eine Fehlkonstruktion, würden sie wahrscheinlich denken. Da wäre es schon besser, sie würden bereits im Voraus darüber informiert werden, was sie erwarten dürften, und vor allem, was sie nicht erwarten dürften. Dann könnte vielleicht sogar eine positive Überraschung möglich sein und die mangelnde Windschnittigkeit an ConTiKi übersehen werden. Wir drei begannen, unser noch windschiefes ConTiKi zu lieben.

Das Skelett des Prozesses war nun definiert, das Fleisch würden wir dann im laufenden Projekt bei Bedarf hinzufügen.

Für die Definition von Arbeitspaketen muss der gewählte Entwicklungsprozess grob bekannt sein

- Der Entwicklungsprozess bestimmt die Aktivitäten und Ergebnisse.
- Der Entwicklungsprozess definiert die benötigten Rollen.

10.16 Das Ziel genau anpeilen

Der Prozess stand. Unglaublich, wie zügig das alles ging. Ich merkte deutlich, wie sehr auch meine Kollegen mitzogen, sich selbst Gedanken machten, nicht darauf warteten, dass ihnen ihre Aufgaben vorgegeben wurden. Selbst Hans-Otto arbeitete wieder konstruktiv mit. Und dass, obwohl die Ziele noch gar nicht so klar definiert waren. Aber genau genommen lagen sie auf der Hand, wir hatten sie schon in Rech deutlich vor uns gesehen. Trotzdem hatte Hermann-Josef Recht, wir sollten die Ziele auch schriftlich fixieren. Ich überlegte, ob ich das Team gleich mit einbeziehen sollte oder ob wir uns vorher im kleinen Kreis Gedanken machten. Vermutlich war letzteres sinnvoller, falls wir jedoch Ziele definierten, die so bisher nicht bewusst waren, wollte ich das Team lieber mit einbeziehen.

Es war inzwischen 16.00 Uhr. Hermann-Josef würde gleich wegen der Ziele vorbeikommen. Uwe und Karl hatte ich dazugebeten. Das Telefon klingelte. Karl würde eine halbe Stunde später kommen. Dann mussten wir eben warten. Karl sollte unbedingt dabei sein. Die Ziele sollten eindeutig und klar sein und von allen im Team getragen werden.

Ich nutzte die halbe Stunde, um bei Jürgen vorbeizuschauen. Jürgen saß noch alleine in einem geräumigen Zwei-Mann-Büro. Wenn die Planung stehen würde, würden wir nach Aufgabenpaketen zusammenziehen. Wir plauderten einfach ein wenig über unsere Pläne für's Wochenende. Jürgen hatte drei kleine Kinder, alles Jungs. Er plante, mit ihnen zum Eislaufen zu gehen. Was ich an diesem Wochenende machen wollte, darüber hatte ich noch nicht nachgedacht. Ich wollte noch einige Weihnachtseinkäufe erledigen. Einen Tannenbaum hatte ich glücklicherweise schon.

Um 16.30 Uhr war ich wieder in meinem Büro. Hermann-Josef und Uwe waren schon da, Karl kam unmittelbar nach mir. Er atmete schwer und wirkte abgehetzt. „Was ist denn los?" Wir waren neugierig. „Ach, bei mir zu Hause geht es drunter und drüber. Mein Ältester ist vom Baum gefallen und hat sich den Arm gebrochen. Meine Frau ist mit ihm ins Krankenhaus gefahren. Die beiden Kleinen sind jetzt allein zu Hause. Aber ich habe eine Nachbarin erreicht, sie wird nach ihnen sehen, bis ich zu Hause bin. Eine Stunde hätte ich Zeit. Reicht das für die Zieldefinition?" Hermann-Josef wiegte nachdenklich den Kopf. „Am besten, wir fangen einfach an. Wenn die Zeit nicht reicht, müssen wir am Montag weitermachen. Wegen Ihres Ältesten tut es mir Leid. So ist das halt mit den Kindern. Immer, wenn man eigentlich überhaupt keine Zeit für sie hat, stellen sie etwas an." „Wahrscheinlich genau deshalb, damit man sich wieder an sie erinnert", bekräftigte ich. „Doch lasst uns jetzt endlich beginnen, damit wir wenigstens den Anfang haben."

Ich hatte die Ziele, die wir in Rech formuliert hatten, schon mal zusammengefasst:

- leichte Portierbarkeit auf alle gängigen Plattformen, d.h. Windows, OS/2, Unix-Derivate, evtl. MVS,
- leichte Erweiterbarkeit um neue fachliche Komponenten,
- moderne Benutzeroberfläche, d.h. ein Windowsystem,
- Windowoberfläche angepasst an das darunterliegende Windowsystem mit dem jeweiligen Look-and-Feel,
- moderne Grafiken,
- flexible Reportingmöglichkeiten,
- leichte Erweiterbarkeit für neue Zulieferdaten.

Genügte das schon? Hermann-Josef erklärte uns, dass die Ziele messbar sein sollten, d.h. dass wir konkret angeben müssten, woran wir feststellen wollten, dass wir unsere Ziele auch erreicht hätten. Karl und ich sahen uns zweifelnd an. Wie sollte das denn aussehen?

„Was bedeutet denn z.B. leichte Portierbarkeit? Das heißt doch, dass die Portierung mit einem bestimmten Maximalaufwand durchgeführt werden kann, oder etwa nicht?", versuchte Hermann-Josef uns zu erklären. Karls Gesicht erhellte sich. „Ich verstehe. Mit leichter Portierbarkeit meine ich, dass jede Portierung mit einem maximalen Aufwand von einem halben Mannjahr zu schaffen sein muss." „Das leuchtet mir ein", fügte ich hinzu. „Ist der Aufwand von einem halben Mannjahr wirklich der Maßstab?" „Ja, das ist der Aufwand, den ich dabei vor Augen habe, und die Geschäftsleitung, glaube ich, auch", bestätigte Karl. „Und die Maßnahmen, die wir ergreifen, um dieses Ziel zu erreichen, sind die Codierung in C und C++ und ein GUI-Subsystem, das unabhängig vom jeweiligen Windowsystem ist", fügte Hermann-Josef hinzu. „Zu jedem Ziel gehören eine messbare Kenngröße, an dem man erkennen kann, ob das Ziel erreicht ist, und die Maßnahmen, die ergriffen werden, um das Ziel zu erreichen."

„Die Portierung scheint ja noch einfach zu sein", dachte ich weiter. „Doch was ist z.B. mit ‚moderner Benutzeroberfläche'? Modern ist doch ein ziemlich subjektiver Begriff!" Hermann-Josef nickte. „Das stimmt. Nicht jedes Ziel ist als Zahl messbar. Man kann auch sagen, das Ziel ist erreicht, wenn der Auftraggeber mit dem Ergebnis einverstanden ist. In diesem Fall ist mit dem Begriff ‚moderne Benutzeroberfläche' ein GUI unter einem Windowsystem gemeint. Außerdem ist klar festgelegt, dass für jede Plattform das Windowsystem, das mit der Plattform verbunden ist, einzubinden ist." Und zu Karl gewendet, ergänzte Hermann-Josef: „Dieses Ziel wäre also erreicht, wenn du als unser Auftraggeber bzw. der Vertrieb bestätigen, Ziel für Release 1 ist es, dass ConTiKi unter Unix unter dem Windowsystem der Firma Luna läuft?" „Das scheint so korrekt formuliert zu sein", grinste Karl über die etwas formale Ausdrucksweise von Hermann-Josef. „Und Maßnahme zur Erreichung des Ziels ist wieder unser geplantes GUI-Subsystem", fügte Uwe hinzu, „das uns unabhängig von den jeweiligen Windowsystemen macht. Wir haben anscheinend schon die richtigen Maßnahmen ergriffen, ohne dass wir die Ziele genau quantifiziert haben.

„Was ist denn mit Zielen wie Reaktionszeiten oder Ausfallsicherheit?", fragte ich weiter. „Darüber haben wir bisher noch gar nicht nachgedacht." Karl nickte nachdenklich. „Da hast du Recht. Ich glaube, jeder setzt einfach voraus, dass das neue ConTiKi nicht schlechter ist als das alte ConTiKi. Müssen wir das genauer festlegen? Und wenn ja, wie?" „Kritisch bei ConTiKi sind sicher die Erfassung der Daten und die Auswertungen", griff ich Karls Frage auf. „Sowohl was die Reaktionszeiten für den Benutzer als auch die Ausfallsicherheit anbelangt. Das Reporting ist vermutlich nicht so zeitkritisch und kann außerdem bei einem Absturz jederzeit ohne Datenverlust wieder neu aufgesetzt werden."

Hermann-Josef sah Karl leicht fragend an. „Ich schlage vor, wir ermitteln die Werte von ConTiKi und nehmen sie als Maßstab." „Was die Ausfallsicherheit anbelangt, stimme ich dir zu", erwiderte Karl und zu mir gewendet: „Ich vermute, dass du dir hierzu noch keine Gedanken gemacht hast. Vielleicht kannst du bis zu den Weihnachtsferien noch Vorschläge für geeignete Maßnahmen machen?" „Ich denke, das kriege ich hin. Performance und Ausfallsicherheit, das sind schließlich die Kriterien, nach denen fast alle Projekte gemessen werden."

Karl sah auf die Uhr. „Schon fast sechs. Ich müsste so langsam nach Hause. Sind wir jetzt durch?" Ich zögerte. „Mir fällt gerade etwas ein. Was wir jetzt festgelegt haben, sind die, wie soll ich sie nennen, technischen Ziele. Doch was unser Team derzeit motiviert, sind doch eigentlich ganz andere Ziele. Z.B. das Ziel zu beweisen, dass wir es tatsächlich in der vorgegebenen Zeit schaffen. Oder noch klarer ausgedrückt, dass wir beweisen, dass wir zu Ungewöhnlichem fähig sind. Versteht ihr, was ich meine?" Karl drängte. „Ich glaube, ich verstehe. Du meinst die so genannten weichen Erfolgsfaktoren. Die sind wahrscheinlich sogar noch viel wichtiger. Lasst uns Montag darüber reden. Ich wünsche euch ein schönes Wochenende." Und weg war er.

Hermann-Josef und ich diskutierten noch eine Weile über die weichen Ziele und fanden auch eine sehr schöne Zielformulierung:

Wir wollen Horizonte überschreiten und technologisches Neuland betreten.

Wir wollen allen beweisen, dass wir Außergewöhnliches leisten können.

Genau, das war es, das waren die eigentlichen Ziele, die unser Projekt trugen. Diese Ziele hatten uns unausgesprochen schon in Rech dazu bewogen, Wege zu finden, um unsere Ideen umzusetzen. Diese Ziele ließen uns auch jetzt schon fieberhaft daran arbeiten, alle Voraussetzungen zu schaffen, unseren Weg zu gehen. Wir alle waren auf dieses eine Ziel ausgerichtet!

Ich trommelte sofort meine Kollegen zusammen und nannte ihnen stolz unsere gefundenen Zielformulierungen. Ich hatte mich nicht getäuscht, genau das war es. Britta fertigte spontan mehrere Ausdrucke mit „Wir wollen Horizonte überschreiten und technologisches Neuland betreten" an. Jeder hing sie in seinem Büro auf.

Entwicklungsziele sinnvoll definieren

- Ziele müssen klar definiert sein, damit zielgerichtet gearbeitet werden kann.
- Ziele müssen messbar sein, damit der Entwicklungserfolg festgestellt werden kann.
- Ziele müssen erreichbar sein.
- Ziele müssen in konkrete Aufgaben zerlegt werden, damit sie erreicht werden können.
- Zu jedem Ziel müssen Maßnahmen definiert werden, die das Erreichen des Ziels sicherstellen.
- Wenn Ziele über Werte wie Vertrauen, Ehrlichkeit, Offenheit, Anerkennung definiert werden, werden sie für den Einzelnen erlebbar.
- Wenn für die Ziele Metaphern verwendet werden, kann jeder sie sich leichter merken.
- Wichtiger als die technischen Ziele sind die persönlichen Ziele. Die weichen Ziele sind die, die ein Projektteam zu Außergewöhnlichem anspornen.

10.17 Entfernungen neu abschätzen

Inwischen war Donnerstag, noch zwei Tage bis zu den Weihnachtsferien. Dann musste die Planung stehen. Am Abend war ich zu Hause alles noch einmal in Ruhe durchgegangen.

Martin kam vorbei. „Guten Morgen, Helga. Karl hat mich gerade gefragt, ob ich beim Release 1 mitmache." Ich forderte Martin auf, hereinzukommen und sich zu setzen. „Guten Morgen ebenfalls. Und, machst du mit?" „Klar, ist doch Ehrensache. Wenn's mit Release 1 nichts wird, kann ich meine DBMS auch vergessen. Du kannst frei über mich verfügen", Martin hatte sich auf den Besucherstuhl meinem Schreibtisch gegenüber gesetzt. „Was hast du dir denn für mich ausgedacht?" „Ich dachte, dass du zuerst mal bei der GUI-Technik mitmachst. Es wird bis zum Zwischenrelease ein eigenständiges Teilprojekt sein. Teilprojektleiter hierfür wird Uwe. Ist das für dich o.k.?" „Uwe? Der ist doch noch ziemlich unerfahren. Und dann Projektleitung?" „Ich weiß, doch die anderen im GUI-Team haben genauso wenig Erfahrung. Und Uwe ist sehr ehrgeizig. Vielleicht könntest du ihn ja bei der Projektleitung ein wenig unterstützen?", warb ich für meine Idee. „Na ja, das könnte ich schon. Wer ist denn sonst noch in dem Team?" „Paul, Hans-Otto und Horst. Jürgen wird außerdem die Auswertungen mit seinem Grafik-Tool verbinden. Und Kurt wird die Benutzeroberfläche implementieren." „Was ist denn mit Jürgen? Kann er nicht die Projektleitung übernehmen?" Ich schüttelte den Kopf. „Leider nein. Jürgen wird hauptsächlich für die Architektur zuständig sein und deshalb nur zum Teil in der GUI-Technik mitarbeiten. Er hat auch so schon genug zu tun. Außerdem wird Uwe sicher auch zukünftig gerne Projektleitung machen." Martin nickte zustimmend. „Und was ist mit Hans-Otto? Er hat doch Projektleitungsambitionen." Ich sah Martin fragend an. „Hältst du Hans-Otto etwa als Projektleiter für geeignet?" Martin lächelte mich an. „Ich sehe schon, du hast dir schon ziemlich viele Gedanken gemacht."

„Siehst du den vielen Rauch, der aus meinem Kopf kommt?“, lachte ich zurück. „Aber je mehr Aufwand ich in die Planung stecke, desto größer ist unsere Chance, dass ConTiKi tatsächlich fahren wird. Wir können es uns bei diesem knappen Zeitplan nicht leisten, ständig auf Unvorhergesehenes reagieren zu müssen.“

Ich sah Martin mit leicht geneigtem Kopf von der Seite an. „Für dich habe ich noch eine zweite Aufgabe vorgesehen.“ Ich machte eine kurze Pause. „Ich dachte, dass du die Datenadministration übernehmen könntest. Ich meine damit die Pflege der Daten aus den Zulieferdateien. Damit müsstest du dich doch auch auskennen?“ Martin kratzte sich am Kopf. „Das sollte machbar sein. Ist sicher auch eine gute Vorübung für das nächste Release. Haben die Dame sonst noch was für mich ausgedacht?“ „Wenn alles gut läuft, könntest du im zweiten Halbjahr zusammen mit Britta am Reportingtool arbeiten.“ „Das Reportingtool? Willst du damit erst so spät starten?“ „Ehrlich gesagt, werden wir dies in diesem Release wahrscheinlich gar nicht realisieren. Das wird sicher noch ein harter Kampf mit dem Vertrieb, aber ‚safety first‘.“ „Das Reportingtool schlachten? Alle Achtung, du hast ganz schön Mut.“ „Nicht wirklich, dafür Karl als Unterstützung vor mir.“

„Wie geht's denn jetzt weiter? Was genau soll ich denn im GUI-Subsystem machen?“ Martin wurde wieder ernst. „Das Team sitzt bereits an der Planung. Ich hoffe, es ist für dich o.k., dass du nicht mit dabei bist. Du musst dich ja erst noch einarbeiten. Wenn du dann ein konkretes Aufgabenpaket hast, kannst du die Schätzung für dich ja noch mal überprüfen.“ Martin presste die Lippen aufeinander. Ich sah ihm an, dass es ihm nicht gefiel. Doch Martin machte mit. „Wird wohl nicht anders gehen, obwohl ich es eigentlich gar nicht mag, dass mir jemand etwas zuweist, ohne dies vorher mit mir zu klären.“

Ich erklärte Martin die derzeitigen Projektpläne und auch die Architektur-Entwürfe. „Martin, danke, dass du dich sofort bereit erklärt hast, mitzumachen. Ich bin froh, dass du mit im Team bist. Die meisten Team-Mitglieder kann ich noch nicht richtig einschätzen. Bei dir bin ich mir sicher, dass ich mich auf dich verlassen kann.“ Martin lächelte geschmeichelt. „Das kannst du. Soll ich mich bei Uwe melden?“ Ich schüttelte den Kopf. „Warte noch etwas damit, bis ich meine Absprachen mit Karl eingearbeitet habe und ich weiß, ob es passt. Uwe weiß noch nicht, dass er das Zwischenrelease leiten soll.“ „Dann warte ich ab. Bis dann.“ Martin verließ mein Büro.

Wieder ein Schritt weiter. Jetzt brauchte ich eine Pause. Ich rief Christa an, wir trafen uns in der Kaffeeküche. „Lieb, dass du gekommen bist. Die letzten Tage waren ziemlich anstrengend. Doch jetzt lichtet sich das Dunkel langsam.“ Christa goss mir eine Tasse Kaffee ein. „ConTiKi ist ein ziemlich heißes Eisen. Wenn ihr das wirklich hinkriegt, wäre es ein Wunder. Mit der Mannschaft!“ „Was meinst du damit?“, fragte ich verwundert. „Na, es ist doch bekannt, dass das ConTiKi-Team ziemlich dilettantisch ist. Außer dir hat doch noch keiner von denen wirklich unter echten Projektbedingungen gearbeitet.“ Ich nickte. „Das stimmt, aber nur zum Teil. Wir sind insgesamt zwar alle ziemlich unerfahren, was die Aufgabenstellung anbelangt, doch dafür haben wir einen tollen Teamgeist. Und den festen Willen, es zu schaffen.“

Nach der Kaffeepause fragte ich bei meinen Kollegen nach, wie weit sie mit ihren Einzelschätzungen gekommen waren. Das GUI-Team saß in Uwes Büro und diskutierte gerade seine Ergebnisse. Gut so, das Team schien Uwe als Leiter zu akzeptieren. Sie hatten das GUI-Subsystem in kleinere plausible Arbeitspakete zerlegt. Bis zum Abend würde ich die Aufstellung bekommen. Ich sagte ihnen, dass Martin bis zum Sommer zusätzlich im Team mitarbeiten würde. Das Team strahlte. Es sah nämlich so aus, als ob die ersten Schätzungen noch zu niedrig waren. Uwe rief Martin gleich an, damit er bei der Planung dabei war.

Anschließend ging ich bei Britta vorbei. Sie hatte zusammen mit Kurt das Reporting schon in kleinere Arbeitspakete zerlegt. Dabei waren sie auf ziemlich genau neun Monate Zeitaufwand gekommen. Mit Jürgen hatten sie auch über den Architekturaufwand gesprochen. Hier jedoch könnten sie keine genauen Aussagen machen. Schließlich wüsste noch niemand genau, was im Einzelnen an Architektur-Entscheidungen anstehen würden. Das war etwas unbefriedigend, aber sie hatten Recht. Immerhin glaubten sie, dass sie mit den geplanten Zeiten hinkommen würden.

Carsten hatte wegen der Unix-Portierung bereits mit Fred gesprochen. Er und Fred waren sich einig, dass die vorgesehene Zeit reichen würde. Horst dagegen hatte überhaupt keine Vorstellung davon, was auf ihn mit dem Konfigurationsmanagement zukommen sollte. Wir überlegten gemeinsam, was alles zu tun sei: Tool auswählen, sich ins Tool einarbeiten, das Tool administrieren, die Subsysteme anlegen, ...

Das Team in die Planung mit einbeziehen.

10.18 Der Schiffseigner hat das letzte Wort

14.00 Uhr. Ich hatte die Mittagspause ganz vergessen. Schnell ging ich in die Kantine, um wenigstens noch ein Brötchen zu ergattern. Kurt würde gleich zu mir ins Büro kommen, um die Aufwände für die Anpassungen abzuschätzen.

Bis dahin konnte ich wenigstens noch mein Brötchen essen. Das Telefon klingelte. Karl bat mich, mit ihm zusammen zu unserem Vertriebsleiter zu gehen, damit ich ihm erklären konnte, warum es vermutlich kein Reporting-Tool geben würde. Das Brötchen musste also warten. Und so ging ich mit knurrendem Magen zu unserem Vertriebsleiter. Keine gute Voraussetzung für ein konstruktives Gespräch. Doch Herr Wessel war meinen Argumenten gegenüber zugänglich. Er war zuerst ziemlich verärgert, als er von Karl hörte, dass es das Tool nicht geben würde. Doch inzwischen hatte er sich wieder beruhigt, Karl hatte gute Vorarbeit geleistet. Ich konnte ihm anhand meiner bisherigen Planung ganz genau darlegen, dass es nur die Wahl zwischen ConTiKi ohne Reportingtool oder gar keinem ConTiKi gab. Gut, dass ich die Planung im Vorhinein schon so detailliert wie möglich gemacht hatte. Ohne fundierte Argumentation hätte es sicher Ärger gegeben. Und mein Versprechen, dass wir es, wenn irgendwie möglich, doch noch realisieren würden, besänftigte ihn ganz.

Da sich die Wogen wieder geglättet hatten, fasste ich den Mut, Herrn Wessel darauf hinzuweisen, dass wir die zugesagten Arbeiten vom Vertrieb dringend benötigten, um unseren knappen Zeitplan einzuhalten, d.h. die Unterstützung von Hans-Ulrich beim Fachkonzept und der Testfallerstellung, die Abnahme des Fachkonzepts und der Testfälle durch den Vertrieb, und die Durchführung des Abnahmetests von Vertriebsmitarbeitern. Ich nannte ihm jeden Termin einzeln und betonte die Wichtigkeit der Einhaltung. Er notierte sich sorgfältig alle Termine und versprach, selbst darauf zu achten, dass alle Zusagen auch wirklich eingehalten werden würden. Es schien, als ob wirklich alle an einem Strang ziehen.

Auftraggeber haben Rechte und Pflichten

- Sage dem Auftraggeber deutlich, was er erwarten kann. Und noch deutlicher, was er nicht erwarten darf.
- Mache dem Auftraggeber deutlich, was er für das Projekt beizutragen hat. Und welche Konsequenzen es bedeutet, wenn er nicht pünktlich liefert.

10.19 ConTiKi kann zu Wasser gelassen werden

Mein Brötchen lag noch in meinem Büro, so wie ich es verlassen hatte. Kam ich jetzt endlich dazu, etwas zu essen? Gut, dass vor dem eigentlichen Projektstart noch Ferien waren.

Halt, die Urlaubspläne meiner Kollegen sollte ich noch abfragen, zumindest, was die Anzahl der geplanten Urlaubstage betraf. Ich machte noch einmal meine Runde durch alle Büros. Kurt hatte ziemlich viele Urlaubstage durch Überstunden aus früheren Projekten angesammelt und wollte sie eigentlich in diesem Jahr abfeiern. Er ließ sich aber dazu überreden, sie sich auszahlen zu lassen. Alle anderen würden nicht mehr als fünf Wochen Urlaub machen. Ich ließ vorsichtig durchblicken, dass es in der zweiten Jahreshälfte besonders eng werden würde und fragte zaghaft an, ob sie ihren Urlaub in die erste Jahreshälfte legen könnten. Mir war klar, dass dies unverschämt war. Erstaunlicherweise waren alle bis auf Britta einverstanden. Sie würde im November heiraten und auf Hochzeitsreise gehen. Wir waren erstaunt. Von ihren Heiratsplänen hatte bisher niemand gewusst, aber wir freuten uns mit ihr und gratulierten ihr. Und wir sahen natürlich alle ein, dass man eine Hochzeitsreise nicht verschieben durfte. Britta bot trotzdem an, nur eine Woche auf Hochzeitsreise zu gehen. Sie wollte dies ihrem zukünftigen Mann vorsichtig erklären, damit er auch gleich von Anfang an informiert wäre, dass er keine Hausfrau heiratete.

Hatte ich jetzt alles zusammen? Nochmal rekapitulieren: Aufgabenpakete, Rollen, Aufwandsschätzungen, Vorgehensweise, Abhängigkeiten, Meilensteine, Urlaube, Ressourcen, Risikoplanung. Es schien, dass ich jetzt tatsächlich meinen ersten detaillierten Plan machen konnte.

Es war schon fast 19.00 Uhr. Zeit um nach Hause zu gehen. Meine Tochter wartete schon auf mich.

Den Plan wollte ich lieber über Nacht reifen lassen und ihn mir morgen noch einmal genauer ansehen. Ich mailte ihn an alle Kollegen und bat sie, diesen Plan ebenfalls zu prüfen.

Mittlerweile war Freitag, der letzte Arbeitstag vor den Weihnachtsferien. Mir war auch am Abend zu Hause nichts mehr eingefallen, was ich an diesem Plan noch hätte verbessern können. Meinen Kollegen auch nicht. Mehr ließ sich eben guten Gewissens nicht versprechen.

Uwe wirkte richtig stolz, als ich ihm sagte, dass er die Teilprojektleitung für das Zwischenrelease übernehmen solle und dass er außerdem mein Stellvertreter wäre. Das gesamte GUI-Team schien mit dieser Lösung auch einverstanden zu sein. Nur bei Hans-Otto war ich mir nicht sicher. Über sein Gesicht lief ein Schatten und seine Augen verkleinerten sich, als ich mit dem Team sprach. Er war sicher sehr enttäuscht. Vielleicht sollte ich mal in Ruhe mit ihm sprechen?

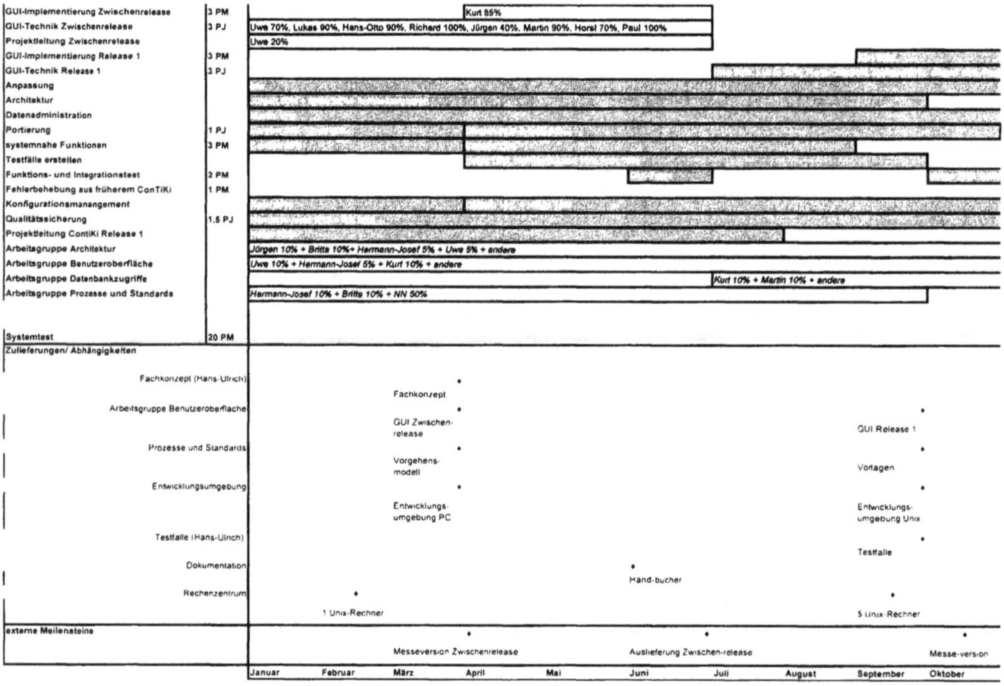

Karl war nicht begeistert, dass wir nicht mehr zusagen konnten, aber er hatte den Plan schweren Herzens akzeptiert. Am Nachmittag hatten wir uns ein wenig Sekt genehmigt. Die Stimmung war etwas gedämpft, wir hätten gerne alle Forderungen des Vertriebs erfüllt. Doch was sollte es. Wir konnten zufrieden in die Weihnachtsferien gehen. Wir konnten ConTiKi zu Wasser lassen!

Sorgfältige Planung macht Überraschungen beherrschbar.

11 Die Ruderpinne fest im Griff

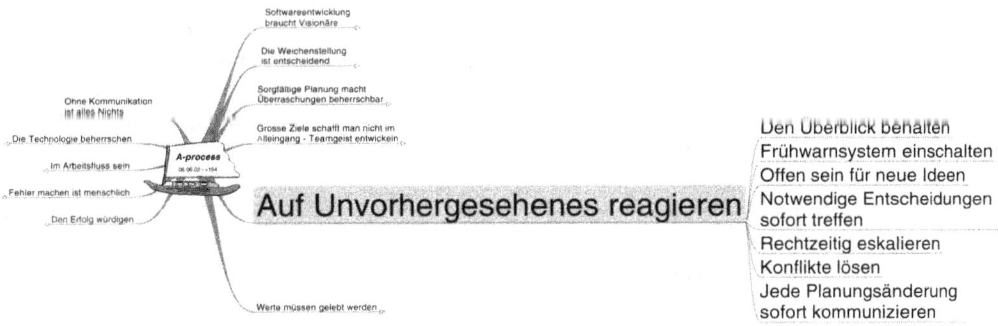

Dienstag, 3. Januar. Der erste Tag von ConTiKi. Meine Weihnachtsferien hatte ich sehr ruhig verbracht: Treffen mit Familie und Freunden, viel geschlafen, den ersten Schnee genossen, keine größeren Aktivitäten.

Meine Kollegen waren an diesem Tag alle schon früh gekommen. Wir standen im Gang zusammen und erzählten von unseren Ferien. Lukas war über Silvester in Lappland, -30 Grad, nur Eis und Schnee und Dunkelheit. Er hatte im Eishotel übernachtet. Uns fror alle bei dem Gedanken. Bei –10 Grad schlafen? Doch Lukas versicherte uns, dass er hervorragend geschlafen habe. Auf einem Eisblock eingepackt in einen dicken Schlafsack. Er hätte es selbst nicht für möglich gehalten, was Menschen überstehen können, wenn sie richtig ausgerüstet wären. Und natürlich auch den Mut haben, Grenzerfahrungen zu machen.

11.1 ConTiKi sticht in See

Um vierzehn Uhr war Kick-Off. Alle waren gut erholt und voller Optimismus. Am Morgen arbeitete keiner so richtig. Man spürte die knisternde Anspannung. Hendrik, Sven und Benno, die beiden Studenten Rainer und Uli, Fred und der C++-Coach, den ich noch gar nicht kennen gelernt hatte, waren eingeladen. Herr Klein kam auch, um noch einmal auf die Bedeutung von ConTiKi für das Unternehmen hinzuweisen. Und der gesamte Vertrieb von ConTiKi, einschließlich Hans-Ulrich.

Auch wenn Ziele und Planung schon allen im Team bekannt waren, wollte ich sie trotzdem noch einmal vorstellen, um die Schwerpunkte besonders deutlich herauszustellen und um einen roten Faden durch das Projekt zu ziehen. Einen roten Faden, an dem jeder sich auf dem Weg zum Ziel orientieren konnte.

Für unser Kick-Off hatten wir den schönsten Besprechungsraum in unserem Gebäude bekommen. Eigentlich war er für die Geschäftsleitung reserviert. Eine schöne Geste, das unterstrich zusätzlich, wie wichtig ConTiKi für das gesamte Unternehmen war.

Kurz vor vierzehn Uhr trommelte ich meine Kollegen zusammen. Wir gingen geschlossen in den Besprechungsraum. Der Raum lag im vierten Stock. Er war mit royalblauen Polsterstühlen mit kirschholzfarbigen Armlehnen und massiven Tischen aus Kirschholz eingerichtet, was sehr edel wirkte. Sogar der Overheadprojektor war in royalblau. Die gesamte Längsseite war verglast, mit einem wunderbaren Blick auf die hügelige Umgebung. Über Silvester hatte es geschneit. Ein Schneerest lag noch auf den Hügeln und der Schnee glitzerte in der Sonne. Ein wunderschöner Wintertag.

Herr Klein und Karl kamen zusammen, sie waren pünktlich. Auch Karl wirkte angespannt. Herr Klein eröffnete unser Kick-Off. Er fasste noch einmal die vergangenen Ereignisse zusammen, wie großartig ConTiKi bei unseren Kunden angekommen sei, wie schwierig der erste Versuch wäre, ConTiKi zu einem Produkt zu machen, wie enorm die Nachfrage nach einem stabilen Produkt am Markt sei, und wie wichtig es für unser Softwarehaus sei, ein eigenes Produkt anbieten zu können. Und dass deshalb die Geschäftsleitung bereit wäre, trotz der enormen Kosten einen zweiten Versuch zu wagen. Herr Klein lobte unseren Einsatz schon in der Planungsphase, feixte etwas über meine besonders penible Art der Planung, gab aber zu, dass gerade die gründliche und sorgfältige Planung ihn zuversichtlich stimmte, dass wir es diesmal schaffen würden. Und er lud uns nach Ende des Kick-Offs zu Sekt ein.

Karl hielt ebenfalls eine kleine Ansprache. Er bedankte sich bei allen, dass sie so konstruktiv und sorgfältig an der Planung mitgearbeitet hätten und erzählte, dass er ab übermorgen sein neues Büro bei uns auf dem Gang beziehen würde. Ab diesem Zeitpunkt wäre er dann jederzeit für jeden von uns zu sprechen. Seine Bürotür würde für uns immer offen stehen.

Dann war ich dran. Ich war ziemlich aufgeregt. Ich wusste, dass dies kein normales Projekt war. In diesem Projekt konnten wir uns keine Patzer erlauben, wenn wir unser ehrgeiziges Ziel erreichen wollten. Ich betonte noch einmal unser oberstes Ziel und sah mir dabei genau die Gesichter meiner Kollegen an. Waren sie voll entschlossen, mitzuziehen? Natürlich! Wie konnte ich nur daran zweifeln. Hätten sie sonst schon vor Weihnachten so intensiv mitgedacht? Und bereitwillig die Urlaubssperre für die zweite Jahreshälfte akzeptiert? Ihr Gesichtsausdruck war eindeutig: Alle sahen sehr entschlossen aus. Fast schon ein wenig grimmig.

Ich schilderte den Ablauf unseres Projektes, die Zweiteilung des Paketes, zunächst die Entwicklung auf dem PC, dann die Portierung, und wies auf die Probleme der parallelen Arbeiten in der zweiten Projekthälfte hin.

Danach benannte ich für jeden noch einmal seine Rolle und seine Aufgabe im Projekt und betonte die Bedeutung, die jeder Einzelne im Projekt hat. Es kam auf jeden Einzelnen an, keiner war ersetzbar.

Ich bedankte mich bei Karl, dass er so schwierige Themen wie Budget, zusätzliche Mitarbeiter und den Verzicht auf das Reporting-Tool so großartig für uns durchgeboxt hatte. Und ich bedankte mich bei allen meinen Kollegen, dass sie bereitwillig ihre Aufgaben in ConTiKi angenommen hatten, auch wenn sie nicht immer ihre Traumaufgabe erhalten hatten.

Zum Schluss bedankte ich mich ausdrücklich bei Hans-Ulrich dafür, dass er sich bereit erklärt hatte, uns zu unterstützen. Alle Gesichter wandten sich Hans-Ulrich zu. Meine Kollegen klatschten aufmunternden Beifall. Hans-Ulrich bedankte sich erfreut, dass seine Unterstützung so begeistert angenommen wurde, und betonte, wie sehr er selbst sich darauf freue, auch weiterhin zur Entwicklung von ConTiKi beitragen zu können.

Nach dem Kick-Off gab es den versprochenen Sekt. Heute wurde noch nicht gearbeitet. Doch man spürte, dass es ab morgen ernst werden würde. ConTiKi würde fahren!

Den Überblick behalten

- Ein roter Faden, an dem jeder sich auf dem Weg zum Ziel orientieren kann, hilft, das Wesentliche zu erkennen.
- Jeder im Projekt muss die Bedeutung seiner Rolle und seiner Aufgabe genau kennen.

11.2 Wir richten uns auf ConTiKi ein

Mittwoch, der zweite Tag. Ab heute galt es. Mein Terminkalender war randvoll. Um 11.00 Uhr erstes Treffen zum Fachkonzept, um 14.00 Uhr Arbeitsgruppe Architektur. Gleich anschließend Arbeitsgruppe Standards. Dazwischen kurzes Gespräch mit Uwe. Karl wollte mich heute Abend auch noch sprechen. Fred und der C++-Coach begannen ebenfalls heute. Den C++-Coach würde Uwe einweisen, schließlich würde er im Wesentlichen für das GUI gebraucht werden. Mit Fred und Carsten wollte ich die ersten Schritte unter Unix durchgehen. Und meine Anforderungen an eine Entwicklungsumgebung wollte ich mit Horst besprechen, also genau das, was wir als erstes brauchten. Denn wir hatten ja schon Software, an der schon bald weiterentwickelt werden würde. Dies sollte gleich in der richtigen Umgebung passieren, sonst würde uns möglicherweise einiges verloren gehen. Doppelte Arbeiten konnten wir uns einfach nicht leisten.

Da kamen auch schon Fred und Carsten. „Ihr seid meine ersten Gesprächspartner heute am Beginn eines endlos langen Tages. Verzeiht mir also, wenn ich etwas drängle.“ „Das kenne ich aus meinen früheren Projekten“, lachte Fred mich an. „Am Anfang sind alle voller Tatendrang. Da jagt ein Termin den anderen. Ich kann dich beruhigen, das legt sich.“ „Ich hoffe nicht“, antwortete ich genauso lachend. „Schließlich ist ConTiKi kein gewöhnliches Projekt. Unser Tatendrang wird ungebrochen anhalten.“ Dabei sah ich Carsten augenzwinkernd an. Carsten lachte auch. „Wenn ich meinen Aufgabenplan ansehe, den du mir auf's Auge gedrückt hast, dann kann ich mir nicht vorstellen, irgendwann einmal etwas Ruhe in diesem

Jahr zu haben.“ „Ich weiß nicht, was du willst, deine Wochenenden habe ich doch nicht verplant“, neckte ich ihn. „Was nicht ist, kann ja noch werden. Bei dem Druck, den du machst.“ Sofort wurde ich wieder ernst. „Hast du den Eindruck, dass ich zu viel Druck mache?“ „Nein, nein, auf keinen Fall. Im Gegenteil, wenn du nicht so viel Druck machen würdest, dann wäre wohl kaum die Chance, es zu schaffen. Aber ein starker Druck ist es eben doch.“

„Dann fangen wir am besten einfach an.“ Fred nahm auf dem Besucherstuhl mir gegenüber Platz. Carsten holte sich seinen Bürostuhl.

Wir besprachen zunächst die Vorgehensweise bei der Einarbeitung in Unix. Fred würde zusammen mit Hendrik den ersten Unix-Rechner konfigurieren. Carsten hatte sich schon einige Fortbildungen herausgesucht. Er würde Ende Januar für zwei Wochen auf Kurs gehen. Vorher würde ihm Fred Grundkenntnisse in Unix wie VI, Emacs, Shell-Programmierung, Manual vermitteln, damit er schon einmal etwas zum Üben hätte, wenn Fred keine Zeit haben würde. Und zusammen würden sie die ersten Programmteile als Input für die Programmierrichtlinien compilieren.

Nach dem Kurs würde Hendrik die systemabhängigen Teile aus ConTiKi in C++ neu schreiben und die anderen noch fehlenden Funktionen im Subsystem für Unix entwickeln.

Horst kam wegen der Entwicklungsumgebung. Ich bat Fred, dabei zu bleiben, da unsere Entwicklungsumgebung ja auch unter Unix benutzt werden sollte.

Zunächst einmal benötigten wir eine Directory-Struktur, auf der alle Dateien übersichtlich abgelegt und schnell wiederauffindbar sein sollten. Diese Struktur sollte sowohl auf dem PC als auch unter Unix gleich sein. Fred schlug vor, alle Dateien unter Unix zu halten, damit könnten wir vom PC aus auf die Unix-Struktur zugreifen. Einen entsprechenden Unixzugriff würde er uns einrichten. So müssten wir die Files nicht doppelt halten. Klang schon mal gut.

Dann brauchten wir ein Konfigurationsmanagementtool. Welches sollten wir da nehmen? Auf dem PC gab es kein Geeignetes. Fred schlug vor, gleich ein Tool unter Unix zu wählen. Wir könnten trotzdem vom PC aus die Files ein- und auschecken. Erst einmal mit RCS anfangen, das war kostenlos, allerdings dieses konnte keine Binärdateien, d.h. also auch unsere Worddokumente nicht verarbeiten. Das gefiel mir weniger gut, aber vielleicht war es besser, erst einmal klein anzufangen und Erfahrungen zu sammeln. Fred schlug uns auch vor, doch gleich mit Make zu arbeiten, auch wenn dies auf dem PC sehr aufwendig wäre. Dann hätten wir die Abhängigkeiten von vorneherein berücksichtigt und bräuchten beim Übergang zu Unix nicht mehr nacharbeiten. Dieser Vorschlag gefiel mir sehr gut. In unserer Directory-Struktur müsste auch mindestens ein Directory als Referenz für die Files in RCS enthalten sein, damit Make darauf zugreifen könne, und außerdem nicht jeder auschecken müsste, um sich einen File nur einmal anzusehen. Außerdem müsste dann über die Directory-Struktur sichergestellt werden, welche Dokumente und grafischen Objekte zu welcher ConTiKi-Version gehörten.

Da fiel mir ein, wir benötigten auch eine Möglichkeit der Variantenbildung: eine Variante für den PC, eine für Unix und später für die anderen Plattformen. Konnte RCS das? Fred beruhigte mich. Und was war mit der Vorgabe, dass beim Einchecken angegeben werden müsste, was geändert werden würde? Das wäre zwingend! Dies ließ sich bei RCS leider nicht ermöglichen, müsste also organisatorisch gelöst werden. Und Baselines müsste ich bilden können. Fred lachte mich aus. Die Forderung war natürlich rein rhetorisch, ich wollte mich aber doch vergewissern.

Dann waren wir mit der Entwicklungsumgebung eigentlich schon durch. Doch Horst zögerte noch. „Was ist?", fragte ich. „Haben wir etwas vergessen?" „Nein, ich denke nur gerade über etwas nach. So ein Konfigurationsmanagementtool ist doch eigentlich nichts anderes als eine Datenbank. Wäre es nicht möglich, dass wir unser DBMS hierfür nutzen? Ich meine, für die Dokumente und die Grafiken, dann hätten wir auch gleich einen Test für unsere DBMS." „Die Idee ist nicht schlecht", griff ich seinen Vorschlag auf. „So hätten wir gleich eine Anwendung als Test für das DBMS. Ist euer DBMS denn schon so weit?" Horst schaute stolz. „Sogar schon weiter." „Vielleicht können wir sogar das RCS vom DBMS aus ansteuern?", fragte Fred. „Den File-Transfer zu Unix bekäme ich hin. Im DBMS wäre dann bei den Files nur eingetragen, wo sie unter RCS stehen." „Dann hätten wir eine Oberfläche für alle unsere Files. Und könnten auch eine Maske für die Einträge beim Einchecken machen." Horst steigerte sich richtig in die Idee hinein. Wir vereinbarten, dass er bis zum Wochenende zusammen mit Martin die Machbarkeit prüfen und mir sagen sollte, wie viel Aufwand dies sein würde.

Offen sein für neue Ideen

hier für:

Alles Notwendige sofort im Zugriff haben

- Eine Entwicklungsumgebung muss eine Struktur besitzen, die den Projekterfordernissen angepasst ist und wesentliche Arbeiten automatisiert.
- Eine sauber strukturierte Entwicklungsumgebung hilft, Doppelarbeit zu vermeiden.
- Nur das Genie beherrscht das Chaos. Nur, wer ist schon ein Genie?

11.3 Die Baubeschreibung verstehen

Gleich war es 11 Uhr. Weiter ging es zum nächsten Termin. Kurt kam bei mir vorbei und wir gingen gemeinsam zu Hans-Ulrich. Hans-Ulrich saß inzwischen im Erdgeschoss zusammen mit den anderen Vertrieblern. Er hatte ein leeres Büro als Besprechungsraum für uns organisiert und sogar ein paar Weihnachtskekse auf den Tisch gestellt. „Hat meine Frau gebacken."

Heute wollten wir über die Struktur des Fachkonzeptes sprechen. Was sollte alles beschrieben sein, und wie tief wollten wir gehen. Hermann-Josef hatte mir als Vorlage die Struktur der Anwenderanforderungen aus dem V-Modell mitgegeben. Ich selbst hatte mir aus dem Logistikprojekt die Vorlagen von IEEE besorgt. Wir sahen uns die Vorlagen gemeinsam an, waren uns aber sehr schnell einig, dass wir diese Strukturen so nicht übernehmen wollten, sie dienten uns jedoch als gute Ideenlieferanten und halfen, dass wir wesentliche Punkte nicht vergaßen.

Schnell einigten wir uns darauf, dass wir im Wesentlichen das Datenmodell und die Benutzeroberfläche und zusätzlich die Algorithmen, die den Auswertungen zu Grunde liegen würden, beschreiben müssten. Außerdem die Projektziele, die geplanten Hardware-Konfigurationen, ein Überblick über ConTiKi. Die Schnittstellen, d.h. die Zulieferdaten, müssten auch beschrieben werden.

Als nächstes diskutierten wir darüber, welche Methode wir verwenden wollten. Eine OO-Methode wäre natürlich am besten geeignet, doch hier gab es noch keine geeigneten Tools auf dem Markt. Wir könnten die Methode von Booch verwenden, dies wäre aber eine Design-Methode. Außerdem kannte sich bisher noch niemand besonders gut damit aus. Dafür waren zumindest Hans-Ulrich und ich fit in Entity-Relationship-Modellierung und in Strukturierter Analyse.

Kurt war trotzdem dafür, das Fachkonzept sofort mit OOA zu erstellen, damit der Übergang zum Design dann leicht wäre. Dagegen sprach, dass die Benutzeroberfläche ohnehin nicht mit OO modelliert werden konnte und unser Datenmodell mehr relational als objektorientiert sein würde. Außerdem gab es ja bisher kaum jemand, der das OO-Modell lesen könnte. Das Fachkonzept sollte jedoch allen als Vorlage für das Design und die Realisierung dienen.

Wir einigten uns darauf, für das Fachkonzept die uns bekannten Methoden anzuwenden und beim Design dann auf eine OO-Methode umzusteigen. Und das Entity-Relationship-Modell konnte in einem späteren Release eventuell in ein Klassenmodell übertragen werden.

Richtig schwierig wurde die Diskussion bei der Frage, wie weit wir das Fachkonzept detaillieren würden. Kurt war ein ganz genauer, er wollte am liebsten alles bis auf's letzte Bit beschreiben. Hans-Ulrich argumentierte, dass wir die Vorteile einer Methode nur dann nutzen könnten, wenn wir sie voll umsetzen würden, was beim Entity-Relationship-Modell jedes Attribut und auch jedes Datenformat bedeutete. Und bei der strukturierten Analyse ebenfalls alle Daten bis runter auf die Basisdaten. Doch ich hatte damit schon schlechte Erfahrungen gemacht. Am Ende wären wir nur noch damit beschäftigt, den Regeln der Methode zu folgen, und würden uns nicht mehr auf die Inhalte konzentrieren.

„Wozu erstellen wir denn überhaupt ein Fachkonzept?", argumentierte ich. „In erster Linie doch, damit dem Projektteam und den Auftraggebern klar ist, welche Eigenschaften ConTiKi haben soll. Und damit später verständlich ist, welchen Nutzen ConTiKi hat. Hierfür genügt es jedoch, die wesentlichen Eigenschaften zu beschreiben. Diese dafür präzise und nachprüfbar. Unwesentliche Eigenschaften verwirren den Leser nur. Um sich auch später noch ein Bild von ConTiKi machen zu können, würde sogar nur der grobe Überblick reichen. Schließlich zählt dann ohnehin nur noch die Software. Die wesentlichen Anforderungen sind allerdings später auch wichtig, wenn ConTiKi überarbeitet werden soll. Die unveränderten Anforderungen müssen dann erhalten bleiben."

Hans-Ulrich schien überzeugt. „Wie wäre es, ich beschreibe die wesentlichen Anforderungen aus Vertriebssicht textuell. Auf dieser Basis erstellen wir dann das Fachkonzept. Mit Kontextdiagramm, einigen Prozessen mit den Auswertungen, dem konzeptionellem Datenmodell und der Benutzeroberfläche." „ Was verstehst du unter wesentlichen Anforderungen?", hakte ich nach. „Na ja, Anforderungen wie Dateneingabe, Übernahme von Daten aus den Zuliefersystemen, Auswertungen, grafische Anzeige der Auswertungen usw. Damit wären dann die wichtigsten Eigenschaften von ConTiKi festgelegt." „Vielleicht kannst du zusätzlich noch die nicht-funktionalen Anforderungen wie Performance, Windowoberfläche, Look-and-Feel der jeweiligen Oberfläche angepasst, usw. beschreiben. Und für alle Anforderungen den Nutzen für den Kunden oder den Vertrieb angeben, damit wir Entwickler besser verstehen, was wir denn entwickeln sollen", erweiterte ich Hans-Ulrich's Vorschlag. „Dann hätten wir auch gleich eine gute Ausgangsbasis für die Architektur und die Erweiterungen im nächsten Release."

Und Kurt fügte hinzu: „Die Anforderungen sollten so beschrieben sein, dass ihre Erfüllung auch nachprüfbar ist." Hans-Ulrich wiegte bedenklich den Kopf. Präzision war nicht gerade seine Stärke. „Vielleicht präzisiert ihr die Anforderungen im Fachkonzept so, dass sie nachprüfbar sind. So, dass daraus die Testfälle erstellt werden können. Und wir vom Vertrieb nehmen dann das Fachkonzept als Auftragsbasis ab." Kurt und ich stimmten zu. Immerhin hatte diese Vorgehensweise den Vorteil, dass die wesentlichen Anforderungen auf Dauer stabil bleiben würden und später nur um weitere Anforderungen erweitert werden müssten. „Warum schreiben wir eigentlich zusätzlich ein Fachkonzept", fragte Kurt. „Könnten wir nicht gleich die Anforderungen des Vertriebs überarbeiten?" Ich schüttelte den Kopf. „Das eine ist die Sicht des Vertriebs, d.h. des Auftraggebers, das andere ist die IT-Sicht. In jedem Konzept werden Aspekte enthalten sein, die für die andere Seite zwar informativ, aber für deren Arbeit nicht wesentlich sind. In unserem Fachkonzept werden wir z.B. das Datenmodell als ERM beschreiben, es wird dadurch wesentlich strukturierter sein als die textuelle Beschreibung, doch außer Hans-Ulrich kann sonst niemand im Vertrieb ein ERM lesen und damit das eigene Konzept nicht mehr verstehen. Andererseits ist das ERM leichter in ein Design zu übertragen." Hans-Ulrich unterstrich meine Auffassung noch: „Außerdem dient das Fachkonzept für die IT gewissermaßen dazu, mit eigenen Worten – ich meine natürlich Modellen – die Anforderungen aus dem Vertrieb zu beschreiben. Es ist gleichzeitig die Kontrolle, ob auch wirklich alles richtig verstanden worden ist."

Wir diskutierten noch eine Weile über den Umfang des Fachkonzeptes. Letztendlich entschieden wir uns für die 20/80-Lösung, d.h., wir würden die Anforderungen an ConTiKi nur soweit wie nötig beschreiben, also nur die wesentlichen Entitäten und deren wichtigsten Attribute. Die Benutzeroberfläche würde nur skizziert werden, um daraus wichtige Daten ermitteln zu können und eine Vorlage für die echte Oberfläche zu haben. Die würden wir frühzeitig als Prototyp entwickeln und dem Vertrieb zur Begutachtung vorlegen.

Notwendige Entscheidungen sofort treffen

hier:

Die Aufgabenstellung verstehen

- Die Aufgabenbeschreibung auf die wesentlichen Anforderungen beschränken.
- Die Anforderungen eindeutig und nachprüfbar formulieren.
- Konzepte dienen dem Überblick und der Orientierung, bei den Konzepten ist die 20/80-Lösung vorzuziehen.
- Letztendlich zählt doch nur die Software.
- Wenn Unwesentliches mit Wesentlichem vermischt wird, verwirrt dies mehr, als es nützt.

- Das Wesentliche muss präzise formuliert sein, es führt sonst zu falschen Vorstellungen oder unnötigem Nachfragen.
- Wenn fachliche Testfälle sofort zu jeder Anforderung definiert werden, fördert dies das Verständnis für die Anforderung und stellt sicher, woran die Erfüllung der Anforderung gemessen wird.

11.4 Kurskorrekturen vornehmen

Nachdenklich ging ich zurück in mein Büro. Da hatte ich mir bei der Planung so viel Mühe gegeben und trotzdem nicht alles bedacht.

11.4.1 Kurs halten

Das Datenmodell hatte ich bei meiner Planung überhaupt nicht berücksichtigt. Natürlich gehörte es ins Fachkonzept. ConTiKi bestand schießlich im Wesentlichen aus Daten! Nur die Auswertungen und die Benutzeroberfläche beschreiben, war einfach zu wenig. Doch dann wäre es sinnvoll, wenn Martin ebenfalls mitarbeiten würde. Das käme immerhin dem nächsten Release entgegen. Dafür bräuchte Kurt nur in der Arbeitsgruppe Benutzeroberfläche arbeiten und uns die Ergebnisse zum Einbau ins Fachkonzept übergeben. D.h. Martin hätte weniger Zeit für das Subsystem GUI, Kurt könnte dafür einspringen. Dann müsste ich aber die Planung wieder überarbeiten.

Horst würde auch Zeit für die Anpassungen des DBMS als Konfigurationsmanagementtools benötigen. Dies musste ich ebenfalls in der Planung berücksichtigen. Sonst war er noch überlastet und schaffte möglicherweise gar nichts.

Die Struktur für's Fachkonzept hatten wir damit gerade selbst erarbeitet, nicht die Arbeitsgruppe. Es war eigentlich auch sinnvoll, dass diejenigen, die ein Dokument erstellen sollten, auch die Struktur festlegen würden. Natürlich zusammen mit einem, der auf die Vollständigkeit und Einheitlichkeit der Dokumente achtete. Hans-Otto hätten wir besser dazuholen sollen. Wahrscheinlich würde es für das Design ähnlich sein. Brauchten wir dann überhaupt die Arbeitsgruppe Standards? Wäre es nicht besser, dass derjenige, der eine Vorlage oder einen Standard benötigte, ihn einfach definieren und mit Hans-Otto absprechen würde? Das wäre doch wesentlich einfacher und wir hätten ein Diskussionsmedium weniger. Carsten z.B. könnte seine Programmierrichtlinien auch direkt in die schon vorhandenen eintragen. Hier müsste ich dann auch die Planung überarbeiten. Oh je, und das schon am ersten Tag! Hoffentlich ging das nicht so weiter. Aber in den sauren Apfel musste ich wohl beißen.

Ich beschloss, gleich mit Uwe, Kurt und Martin zu sprechen und sie zu bitten, über die genauen Aufwände nachzudenken. Und mit Hermann-Josef und Hans-Otto musste ich auch sprechen. Hans-Otto würde sicher enttäuscht sein, wenn ich die Arbeitsgruppe streichen würde. Dafür wollte ich ihn als Ansprechpartner benennen, wenn es um den Entwurf neuer Vorlagen oder Prozessdefinitionen gehen würde. Die Planung wollte ich dann bis zum Wochenende aktualisieren.

Jede Planungsänderung sofort kommunizieren

- Jede Veränderung muss sofort in den Projektplan eingearbeitet werden, damit festgestellt werden kann, ob keine Konflikte mit anderen Planungen entstehen.
- Auch bei einer Planungsänderung müssen die beteiligten Mitarbeiter in die Planung einbezogen werden.
- Der aktuelle Planungsstand muss sofort kommuniziert werden, damit jeder über den geplanten Projektverlauf informiert ist.

11.4.2 Den Kurs regelmäßig überprüfen

Inzwischen waren einige Wochen mit ConTiKi vergangen. So nach und nach hatte sich jeder in seine Aufgabe eingearbeitet. Umgezogen waren wir auch. Alle, die zusammen arbeiteten, saßen zusammen in einem Büro, außer mir. Ich konnte noch keinen im Team zum Rauchen überreden.

Die aktuellen Projektstände fragte ich jeweils freitags nachmittags ab. Das gab mir die Möglichkeit, gleichzeitig jedem persönlich ein schönes Wochenende zu wünschen. Wer früher ging, gab mir seinen aktuellen Arbeitsstand unaufgefordert vorher rein. Zu den Angaben gehörten die Stundenzahl pro Aufgabenpaket und die Einschätzung, wie viel von der Aufgabe prozentual erledigt war, zusätzlich eine Einschätzung, ob der ursprünglich geschätzte Aufwand noch realistisch wäre. Und außerdem ein Hinweis auf mögliche, zu erwartende Probleme, die ich dann sofort ins Risikomanagement übernommen konnte.

Bei den meisten konnte ich deren Einschätzung unbesehen glauben, bei einigen wusste ich, dass ich gezielt nachfragen musste, um die Aussage zu überprüfen. Bei Carsten z.B. fragte ich jedes Mal genau nach, welche der geplanten Funktionen er fertig hatte, ob sie zu den komplexeren oder weniger komplexeren gehörten, ob und wie er sie getestet hatte und ob sie schon dokumentiert waren. Mein penetrantes Nachfragen bewirkte, dass auch diese Kollegen so nach und nach ihre Arbeitsergebnisse besser einschätzen konnten.

In den ersten Wochen lag der Fertigstellungsgrad leicht unter unseren Schätzungen, doch das beunruhigte mich nicht. Ich kannte aus früheren Projekten, dass anfangs immer etwas langsamer als möglich gearbeitet wird. Der Endetermin lag ja noch so weit entfernt. Doch je näher der Endetermin rückte, desto mehr würde das Arbeitstempo schon von allen angezogen werden. Solange die Soll- und Ist-Stände anfangs nicht mehr als 10% voneinander abwichen, bestand kein Grund zur Besorgnis. Kritischer würde es werden, wenn sich herausstellte, dass größere Aufgabenpakete, wie z.B. das Datenmodell vergessen würden oder unerwartete Ereignisse eintreten sollten. Dann hatte ich meine Planung überarbeitet. Stutzig wurde ich auch immer dann, wenn ein Paket wesentlicher schneller als geplant als fertig gemeldet wurde. Sollte die Aufwandsschätzung tatsächlich so falsch gewesen sein? Kurt z.B. meldete die Benutzeroberfläche schon sehr früh als zu 80% fertig. Damit hätte er nur die Hälfte der geplanten Zeit gebraucht. Hier hatte ich sofort nachgehakt. Kurt meinte den Entwurf, ohne die Implementierung. Wie gut, dass ich nachgefragt hatte.

Frühwarnsystem einschalten

- Die Ist-Daten müssen mindestens wöchentlich mit den Planzahlen abgeglichen werden.
- Zu den Ist-Daten gehören die geleistete Stundenzahl, der Fertigstellungsgrad, eine Überprüfung der Aufwandsschätzung und eine Risikoeinschätzung.
- Abweichungen von mehr als 10% von den Planzahlen müssen hinterfragt werden.
- Vertrauen ist gut, Kontrolle ist besser.
- Bei der Statusabfrage gezielt nachfragen, um zu überprüfen, ob die Selbsteinschätzung des Entwicklers mit der Realität übereinstimmt.
- Das Projektteam erkennt als erstes potentielle Risiken.
- Potentielle Risiken sofort in das Risikomanagement übernehmen.

11.5 Meuterei auf der ConTiKi

Heute war Freitag, der 28. Februar. Das Team-Meeting war gerade vorüber. Es war ganz gut gelaufen, doch Uwe wirkte irgendwie bedrückt. Und Karl wollte gleich vorbeikommen und mit mir über Uwe reden. Ob es um Hans-Otto ging? Er war ziemlich sauer darüber, dass ich die Arbeitsgruppe Standards gestrichen hatte. Die Prozessbeschreibung lieferte er auch nicht, jede Woche sagte er, er brauche noch eine Woche. Uwe hatte mir auch schon erzählt, dass Hans-Otto keine Arbeitsergebnisse abgab. Dafür stand er ziemlich oft bei mir im Büro, um mir zu erzählen, was für einen Fehler Uwe schon wieder gemacht hatte. Ich ließ mich nicht darauf ein und erinnerte ihn stattdessen an die Prozessbeschreibung, was ihn noch mehr verärgerte. Hätte ich etwas anderes tun können?

Da kam Karl. Ich hatte ein ziemlich flaues Gefühl in der Magengegend. Karl machte ein sehr ernstes Gesicht und setzte sich mir gegenüber. „Also, um gleich mit der Tür ins Haus zu fallen, im GUI-Team brennt es. Hans-Otto hat mir das Konzept für das Subsystem vorgestellt und mir ziemlich genau erklärt, dass es so nicht funktionieren kann. Vor allem ist es nicht flexibel genug für die Anbindung anderer Windowsysteme.“ Ich holte tief Luft. Hatte ich es mir doch gedacht. „Warum kommt Hans-Otto damit zu dir und weist nicht im Team darauf hin?“, frage ich vorsichtig. „Wie er sagt, hat er dies getan. Bei dir war er deswegen auch, sagt er. Stimmt das?“ Karls Augen verkleinern sich. Er sah richtig böse aus. „Er war zwar häufiger bei mir, über das Konzept hat er aber nicht so deutlich gesprochen. Außerdem kenne ich das Konzept des GUI-Teams. Es ist richtig, dass es nicht so flexibel ist, wie wir uns das wünschen, aber für Luna ist es o.k. Ich glaube auch nicht, dass wir mit dem ersten Wurf ein perfektes Konzept erwarten können.“ Karls Gesicht verfinsterte sich noch mehr. „Hans-Otto hat ein besseres Konzept. Er hat es mir vorgestellt. Es ist wirklich besser.“ Ich wurde unsicher. „Was hast du vor?“ „Na ja, es ist natürlich offensichtlich. Hans-Otto will die Projektleitung für das GUI. Vielleicht ist er wirklich besser geeignet als Uwe?“ Ich wurde wieder ruhiger. „Ich vermute, dass du meine Meinung dazu hören willst. Oder hast du schon entschieden?“ „Nicht wirklich. Obwohl ich schon ziemlich sauer bin, dass es überhaupt soweit gekommen ist, ohne dass ich darüber informiert bin. Wofür, glaubst du, steht meine Bürotür immer offen?“ Jetzt war ich sicher, dass noch etwas zu retten war. Eine einseitige Entscheidung von Karl, Uwe abzulösen, hätte unseren Teamgeist massiv zerstört. Nur was konnte ich tun? Vielleicht erst einmal Zeit gewinnen, um eine gute Lösung zu finden? „Du kennst Hans-Otto doch inzwischen auch ganz gut. Hältst du ihn für einen guten Projektleiter?“ Karl runzelte nachdenklich die Stirn. „Eigentlich nicht. Sonst hätte ich ihn während deiner Planung schon vorgeschlagen. Doch Uwe und du, ihr hättet auf seine Anregungen eingehen sollen.“ „Bisher hat er noch kein einziges Arbeitsergebnis geliefert. Stattdessen stänkert er. Doch du hast Recht, darauf hätten wir früher reagieren müssen“, gestand ich schuldbewusst ein. „Aber jetzt einfach Uwe gegen ihn auszutauschen, macht Ärger. Vielleicht sollten wir uns erst einmal sein Konzept ansehen, ob es wirklich so gut ist, wie er behauptet. Gibst du mir drei Tage Zeit zum Nachdenken?“, versuchte ich Karl zu besänftigen. „Drei Tage? O.k. Aber wirklich nur, weil wir sonst zu viele Probleme zusätzlich bekommen.“ Und schon war er zur Tür hinaus.

Ich war ziemlich bedrückt. Ich wusste, ich hätte früher reagieren müssen, ich hatte den Ärger kommen sehen. Doch irgendwie hatte ich gehofft, dass sich das Problem von alleine lösen würde. Ich hatte einfach den Kopf in den Sand gesteckt. Die Erinnerung an die arrogante Art von Hans-Otto während des ersten ConTiKi-Projektes war einfach zu unangenehm.

Ließ sich die Lage jetzt noch retten? Erst einmal holte ich mir einen Kaffee und rauchte eine Zigarette. Sie schmeckte nicht, ich drückte sie halbgeraucht wieder aus und ging zu Uwe. Ich erzählte ihm von meinem Gespräch mit Karl. Uwe war ziemlich aufgebracht. Er ballte die Fäuste und wollte am liebsten gleich auf Hans-Otto losgehen, ich konnte ihn gerade noch zurückhalten. „Lass uns lieber gemeinsam nachdenken, was zu tun ist. Ich konnte drei Tage Zeit gewinnen. Ich werde mit Martin und Jürgen das Konzept prüfen. Und du überlegst inzwischen, wie du mit der Situation umgehst. Lass dir um Himmels willen im Team nichts anmerken.“

Zusammen mit Martin und Jürgen prüften wir Hans-Ottos Konzept. Die Darstellung war brillant, das konnte er. Doch wie erwartet, hatte das Konzept bezüglich der Umsetzung einige Mängel. Dafür steckten wiederum andere sehr gute Ideen darin, die das Konzept des GUI-Teams wesentlich verbessern würden. Schade, wenn Hans-Otto kooperativer gewesen wäre, hätte das GUI-Team jetzt schon ein brauchbares Konzept. Insgesamt gesehen war Hans-Ottos Konzept jedoch nicht besser als das des GUI-Teams. Also kein Grund, Uwe abzusetzen. Und das Team stand hinter Uwe, das wusste ich.

Am Abend traf ich mich mit Reinhold auf ein Glas Bier. Reinhold war ein früherer Arbeitskollege, der im Betriebsrat für personelle Angelegenheiten zuständig gewesen war. Er wusste eigentlich immer Rat in solch hochsensiblen Themen. Er bestätigte mich in meiner Meinung, dass es Hans-Otto nicht um das Konzept ging, sondern um die Erreichung seiner persönlichen Ziele, in diesem Fall wohl die Projektleitung. Doch war die Projektleitung wirklich sein eigentliches Ziel? Oder war es etwas anderes? Vielleicht Anerkennung? Reinhold hielt es für wahrscheinlich, dass es bei Hans-Otto um die Identitätsebene ging. Vielleicht konnte er nicht ertragen, unter einem so jungen Projektleiter als einfacher Entwickler zu arbeiten? Schließlich war er Doktor.

Dies erklärte möglicherweise einiges, doch eine Lösung hatte ich noch immer nicht. Bisher war ich immer am besten klar gekommen, wenn ich die Dinge offen angesprochen hatte. Ich musste mein unangenehmes Gefühl in der Magengegend überwinden und mit Hans-Otto sprechen. Vielleicht konnte ich mit Hans-Otto zusammen herausfinden, was für uns alle die beste Lösung wäre.

Montag Nachmittag hatte ich die notwendige Ruhe für ein Gespräch mit Hans-Otto. Ich rief ihn an und bat ihn in mein Büro. Hans-Otto war ziemlich kurz angebunden, kam aber doch herüber. Er blieb in der Tür stehen, halb nach draußen gewendet, so, als ob er gleich wieder gehen wollte. Ich bemühte mich, ruhig zu bleiben. Mein Herz klopfte mir bis zum Hals.

„Sei so nett und setz dich doch. Du weißt sicher, worum es geht. Ich denke, wir sollten friedlich versuchen, die Dinge gemeinsam zu klären." Ich wies ich auf den Besucherstuhl. Wenn auch zögernd, kam Hans-Otto ganz in mein Büro und setzte sich. Ich rollte mit meinem Bürostuhl absichtlich neben ihn, um ihm nicht so frontal gegenüber zu sitzen. Wasser und Kaffee standen auf meinem Schreibtisch schon bereit. „Möchtest du lieber Kaffee oder Wasser?" „Wasser." Hans-Otto war immer noch kurz angebunden, aber immerhin nahm er mein erstes Angebot an.

„Ich bin ziemlich aufgeregt. Solch ein Gespräch habe ich noch nie geführt. Ich habe den Eindruck, dir geht es ähnlich?", versuche ich die nächste Annäherung. Ich hatte getroffen, Hans-Ottos Gesicht entspannte sich ein wenig. „Uwe ist noch sehr jung und in der Projektleitung unerfahren. Ich kann verstehen, dass es für dich nicht leicht ist, Anweisungen von Uwe zu akzeptieren. Ist es das, was dich stört?" Hans-Ottos Gesicht entspannte sich noch mehr. „Ich habe dir schon mehrfach gesagt, wie viel Unsinn Uwe von sich gibt. Aber du willst es ja nicht hören." Meinen Blick hielt ich fest auf Hans-Otto gerichtet. „Wir brauchen ein Team, das fest zusammenhält. Das weißt du. Keiner hier im Team ist hundertprozentig für seine Aufgabe geeignet. Deshalb ist es notwendig, dass jeder jedem hilft und nicht boykottiert", sagte ich mit fester Stimme.

Hans-Ottos Gesicht verspannte sich wieder. „Du meinst also, ich sollte Uwe helfen, statt ihn zu kritisieren. Damit er dann hinterher die Lorbeeren erntet, obwohl sie mir zustehen." Aha, das war es also. „Ist das deine Sorge, dass Uwe als alleiniger Sieger dasteht? Obwohl das GUI eine Team-Leistung ist?" Ich versuchte, seine Aussage zu wiederholen. „Ja, genau. Darauf läuft es doch hinaus. Das Konzept ist miserabel, ich habe sehr viel mehr Erfahrung in der Konzepterstellung. Wenn ich meine Ideen einbringen würde, hieße es hinterher, was für ein tolles Konzept der Uwe doch erstellt hat. Von mir redet dann keiner mehr."

Er trank hastig sein Wasser aus. Ich goss sein Glas wieder voll. „Das habe ich verstanden. Und wie, denkst du, kannst du erreichen, dass deine Leistung gesehen und anerkannt wird?" Hans-Otto antwortete leicht zögernd: „Z.B., indem ich die Leitung des GUI-Teams übernehme. Schließlich weiß ich wesentlich besser, was zu tun ist." Ich nickte verstehend mit dem Kopf.

„Es muss ein scheußliches Gefühl sein, genau zu wissen, was richtig ist, und zusehen zu müssen, dass das Falsche getan wird." Jetzt wurde Hans-Otto regelrecht lebendig und beugte sich zu mir hinüber. „Ja, genau. Ich kann kaum noch schlafen bei dem Gedanken." „Dass Uwe deinen brillanten Ideen nicht immer folgen kann, das verstehe ich. Doch was ist mit dem restlichen Team? Gibt es denn keinen im Team, der deine Ideen nachvollziehen kann?" Jetzt verkrampfte sich Hans-Ottos Gesicht wieder, seine Schultern sackten nach unten. „Das sind doch alles nur Dummköpfe. Nicht mal Martin kann mir geistig folgen." Mein Gesicht wurde streng. „Hans-Otto, ich möchte nicht, dass du irgendjemand im Team als Dummkopf bezeichnet. Jeder hier hat seine Schwächen, aber auch seine Stärken. Haben wir uns verstanden?", sagte ich in scharfem Ton. „Ja, ja, entschuldige, war natürlich nicht so gemeint", murmelte Hans-Otto.

Mit wieder milderer Stimme fragte ich: „Du hast doch viel Ahnung von Projektmanagement. Was denkst du, ist erfolgversprechender, ein brillanter Projektleiter, dem sein Team gedanklich nicht folgen kann, oder ein Projektleiter, der nicht ganz so weit weg ist von seinem Team, der dafür aber die volle Unterstützung seines Teams hat?" Hans-Otto blickte mich erstaunt an. „Du meinst, ich könnte noch so gut sein als Projektleiter, wenn es mir aber nicht gelingen sollte, dass das Team mich versteht, dann habe ich keine Chance?" „Ja, genau das meine ich. Denk' mal darüber nach." Hans-Otto wirkte tatsächlich nachdenklich. Es schien, als hätte ich es geschafft.

„Ich könnte mir eine andere Rolle für dich vorstellen, die dein hervorragendes theoretisches Wissen vielleicht besser zur Geltung bringt." Hans-Otto beugte sich neugierig nach vorne. „Und was wäre das?" „Du könntest im Projekt als Berater arbeiten, das GUI-Team bei der Konzeptarbeit unterstützen, Britta und Jürgen bei der Architektur beraten, Hermann-Josef bei der Erstellung der Teststrategie und der Prozessdefinition. Wir könnten es sogar so einrichten, dass du uns von außerhalb berätst, d.h. nicht als Projektmitarbeiter. So brauchst du von keinem von uns mehr Weisungen anzunehmen. Was hälst du davon?"

Hans-Ottos Gesicht erhellte sich. „Das Projekt beraten? Ja, das könnte ich mir vorstellen. Was allerdings die Prozessdefinition anbelangt, wird diese ja gewissermaßen ‚on the fly' definiert. Da fühlte ich mich auch nur als bessere Sekretärin." Ich lächelte. „Stimmt. Es tut mir Leid, das hätte wirklich unser Student dokumentieren können. Aber vielleicht kannst du ja auch hier schon im Voraus ein paar Ideen einbringen, damit wir nicht immer improvisieren müssen?" Hans-Otto begann auch, vorsichtig zu lächeln. Ich reichte ihm die Hand. „Frieden?" Hans-Otto nahm meine Hand. „O.k. Frieden." Wir prosteten uns mit unseren Wassergläsern zu. Uff, das war also geschafft. Erstaunlich, letztendlich war es doch viel einfacher, als ich gedacht hatte. Hätte ich doch nur früher mit Hans-Otto geredet!

Karl akzeptierte meinen Vorschlag. Er war erleichtert, denn im GUI-Team hätte es sicher massiv Ärger gegeben, wenn er Uwe abgesetzt hätte. Uwe und ich informierten das Team gemeinsam über den Vorfall. Natürlich vorsichtig, so dass keiner auf Hans-Otto sauer war. Auch wenn wir uns bemüht hatten, uns nichts anmerken zu lassen, so hatte das Team doch mitbekommen, dass da irgendetwas nicht in Ordnung gewesen war. Dafür waren wir uns alle schon zu nahe. Unsere Offenheit ließ uns als Team noch näher zusammenrücken.

Konflikte lösen

- Probleme, die früh erkannt werden, sollten auch so früh wie möglich gelöst werden.
- Manchmal müssen Konflikte erst reifen, bevor sie ausgetragen werden können.
- Auslöser für Konflikte unter Mitarbeitern liegen meist auf der Identitätsebene.

11.6 Den Stürmen trotzen

Jürgen, Uwe und Hans-Otto arbeiteten gemeinsam Hans-Ottos Ideen in das Konzept ein. Jetzt wurde sogar das erste Konzept schon ein akzeptables Konzept. Ludger wechselte aus dem DBMS-Team in das GUI-Team.

Es war gut, dass wir im Team offen über die Probleme mit Hans-Otto gesprochen hatten, ohne Hans-Otto zu beschimpfen. Jetzt gingen wir alle noch ehrlicher miteinander um. Unser Teamgeist war ungebrochen. Hans-Otto war voll in seine Beraterrolle geschlüpft, jetzt war er dem Team mit seinen guten Ideen sogar eine richtige Hilfe. Und wenn wir ihn mal wieder nicht verstanden – oder verstehen wollten –, dann feilte er an seinen Ideen so lange, bis es für uns passte. Ludger hatte sich auch gut ins Team eingefügt, Martin und Horst hatten ihn gemeinsam sehr schnell eingearbeitet.

Doch Hans-Otto war natürlich nicht der einzige Orkan, der ConTiKi beinahe zum Kentern gebracht hätte. Wie befürchtet, hatte das Beta-Release des Windowsystems tatsächlich noch einige Fehler. Hier bewährte sich, dass ich direkt mit den Entwicklern von Luna sprechen konnte. So war immer schnell klar, ob es sich um einen Anwendungsfehler von uns oder um einen Fehler von Luna handelte. Und bei Fehlern von Luna gab es entweder sofort einen Workaround, oder wir bekamen innerhalb von drei Tagen einen Patch.

Einen Schreckmoment gab es Anfang Juni. Jürgens Frau hatte zusammen mit einem seiner Söhne einen schweren Autounfall. Und das eine Woche vor Fertigstellung des Zwischenreleases! Jürgen fiel natürlich für einige Tage aus. Hier war es gut, dass Jürgen nicht alleine arbeitete. Britta kam mit den Architekturarbeiten alleine weiter, für das GUI-Team reichte es, dass sich Jürgen einige Stunden Zeit nahm, seinen aktuellen Stand an das Team weiterzugeben. Das Team konnte so, wenn auch mit Überstunden, seinen Ausfall kompensieren. Toll, dass Jürgen sich trotz seiner privaten Sorgen diese Zeit genommen hatte!

Jürgens Frau und seinem Sohn ging es glücklicherweise sehr schnell wieder besser. Und nach seinem geplanten Urlaub stand auch Jürgen wieder voll zur Verfügung.

Eine weitere Hiobsbotschaft hatte Carsten Ende Juni. Er hatte ConTiKi inzwischen nach Unix portiert und mit den neuen Systemfunktionen gebunden. ConTiKi ließ sich fehlerfrei binden und auch starten, doch die Antwortzeiten waren einfach katastrophal. Damit hatte nicht einmal Fred gerechnet, und deshalb hatte ich für den Fall auch nichts in meinem Risikoplan vorgesehen. Wir waren ratlos.

Da weder Carsten noch Fred eine Ahnung hatten, woran der drastische Performance-Abfall liegen konnte, informierte ich vorsorglich sofort Karl. Besser ein mögliches Problem sofort eskalieren als zu spät. Karl war natürlich genauso beunruhigt wie ich, immerhin hatte er wenigstens eine Idee, wie wir der Ursache auf die Spur kommen könnten. Er ließ sofort einen externen Unix-Spezialisten kommen. Ich selbst befragte einige Kollegen mit Unix-Know-how, doch keiner von ihnen konnte weiterhelfen. Mit FORTRAN unter Unix hatte keiner von ihnen Erfahrung.

Die Systemfunktionen hatten Fred und Carsten schon isoliert getestet, die Testergebnisse waren wie erwartet, an ihnen konnte es nicht liegen. Und der Rest von ConTiKi war noch unverändert. Es musste also an FORTRAN liegen. Doch wo? FORTRAN unter Unix konnte unmöglich langsamer sein als FORTRAN auf dem PC! Carsten und Fred testeten ContiKi Stück für Stück und maßen immer wieder die Zeiten und verglichen sie mit den entsprechenden Laufzeiten auf dem PC. Ziemlich langwierig und mühsam.

Wir hofften auf den externen Unix-Spezialisten. Drei Tage nach Karls Anforderung kam Dirk. Er sah sich sowohl die Systemfunktionen als auch die File-Zugriffe genau an. Und fand auch keinen Fehler.

Auch wenn die anderen im Team an ihren Aufgaben weiterarbeiteten – das Zwischenrelease musste ja in einer Woche raus –, so war doch jeder gedanklich gleichzeitig bei unserem Performance-Problem. Und schließlich gab Horst den entscheidenden Hinweis. Er hatte in einem früheren Projekt schon mal erlebt, dass der Compiler – damals war es Cobol – bei einer bestimmten Kombination von Befehlen fehlerhaft war. Der Compiler fehlerhaft? Unwahrscheinlich, doch letztendlich ist in der EDV nichts unmöglich. Dirk fragte in seiner Firma nach, ob da etwas von einem Fehler im Compiler bekannt war. Tatsächlich! Es gab sogar bereits ein Update dafür. Doch da bisher nur ein Kunde diesen selten auftretenden Fehler gemeldet hatte, war das Update nicht an alle Kunden versendet worden.

Am nächsten Tag war das Update schon da, Carsten compilierte ConTiKi neu und – tatsächlich, jetzt arbeitete ConTiKi wie erwartet. Fast, denn es war sogar schneller als auf dem PC.

Gut, dass wir zuerst einen Teil von ConTiKi unverändert nach Unix portiert hatten. Sonst hätten wir den Fehler wahrscheinlich zu lange im Windowsystem oder der neuen Architektur vermutet. Gut auch, dass das ganze Team über das Problem informiert war. Sonst hätte Horst nicht den entscheidenden Hinweis geben können. Und auch wenn der externe Unix-Spezialist uns nicht direkt weitergeholfen hatte, seine Bestätigung, dass wir alles richtig gemacht hatten, hatte schon dazu beigetragen, gleich in die richtige Richtung zu denken.

Frühwarnsystem einschalten

- Potentielle Risiken sofort in das Risikomanangement übernehmen.
- Eine offene und direkte Kommunikation mit allen Projektbeteiligten fördert das frühzeitige Aufdecken von potentiellen Risiken und Irrwegen.
- Rechtzeitig eskalieren.

11.7 Ein Großsegel gäbe zusätzlichen Schub

Auf der Unix-Seite hatten wir zwar einige Zeit durch das Performance-Problem verloren, doch diese Zeit haben Fred und Carsten schnell wieder eingeholt. Und dass wir auch mit so schwierigen Problemen wie dem Compiler-Fehler so schnell fertig geworden sind, gab uns noch mehr Selbstvertrauen.

Uwe und Kurt hatten einen genialen Einfall. Auch wenn ConTiKi unter Windows laufen sollte, würde es doch kein windowkonformes Verhalten haben. Kurt mit seinem Wissen über das alte ConTiKi und Uwe mit seinem Wissen über das Luna-System hatten nun die Idee, wie man mit relativ wenig Aufwand ConTiKi ein Multiwindowingverhalten beibringen kann. Relativ wenig Aufwand war gut. Es kostete immerhin doch zwei Personenmonate und führte dazu, dass an einigen Programmteilen teilweise drei Personen mit unterschiedlichen Zielsetzungen gleichzeitig arbeiten mussten. Eine echte Herausforderung für unsere Entwicklungsumgebung!

Ich hatte mich lange mit Hans-Ulrich, Karl und dem Team beraten, ob wir das Risiko eingehen sollten. Wir wollten. Das Vertrauen in unser Können war inzwischen so groß, dass wir uns auch diese Herausforderung zutrauten. Alle wussten, dass sie ab jetzt besonders diszipliniert arbeiten mussten.

Offen sein für neue Ideen

- Neue Ideen können das geplante System wesentlich verbessern.
- Eine neue Idee erst einmal auf Machbarkeit und ihren Nutzen für den Auftraggeber prüfen.
- Die Konsequenzen der Realisierung einer Idee bzgl. Kosten und Termine mit dem Auftraggeber abstimmen.

12 Wir verstehen uns

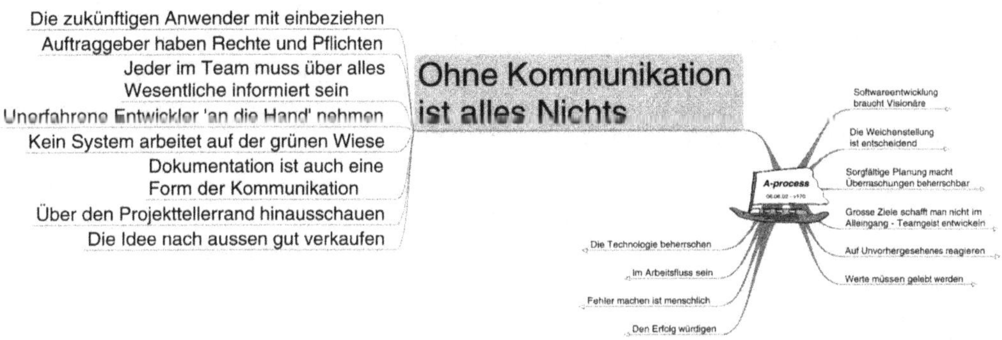

Anfänglich sind wir alle in diverse Fallen getappt, mussten unser Vorgehen überdenken und uns neu informieren. Jedoch hatte keiner von uns ein Problem damit, offen zu sagen, dass er nicht weiter wusste oder einen ziemlich dummen Fehler gemacht hatte. Das Vertrauen untereinander war so groß, dass jeder wusste, dass das Team sein Problem ernst nahm und versuchte, ihm zu helfen, und ihn nicht auslachte. Schließlich machten wir alle Fehler.

12.1 Alle in der Mannschaft sprechen die gleiche Sprache

Basis für unseren Teamgeist war unsere offene Kommunikation. Alle Bürotüren standen offen, Carsten z.B. hörte man gelegentlich lautstark vor seinem Rechner fluchen. Und jeder wusste gleich, Unix machte wieder einmal nicht das, was Carsten sich vorgestellt hatte. Lukas dagegen musste immer wieder laut lachen, wenn das Luna-System sich für ihn unerwartet verhielt. Seine Stimme gluckste, wenn er lachte. Karl sprach unglaublich laut beim Telefonieren. Wir lästerten, er brauche den Hörer nur, um seinen Gesprächspartner hören zu können, ansonsten könne er auch ohne Gerät telefonieren.

Sobald einer von meinen Kollegen auf ein unerwartetes Problem stieß, informierte er mich sofort darüber. So konnte ich schnell geeignete Maßnahmen ergreifen, wie z.B. mit den Entwicklern bei Luna telefonieren. Umgekehrt informierte ich auch immer sofort alle im Team, wenn sich Wesentliches ereignete. Karl war ebenfalls immer ansprechbar für uns und informierte uns seinerseits offen über alle für ConTiKi relevanten Neuigkeiten. Vor allem vermittelte er den Eindruck, immer ehrlich zu uns zu sein. Wenn wir uns zu dumm angestellt hatten, wurde er auch mal heftig. Das war in Ordnung, schließlich wussten wir selbst, dass wir keine Glanzleistung vollbracht hatten. Und es war zudem besser, als dass er seinen Ärger runterschlucken würde.

Zeit für Spaß und private Schwätzchen nahmen wir uns auch, das ließen wir uns nicht nehmen. Dafür verstanden wir uns inzwischen viel zu gut. Es hatte sich eingebürgert, dass wir uns um vier alle in der Kaffeeküche einfanden. Gelegentlich brachte jemand Kuchen mit. Wir sprachen dann überhaupt nicht über das Projekt, dafür lachten wir unglaublich viel. Hermann-Josef hatte einen unglaublich trockenen Humor. Britta konnte wunderbar Witze erzählen, allerdings nur schmutzige Witze. Das hatten wir ihr gar nicht zugetraut. Hans-Otto erwies sich als der geborene Stimmenimitator. Toll, wie er die Stimme von Karl und Herrn Klein nachmachen konnte. Sogar meine. Und Lukas mit seinem gluckernden Lachen steigerte unseren Spaß noch. Oft kamen sogar Kollegen aus anderen Abteilungen vorbei. Wir hatten den Ruf, dass wir das lustigste Team im Unternehmen seien.

Natürlich gab es auch ein offizielles Projektmeeting, freitags um 10.00 Uhr. Da jedoch alles Wichtige schon kommuniziert war, diente es dazu, einzelne Themen gründlich zu beleuchten, gründlicher, als es zwischen Tür und Angel möglich war. Mindestens ein wichtiges Thema hatten wir immer. Es war schon erstaunlich, wie rege die Beteiligung inzwischen geworden war. Im Gegensatz zu anderen Projektmeetings, die ich kannte, in denen eigentlich nur der Projektleiter sprach und vielleicht noch ein oder zwei Personen Fragen stellten.

Wir diskutierten intensiv. Und konstruktiv.

Jeder im Team muss über alles Wesentliche informiert sein

- Eine offene Kommunikation ist Voraussetzung für einen Projekterfolg.
- Für eine offene Kommunikation ist Vertrauen und Ehrlichkeit untereinander notwendig.
- Gerade dann, wenn sich unüberwindbare Hindernisse auftun, ist eine offene Kommunikation notwendig. Sich hinter den Problemen zu verstecken, lässt die Probleme wachsen.
- Regelmäßige Projektbesprechungen mit Protokollen stellen sicher, dass jeder im Team informiert wird.
- Insbesondere durch ‚private' Gespräche innerhalb des Teams werden Ziele und Anforderungen immer wieder neu vergegenwärtigt.
- Eine ‚Plauderecke' fördert die Kommunikation im Team.
- Gemeinsames Lachen befreit von innerer Anspannung und schweißt zusammen.

12.2 Begegnungen auf hoher See

Eines der Themen, die wir im Projektmeeting gründlicher besprochen haben, waren die Schnittstellen zu unseren Zuliefersystemen. Martin hat uns allen die Struktur der Datenlieferungen und die Datenfelder detailliert vorgestellt. Auch wenn wir das Datenmodell von ConTiKi erst im nächsten Release ändern wollten, so sollte doch jeder wissen, welche Daten die Basis für ConTiKi bilden würden. Und außerdem wirkten sich die Schnittstellen ja auch auf unsere Architektur aus. Und die sollte möglichst mit diesem Release schon stabil sein.

Einer unserer Datenlieferanten war PAS. Bei dieser Firma hatten wir leider gar keinen Einfluss darauf, wie sie ihre Schnittstelle gestalteten. PAS änderte die Schnittstelle zwar nicht gerade jede Woche, aber gelegentlich eben doch, wie Martin uns aus leidvoller Erfahrung berichtete. Die beiden anderen Datenlieferanten änderten die Schnittstelle sogar relativ häufig, und das dann auch noch ohne Vorwarnung.

Die Schnittstellen waren in der bestehenden ConTiKi-Version völlig integriert, so dass eine Schnittstellenänderung sehr viele Funktionen innerhalb von ConTiKi betrafen. Kurt, der die Anpassungen bisher durchführen musste, wusste nie genau, ob er wirklich alle Funktionen erwischt hatte. Meistens war es nicht der Fall.

Jürgen machte den Vorschlag, die Schnittstellen-Software aus ConTiKi herauszuziehen und für ConTiKi selbst eine einheitliche Schnittstelle zu definieren. In einem Converter würden dann die Zulieferdaten auf die Schnittstelle für ConTiKi übertragen werden. Der Vorschlag klang gut. Dann wäre zumindest schon mal die Fehleranfälligkeit reduziert.

Karl wollte mit den Zulieferfirmen verhandeln und mit ihnen vertraglich regeln, dass uns Schnittstellenänderungen mindestens vier Wochen im Voraus schriftlich mitgeteilt werden sollten, damit wir genügend Zeit hätten, unsere Anpassungen im Converter vorzunehmen.

Dies würde sich zwar erst im nächsten ConTiKi-Release auswirken, doch so brauchten wir bei der Architektur nur noch eine Schnittstelle für ConTiKi berüchsichtigen. Jürgen, Kurt und Martin würden diese Schnittstelle zusammen definieren.

Kein System arbeitet auf der grünen Wiese

- Die Schnittstellen zu den benachbarten Systemen so früh wie möglich festlegen.
- Termine für Schnittstellendefinition und Datenlieferungen schriftlich festhalten.
- Die Schnittstellen bei der technischen Lösung mit berücksichtigen.

13 Die Kunst des Segelns beherrschen

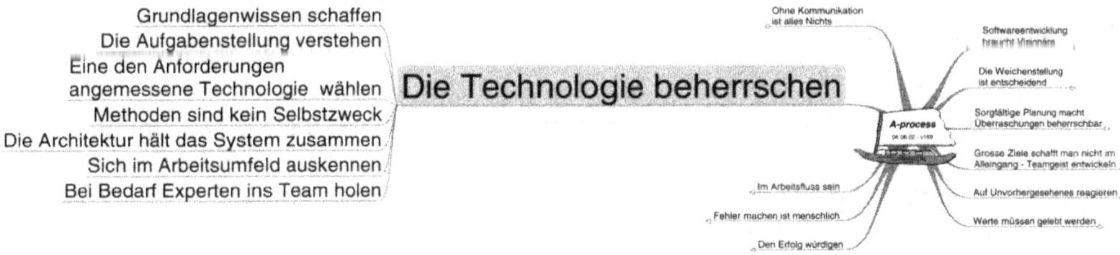

Trotz kleinerer und einiger größerer Hindernisse hatten wir alle Aufgaben bis zum Sommer planmäßig erledigt. Es erwies sich als sehr vorteilhaft, dass ich die Planung so gründlich durchgeführt hatte. Das gab uns allen Sicherheit und Zeit und Raum, in die vorgesehenen Rollen und gestellten Aufgaben hineinzuwachsen. Jeder wusste genau, was er zu tun hatte, und was die Kollegen taten. Jeder dachte für den Anderen mit. Und jeder half dem Anderen, wenn er an manchen Punkten nicht weiterkam.

13.1 Umbauarbeiten bei voller Fahrt

Beim Design hatten wir uns für eine objektorientierte Methode entschieden. Wir hielten es hier jedoch genauso wie mit dem Fachkonzept, nur das Wesentliche wurde genau beschrieben. In unserem Fall waren dies die Klassen mit ihren wesentlichen Attributen und Methoden. Die Aufgabe jeder Methode und ihre Parameterliste wurde beschrieben, in Ausnahmefällen auch die Lösung, wenn es sich um einen komplexen Algorithmus handelte. Wir hatten uns beim Design auf die Schnittstellen und die Klassen, die in vielen Komponenten benutzt werden, wie z.B. das exception handling, das messaging oder die Schnittstelle des GUI-Subsystems zum fachlichen Teil von ConTiKi, konzentriert.

Unsere ursprüngliche Aufteilung in Subsysteme und Basissysteme war stabil geblieben. Uwe teilte auf einem unserer Projekt-Meetings mit, dass er noch ein ConTiKi-spezifisches Grafik-Tool zwischen Basis-Grafik und Benutzeroberfläche einziehen würde. Damit konnte sichergestellt werden, dass für alle grafischen Auswertungen das gleiche Look-an-Feel, wie z.B. die Navigation in der Übersichtsgrafik, das Zooming, die Farbeinstellung usw. galt.

Jürgen allerdings reagierte ziemlich verärgert über Uwes Vorschlag. Ich war sehr erstaunt, denn der Vorschlag war wirklich gut. Warum also die Verärgerung? „Das Einziehen einer neuen Komponente ist Thema der Architektur“, beschwerte sich Jürgen. „Da bin ich aber anderer Meinung“, konterte Uwe. „Die Grafik ist Teil der Benutzeroberfläche. Und dafür bin ich zuständig.“ „Ist das nicht ein Streit um des Kaisers Bart?“, versuchte ich zwischen den beiden zu vermitteln. „Oder stellst du den Sinn des ConTiKi-spezifischen Grafik-Tools an sich in Frage?“, wandte ich mich an Jürgen und wundere mich insgeheim über dieses kleinliche Kompetenzgerangel.

Doch Britta brachte die Kompetenzprobleme schnell auf den Punkt. „Ihr habt beide Recht. Der Vorschlag für das Tool kann von der Benutzeroberfläche kommen. Die Entscheidung, ob es das Tool geben wird, und die Definition der Schnittstellen liegen jedoch bei der Architektur. Das Design und die technische Ausführung liegen dann beim Team der Benutzeroberfläche.“ Britta hatte Recht. Unsere Rollendefinition war wohl noch nicht eindeutig genug. Jürgen und Uwe konnten mit dieser Aufteilung beide leben.

Ähnliche Kompetenzprobleme gab es auch zwischen Carsten und Jürgen. Die Systemfunktionen gehörten nach Meinung von Jürgen ebenfalls in die Architektur. Doch auch hier passte Brittas Definition. Jürgen legte fest, welche Systemfunktionen benötigt würden und wie die Schnittstellen aussehen sollten, der Rest lag bei Carsten. Da die Systemfunktionen von allen Programmteilen benutzt werden sollten, war die Dokumentation dieser Funktionen und insbesondere ihrer Schnittstellen ebenfalls Aufgabe der Architektur.

Die Architektur hält das System zusammen

- Eine Aufteilung in Subsysteme (große Komponenten) bietet eine übersichtliche Struktur.
- Der Entwurf von Dienstleistungsfunktionen ist Teil der Architektur.
- Die Schnittstellen nach außen sind Teil der Architektur.
- Die Schnittstellen zwischen den Komponenten, Modulen, Klassen sind Teil der Architektur.

13.2 Auf die Mannschaft ist Verlass

Die Entwicklungsumgebung stand, unser DBMS nutzten wir als Konfigurationsmanagementtool, das Fachkonzept war von Hermann-Josef und dem Vertrieb abgenommen, Architektur und Design waren in Arbeit beziehungsweise - soweit für das Zwischenrelease notwendig gewesen - ebenfalls von uns gereviewed. Die Zahl der Testfälle wuchs stetig. Der Prototyp wurde als Messeversion aufgerüstet. Das Zwischenrelease ist planmäßig ausgeliefert worden.

Beim Build für das Zwischenrelease gab es noch einmal Probleme. Erst hieß es von Uwe, alles wäre fertig, und Horst passte den Makefile an die neuen Files an. Mein Bauch sagte mir, dass ich da besser etwas genauer hinschauen sollte. Ich hatte schon häufig die Erfahrung gemacht, dass auch nach offizieller Fertigstellung weiter geändert wurde. Mein Bauchgefühl hatte nicht getrogen, Lukas und Richard hatten noch eben schnell was geändert, ohne Uwe zu informieren. Doch nach einigen deutlichen Worten von mir hatten auch sie begriffen. Sowohl an der Version für den Abnahmetest als auch an der auszuliefernden Version durften keine Änderungen mehr vorgenommen werden. Notwendige Änderungen kamen erst in die neue Version, damit klar war, was denn genau ausgeliefert wurde.

Das neu angeschaffte Testtool bewährte sich. Zu jeder neu erstellten Klasse wurden gleich die Testfälle mit geschrieben. Die definierten Testfälle wurden von Hermann-Josef und mir sofort auf Vollständigkeit geprüft und gegebenenfalls um Vorschläge erweitert. Anfangs waren die von den Entwicklern selbst erstellten Testfälle noch sehr dürftig, um nicht zu sagen, sinnlos. Doch nach und nach verstanden sie, was Negativtest, Grenzfall- und Äquivalenzklassentest bedeuteten, und ihre Testfälle wurden immer sinnvoller. Hier bewährte sich, dass ich meine Testerfahrung frühzeitig über Vormachen in das Team hineingebracht hatte.

Parallel dazu erstellten Kurt und Rainer die fachlichen Testfälle mit dem Testtool. Und da wir ja auf einer lauffähigen Version von ConTiKi aufsetzten, konnten sie ihre Testfälle auch gleich testen.

Der eine Teil von ConTiKi war inzwischen unter die Windowoberfläche gezogen und humpelte schon auf dem PC. Es gab zwar noch einiges zu verbessern, aber jeder in Uwes Team wusste jetzt, wo er ansetzen musste und was er zu tun hatte.

Carsten hatte sich inzwischen gut in Unix eingearbeitet. Er compilierte paketweise die neuen Teile von ConTiKi, testete sie über die mitgelieferten Testfälle und machte vor allem immer wieder Performance-Messungen. Gerade die Reaktionszeiten bei den Auswertungen waren mit der neuen Oberfläche unter Unix doch verdächtig lange. Die Messungen an Einzelteilen gaben dem GUI-Team wertvolle Hinweise, wo sie ihre Komponente tunen mussten.

Seine Erfahrungen arbeitete Carsten jeweils sofort in die Programmierrichtlinien ein.

Besonders große Probleme hatten wir anfangs mit unserem Konfigurationsmanagement. Die Erstellung der Makefiles erwies sich als besonders problematisch, es dauerte unglaublich lange, bis alle Abhängigkeiten in ConTiki erfasst waren. Kaum dachten wir, es wäre geschafft, tauchten neue Files auf, die noch nicht erfasst waren. Hierbei zeigte sich die Unerfahrenheit meiner Kollegen besonders deutlich. Als nach der vierten O.k.-Meldung noch immer nicht alle Files automatisch compiliert wurden, verlor ich die Geduld. Natürlich war es langweilig, immer wieder Listings mit Filenamen durchzuforsten, dann in die Files hineinzusehen, welche Include-Files denn angezogen werden, und diese dann systematisch in den Makefile zu übertragen. Kurt und Horst, die diese Aufgabe unfreiwillig übernommen hatten, machten sich lieber Gedanken darüber, wie sie die Abhängigkeiten automatisch erfassen konnten. Doch einen Automatismus erstellen, hätte länger gedauert, als die Arbeiten einfach von Hand zu erledigen. Wenn sie denn konzentriert und sorgfältig vorgehen würden. Mir platzte der Kragen und ich machte meinem Zorn lautstark Luft. Kurt und Horst waren ganz verblüfft darüber, dass ich so zornig sein konnte. Doch da ich ihnen gleichzeitig anbot, einen Tag lang mit ihnen zusammen die Listings durchzugehen, nahmen sie es mir nicht übel. Im Gegenteil, mein Zornesausbruch hatte die Luft gereinigt. Und nach dem Tag gemeinsamer Arbeit stimmten sie mir zu, dass Knochenarbeit manchmal schneller zum Ziel führen kann. Jedenfalls standen die Makefiles drei Tage später.

Die Performance unseres Konfigurationsmanagementtools ließ auch zu wünschen übrig, war aber noch akzeptabel. Wir beließen es bei unserer derzeitigen Lösung. Unsere Erfahrungen würden der DBMS-Entwicklung helfen, um die Performance des DBMS zu verbessern.

Ein kleines Problem gab es noch. Uwe beschwerte sich bei mir, dass er jeden Morgen, wenn sein Team seine Files auschecken wollte, das gesamte ConTiKi erst mal compiliert wurde. Das dauerte zwei Stunden, in denen sein gesamtes Team nicht arbeiten konnte. Ich ging der Sache auf den Grund. Hermann-Josef erstellte jeden Abend ein Listing von ConTiKi, um sich zu Hause in den Code einzuarbeiten, und checkte dabei die benötigten Files aus und wieder ein. Ein von allen Files benutztes Include-File war dabei. Ich erklärte Hermann-Josef, dass er seine Listings direkt aus dem Referenzdirectory ziehen könne, ohne aus- oder einzuchecken. Hermann-Josef war ganz verlegen, dass er in seinem Arbeitseifer das halbe Projektteam blockiert hatte, doch wir anderen waren eigentlich mehr gerührt, dass er sich so tief in ConTiKi einarbeiten wollte. Wir boten ihm an, ihn mehr in unsere Entwicklungsarbeit mit einzubeziehen.

Ein Änderungsmanagement hatten wir auch definiert. Im Vertrieb entwickelten sie eine Datenbank, in der alle Kundendaten und zusätzlich deren Fehlermeldungen und Änderungswünsche erfasst werden sollten. Hans-Ulrich, Kurt und ich gingen einmal im Monat die Liste durch und entschieden gemeinsam, was davon in unser Release übernommen werden konnte, bzw. was in der alten ConTiKi-Version geändert werden musste. Änderungswünsche wurden vom Vertrieb als „neue Features" formuliert, Fehler als „Defects". Features und Defects wurden in unser Konfigurationsmanagementtool übernommen. Beim Einchecken wurde dann darauf Bezug genommen. Fachkonzept und Features zusammen bildeten damit die Basis für unseren späteren Abnahmetest. Und Hermann-Josef berücksichtigte zusätzlich die behobenen Defects in seinen Testfällen.

Sollte es notwendig sein, dass ein Fehler in der alten ConTiKi-Version sofort behoben werden musste, sprachen Hans-Ulrich, Kurt und ich dies umgehend durch und schätzten gemeinsam den benötigten Aufwand. Ich stellte Kurt dann natürlich für die Fehlerbehebung ab, hatte so jedoch den Überblick, wie viel oder besser gesagt wenig Zeit ihm für das aktuelle Release noch verblieb. Keinesfalls lief es mehr so, dass der Vertrieb einfach zu Kurt oder Lukas gehen und sie anweisen konnte, sofort eine Fehlerbehebung durchzuführen. Das hatte mich einiges an Überzeugungskraft gekostet, dies beim Vertrieb so durchzusetzen, doch Kurt und Lukas waren mir dankbar. Die häufigen Unterbrechungen ihrer aktuellen Arbeit durch den Vertrieb hatten sie schon ziemlich genervt.

Da die erste Projekthälfte so gut gelaufen war, hatte ich den Mut, das Reporting-Tool doch noch aufzunehmen. Uwe war sicher, dass er für das GUI-Subsystem in der zweiten Jahreshälfte weniger Aufwand als gedacht benötigen würde. Es sah im Zwischenrelease schon ganz gut aus. Ludger würde zusammen mit Martin und Britta ab Juli am Reporting-Tool arbeiten. So könnten wir diese Anforderung des Vertriebs auch noch erfüllen.

Dies bedeutete natürlich wieder einmal Neuplanung, aber das kannte ich ja schon hinreichend.

Sich im Arbeitsumfeld auskennen

- Entwickler müssen ihr technisches Umfeld kennen, damit sie das Potential des Umfeldes optimal nutzen können.
- Anforderungen wie Performance, Stabilität, Sicherheit sind die eigentlichen technischen Herausforderungen.
- Der Entwickler muss bestimmen, was er mit dem Tool macht, nicht umgekehrt.
- Moderne Tools können fehlende Erfahrung nicht ersetzen.

14 Die Tragfähigkeit überprüfen

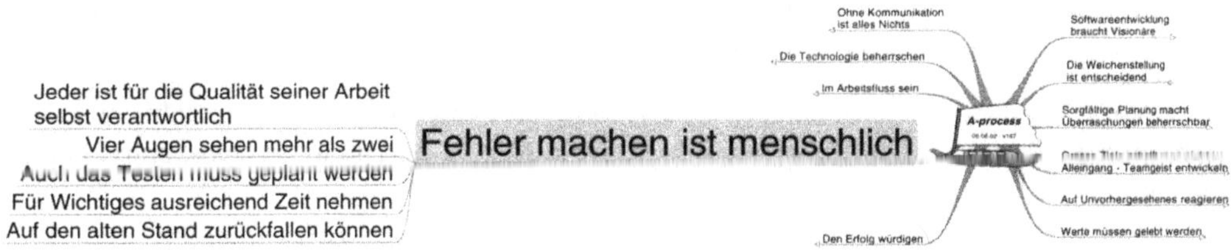

Inzwischen war August, die zweite Phase unseres Projektes war voll im Gange. Alle hatten ihren Urlaub hinter sich, nur Karl war noch im Urlaub. Er hatte seinen Urlaub so gelegt, dass das Zwischenrelease draußen war und ich aus meinem Urlaub zurück war.

Kurt und Uwe hatten mir gerade stolz gesagt, dass sie die Umstellung von ConTiKi auf Multiwindowing fertig hätten. Ich war etwas skeptisch, ob dieser doch recht umfangreiche Eingriff in ConTiKi wirklich völlig reibungslos verlaufen sei.

Deshalb integrierte ich die neuen Files sofort in das Zwischenrelease von ConTiKi und testete die Version mal kurz durch. Da ich ConTiKi sehr gut kannte und außerdem viel Testerfahrung hatte, wusste ich genau, wo mögliche Fehlerquellen liegen könnten und wie meine Testergebnisse aussehen müssten. Jetzt konnten sich auch die bisher schon definierten fachlichen Testfälle bewähren. Und wie erwartet, hakte es überall. Nahezu jede dritte Funktion, die ich anfasste, führte zum Absturz. Kurt und Uwe machten sich sofort auf die Suche und fanden auch schnell den Übeltäter, ein vergessenes Anlegen von virtuellem Memory. Nach der Fehlerbehebung band ich ConTiKi noch einmal und testete wieder durch. Diesmal ging es schon erheblich besser. Bei meinem Schnelltest fand ich nur noch wenige kleinere Fehler. Das stimmte mich optimistisch. Es war also wirklich kein so großes Risiko, diese Window-Anpassung.

Ich stellte Uwe und Kurt die integrierte Version zusammen mit den fachlichen Testfällen als Testumgebung zur Verfügung, damit sie ihre Anpassungen mit der aktuellen Version von ConTiKi testen konnten. Auch nach einem gründlichen Test der beiden mit den aktuellen Testfällen fanden sie kaum mehr Fehler als ich bei meinem Schnelltest. Die gefundenen Fehler hatten sie schnell behoben.

Es erwies sich als gut, dass ich das Multiwindowing sofort zusammen mit dem aktuellen Release getestet hatte. So ließen sich die vorhandenen Fehler sehr schnell auffinden und beheben.

Da das Multiwindowing viele Teile von ConTiKi betraf, beschloss ich, die getestete Version in das aktuelle Release einzubinden und fortan alle auf diesem Entwicklungsstand testen zu lassen. Sobald jemand die Fertigstellung einer wesentlichen neuen Komponente meldete, integrierte ich sie in die aktuelle Version und überprüfte sie kurz. Wenn sie mir einigermaßen stabil erschien, übergab ich sie anschließend den Entwicklern für einen gründlichen Integrationstest. Danach stellte ich die neue Version allen anderen für ihre Integrationstests zur Verfügung.

Diese Vorgehensweise gab uns allen ein sicheres Gefühl. Wir mussten nicht auf den Tag X warten, an dem wir sehen würden, ob unsere Software tatsächlich laufen würde, und uns auch nicht in einem großen Paket Fehler für Fehler durchhangeln. Ich wusste zudem durch diese Vorgehensweise genau, wie stabil unsere Software war und wo noch die Hänger waren.

Diese Vorgehensweise hatte zusätzlich den Vorteil, dass wir eine bereits sehr stabile Version nach Unix portieren würden und uns dort vorrangig auf die durch Unix verursachten Fehler konzentrieren könnten.

Ich stellte die mutige Behauptung auf, dass, wenn wir ConTiKi zum ersten Mal vollständig unter Unix gebunden hätten, ConTiKi auch unter Unix laufen würde. Meine Kollegen waren noch etwas ungläubig, aber ich wusste, mein Bauch trügte mich nicht.

Jeder ist für die Qualität seiner Arbeit selbst verantwortlich

- Frühzeitige Integrationstests geben einen guten Überblick über den aktuellen Stand der Entwicklung.
- Frühzeitige Integrationstests ermöglichen, dass die Entwicklertests immer auf dem aktuellen Entwicklungsstand durchgeführt werden können.
- Frühzeitige Integrationstests verhindern unliebsame Überraschungen am Tag X.

15 ConTiKi nimmt Fahrt auf

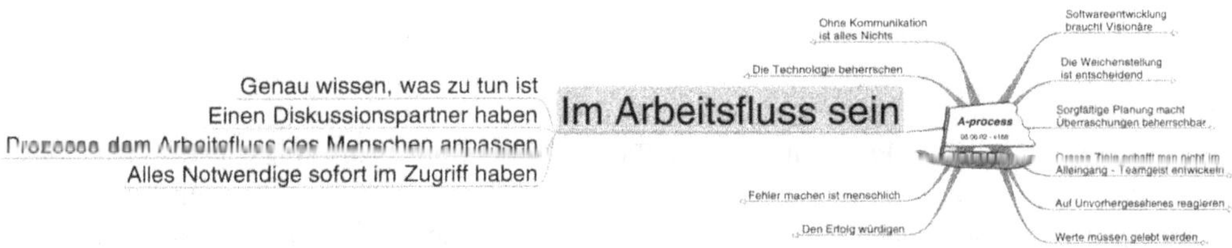

Mittlerweile war September. Der Messetermin rückte bedrohlich nahe. Die Entwicklung von ConTiKi auf dem PC lief auf Hochtouren.

Irgendwie hatte sich die Stimmung verändert. Ich konnte sie nicht richtig beschreiben. Meine Kollegen wuselten ständig durch den Gang. Sie grüßten jeden freundlich, aber ich hatte den Eindruck, sie nahmen niemanden so richtig wahr.

Keiner war mehr in seinem Büro anzutreffen, jeder saß mit einem Kollegen an irgendeinem Rechner. Meinen PC hatte ich auch an das Team abgegeben, ich konnte meine Schreibarbeiten auch am PC unserer Sekretärin erledigen und brauchte ihn deshalb nur für die Integrationstests.

Zum konzentrierten Arbeiten kam ich ohnehin nicht mehr. Ich hatte die Parole ausgegeben, dass jeder, der ein Problem nicht innerhalb von zehn Minuten lösen konnte, es mir auf den Schreibtisch legen sollte. Arbeit war genug vorhanden. So konnten meine Kollegen weiter arbeiten, ohne in Problemen stecken zu bleiben. Und ich hatte die Möglichkeit, Probleme nach Ursachen zu bündeln und gezielt an der Lösung arbeiten zu lassen oder mich um die Lösung selbst zu kümmern, falls z.B. das Luna-System die Ursache sein könnte.

Dafür schienen meine Kollegen umso konzentrierter zu arbeiten. Die Arbeiten waren ‚im Fluss'. Alles lief reibungslos. Die Entwicklungsumgebung sorgte für eine übersichtliche Ablage. Alle notwendigen Informationen waren sofort greifbar, notfalls über mich. Ich hatte die Übersicht über die aktuelle Entwicklungsumgebung. Die Programmierrichtlinien waren kurz und knapp gehalten, inzwischen hatte sie jeder im Kopf. Der Entwicklungsprozess stand ebenfalls. Die Vorlagen für die Dokumente waren alle fertig. Jeder konnte sich voll auf seine Aufgabe konzentrieren und musste nicht unnötig innehalten.

Inzwischen ging kaum einer mehr vor acht Uhr abends nach Hause. Und morgens waren einige schon vor sieben Uhr wieder da. Ich arbeitete inzwischen auch an den Wochenenden, da ich sonst keine Zeit mehr für die Integrationstests hatte. Als ich dies zum ersten Mal auf unserem Projektmeeting erwähnte, erklärten sich meine Kollegen spontan bereit, ebenfalls an den Wochenenden zu arbeiten.

Meine Tochter kam etwas zu kurz. Einmal hatte ich doch tatsächlich vergessen, sie vom Reitstall abzuholen. Das durfte auf keinen Fall noch einmal passieren, dass ich mein Kind über die Arbeit vergaß! Doch sie verstand, dass ich in der augenblicklichen Projektphase so angespannt arbeitete.

Hendrik und Fred arbeiteten auch fieberhaft, denn nach der Messe sollten wir für die Entwicklung auf Unix umsteigen. Die bestellten Unix-Rechner waren inzwischen eingetroffen. Beide arbeiten mit Hochdruck an der Installation und der Vernetzung der Rechner. Jetzt zeigte sich, wie wichtig Fred für uns im Projekt war. Ohne seine hervorragenden Unix-Kenntnisse hätte Hendrik die Vernetzung nie hinbekommen. Unix war eben ein offenes System und bot entsprechend viele Möglichkeiten. Wie sollte da ein Anfänger aus den vielen Kombinationsmöglichkeiten die für uns Richtige herausfinden?

Carsten hatte für uns die wichtigsten Befehle für den vi und zum Compilieren und Binden auf einem Blatt zusammengefasst, damit sich jeder schnell in der neuen Umgebung zurechtfand.

Außerdem bekam Carsten weiterhin ConTiKi portionsweise, damit er seine Systemfunktionen unter Unix testen und uns weiterhin Feedback über die Portierbarkeit von ConTiKi geben konnte. Doch hier gab es kaum noch Probleme.

Die Pärchenbildung hatte sich bewährt. Da zunächst niemand im Team ausreichend Knowhow für seine Aufgabe hatte, ergänzte sich das Wissen der Partner. Zusätzlich war es gut, dass jeder einen Diskussionspartner hatte, mit dem er sich austauschen konnte, wenn er mal feststeckte. Und es zeigte jedem, dass auch sein Partner nicht alles konnte. So hatte jeder den Mut, offen zu sagen, dass er etwas nicht wusste. Umgekehrt hatte jeder erfahren, dass das Team bereit war einzuspringen, wenn Not am Mann war.

Unsere nachmittägliche Kaffeepause behielten wir bei, sie dauerte aber nur noch zehn Minuten. Dann waren alle wieder hinter irgendeinem Rechner verschwunden. Ich musste gar keine Anweisungen mehr geben, irgendwie lief alles wie von selbst. Jetzt waren auch meine Kollegen fest davon überzeugt, dass unser Ziel erreichbar sei.

Abteilungsmeetings gab es keine mehr, da Carlos der Einzige war, der nicht an unserem Release arbeitete. Er nahm dafür an unseren Projektmeetings teil. Carlos bekam unsere großartige Stimmung mit und fühlte sich ausgeschlossen. Eines Morgens kam Karl zu mir ins Büro, und fragte, ob ich Carlos auch noch im Projekt unterbringen könne. Er würde so gern an unserer tollen Stimmung teilhaben. In dieser Phase einen neuen Mitarbeiter einarbeiten, war nicht drin. Doch ich hatte die Idee, Carlos könnte unsere PC-Version gründlich testen, genau genommen unsere Testfälle und unser Testverfahren. Dies würde uns sicherer machen, wenn wir nach Unix umsteigen wollten. Und wir könnten unseren Abnahmetest noch besser gestalten. Carlos war einverstanden, er bekam so die Gelegenheit, das neue ConTiKi kennenzulernen, und machte sich mit Feuereifer an die Arbeit.

Trotz der hochkonzentrierten Arbeit wurde die Zeit knapp. Mir schien, meine Kollegen hatten jetzt nicht nur das Ziel, alle Aufgaben planmäßig zu erfüllen. Sie wollten jetzt bereits zum Messetermin fertig werden. Das war natürlich nicht drin, aber ich wollte sie auch nicht bremsen. Besser, wir waren früher fertig als geplant.

Dies bedeutete zwar wieder mal eine Neuplanung, doch die nahm ich gerne in Kauf. So konnten wir zur Messe vielleicht sogar das Multiwindowing und einen Prototypen des Reportingtools vorzeigen. Außerdem hatte ich die Idee, dass wir zu Projektende zusätzlich ein neues PC-Release herausgeben könnten, denn ConTiKi würde am Projektende ja auch am PC vollständig getestet sein. Wir bräuchten nur noch den Systemtest durchzuführen und die Installationsprozeduren zu schreiben. Die Installationsanleitungen dazu wären schnell geschrieben. Das wollte ich Karl jedoch erst nach der Messe vorschlagen.

Im Arbeitsfluss sein

- Ein Diskussionspartner hilft, schneller eine gute Lösung zu finden.
- Es sollten immer mindestens zwei Personen an der gleichen Aufgabe arbeiten. Wenn die Aufgabe von einer Person allein bearbeitet werden könnte, sollte die Aufgabe so verteilt werden, dass einer zu 70% und ein anderer zu 30% an der Aufgabe arbeitet.
- Genau wissen, was zu tun ist.
- Auf alles Notwendige sofort zugreifen können.
- Prozesse dem Arbeitsfluss des Menschen anpassen.

16 Land in Sicht!

Heute war Sonntag, das Wochenende vor der Systems. Carsten wollte heute das System zum ersten Mal vollständig unter Unix zusammenbinden. Und seltsam, es waren alle anwesend, sogar unsere beiden Studenten. Karl war auch gekommen, obwohl eigentlich nur Carsten und ich zu tun hatten. Carsten saß vor seinem Rechner, wir anderen quetschten uns in seinem Büro um ihn herum und schauten gebannt auf seinen Bildschirm. Es knisterte vor Spannung im Raum. Schließlich hatte ich immer behauptet, wenn wir ConTiKi zum ersten Mal unter Unix gebunden hätten, würde es auch laufen. Zwar noch mit Fehlern, aber es würde laufen. Und jetzt warteten alle gespannt.

Carsten war unglaublich nervös. Er war kaum in der Lage, eine richtige Taste zu drücken. So ging das nicht. Britta ergriff die Initiative. „Es ist besser, ihr lasst uns allein. So kann ja kein Mensch arbeiten." Sie nahm sich einen Stuhl und setzte sich neben ihn. Und mit gedämpfter Stimme sagte sie zu Carsten: „Jetzt mal ganz ruhig. Was musst du denn eingeben? Komm, wir machen das zusammen." Wir anderen verließen leise das Büro. Karl hatte Kuchen mitgebracht. Wir gingen in die Kaffeeküche und warteten. Keiner sprach ein Wort, und niemand konnte etwas essen. Wir standen einfach da und schwiegen. Aber es war ein verbindendes Schweigen, fast andächtig. Jeder wusste, dass die anderen das Gleiche dachten wie er selbst. Würde Carsten es schaffen? Und würde ConTiKi dann tatsächlich unter Unix laufen?

Es verging mindestens eine Stunde, so lange kam es uns allen zumindest vor. Dann kam Britta zu uns. „Ihr könnt kommen. ConTiKi ist fehlerfrei gebunden", rief sie uns erleichtert zu.

Wir gingen voller Spannung zurück in Carstens Büro. „Dann starte mal", forderte ich Carsten auf. „Ich, nein, auf keinen Fall", wehrte Carsten erschrocken ab. Er war schweißgebadet. „Starte du ConTiKi. Schließlich bist du die Projektleiterin." Ich war zwar genauso aufgeregt wie meine Kollegen, aber mutig setzte ich mich auf Carstens Stuhl und tippte ganz langsam ‚C‘, ‚O‘, ‚N‘, ‚T‘, ‚I‘, ‚K‘, ‚I‘ , eine kurze Pause und dann <enter>.

Eine endlos lange Schrecksekunde, der Bildschirm blieb schwarz. Doch dann erschien das Eröffnungsbild von ConTiKi. Ich wurde mutiger und klickte mit der Maus auf <START>, wieder warten, doch dann öffnete sich das Hauptfenster von ConTiKi. Jetzt wusste ich, dass ich Recht hatte, und führte nach und nach alle Funktionen vor, von denen ich sicher war, dass sie liefen. Sogar mit Multiwindowing. Meine Kollegen standen noch immer unter riesiger Anspannung hinter mir. Doch je mehr ich ihnen von ConTiKi vorführte, desto mehr fiel die Anspannung von ihnen ab und verwandelte sich in Euphorie. Sie klatschten begeistert Beifall.

Doch war mir klar, dass ConTiKi noch nicht stabil war. Und damit die Euphorie nicht zu groß wurde, rief ich jetzt eine Funktion auf, bei der ich sicher war, dass ConTiKi abstürzen würde. „Hör auf“, schrie Jürgen ganz erschrocken. „Du machst ConTiKi noch kaputt.“ Jetzt lachten alle wie befreit. Jürgen sah erst verduzt drein, doch dann konnte auch er lachen. „Toll, Jungs, und vor allem Mädels!“ Karl war sichtlich bewegt. „Ich schlage vor, wir sichern diese Version jetzt und feiern. Ich denke, als Messeversion wird dies reichen. Und jedenfalls ist jetzt bewiesen, dass wir es schaffen.“

Carsten holte sofort ein Sicherungsband und begann mit der Sicherung. „Wir haben noch vier Tage bis zur Auslieferung der Messeversion. Bis dahin können wir noch einige Fehler ausbauen“, sagte ich zu Karl gewendet. „Wir werden eine selten gute Messeversion haben.“ „Wir müssen es nicht gleich übertreiben“, dämpfte Karl. „Ich schlage vor, wir essen jetzt doch noch den Kuchen. Eine Kiste Sekt habe ich im Auto. Ich hab’ mich nicht getraut, sie sofort mitzubringen. Wer hilft mir tragen?“ Horst und Karl holten den Sekt. Carsten hatte inzwischen die Datensicherung fertig. Er übergab mir das Band wie eine Trophäe, damit ich es aufbewahrte. Ich war so gerührt und umarmte alle meine Kollegen. Einige von uns hatten Tränen in den Augen.

Bei Sekt und Kuchen ließen wir dann noch einmal die vergangenen Tage Revue passieren. Es redeten alle ganz aufgeregt durcheinander. „Weißt du noch, als...“ „Und weißt du noch, damals ...“ Ein unvergesslicher Tag, dieser Sonntag.

Große Ziele erreicht man nicht im Alleingang - Teamgeist entwickeln

- Alle im Team müssen sich mit den Entwicklungszielen identifizieren können.
- Teamgeist bedeutet, dass die Individualität des Einzelnen von der Gruppe anerkannt und respektiert wird.
- Wenn jeder jeden unterstützt, lassen sich Hindernisse leichter aus dem Weg räumen.
- Teamgeist bedeutet, dass Konflikte offen ausgetragen werden, ohne das der Teamgeist darunter leidet.

17 ConTiKi ist nicht mehr zu bremsen

Bis zur Messe wurden tatsächlich noch einige Fehler beseitigt. Ich testete ConTiKi, um dem Vertrieb eine Liste zu geben, was sie nicht vorführen durften. Gut, dass ich immer wieder zwischendurch getestet hatte. So wusste ich ganz genau, was ging und was nicht.

Die Messe wurde ein voller Erfolg. Hans-Ulrich kam nach der Messe zu mir und gratulierte mir. Es war ehrlich gemeint. Seine Gratulation war mir besonders wichtig. Jetzt waren auch die letzten Spannungen zwischen uns beseitigt.

Die letzten Wochen im Projekt waren reine Routine: Integrationstests und Fehlerbehebung. Meine Kollegen arbeiteten wie besessen. Sie waren einfach nicht zu bremsen. Ich überlegte schon, sie für zwei Tage in Zwangsurlaub zu schicken, damit sie von ihrem Tripp wieder herunterkommen konnten. Doch sie wollten einfach nicht, sie hatten den Ehrgeiz, auch wirklich noch den allerletzten Fehler in ConTiKi zu finden. Selbst die bei allen unbeliebte Programmdokumentation war kein Thema. Sie dokumentierten, ohne zu murren. Sie wollten einfach das perfekte Produkt!

Britta hatten wir inzwischen auch gut verheiratet. Ehrensache, dass wir alle vor dem Standesamt gewartet hatten, um ihr und ihrem Mann zu gratulieren.

Dann startete der Systemtest. Vier Wochen früher als geplant! Entwickler und Vertrieb testeten gemeinsam. Hermann-Josef und Carlos hatten die Testfälle sorgfältig beschrieben, fast jeden Mausklick einzeln. Und sie hatten die Testprotokolle vorbereitet. Alle trugen die Testergebnisse genau ein. Es wurden kaum noch Fehler gefunden, so gründlich hatten meine Kollegen schon selbst getestet.

Und zur Weihnachtsfeier war die erste auslieferungsfähige Version von ConTiKi fertig. Es waren noch einige bekannte Fehler drin, trotzdem war diese Version bereits stabiler als die frühere ConTiKi-Version. Bis Februar würden wir auch diese Fehler noch behoben haben. Wir würden aber trotzdem schon ab Januar Zeit haben, mit dem nächsten Release zu beginnen. Das gesamte Team außer mir arbeitete bereits ab Januar am neuen Release. Sie standen jedoch für die Fehlerbehebung auf Abruf. Ich musste nur einen von ihnen bitten, einen entdeckten Fehler zu suchen. Sofort machte er sich an die Arbeit. Der Ehrgeiz, das perfekte Tool zu entwickeln, ließ nicht nach. Und der Teamgeist auch nicht.

Werte müssen gelebt werden

- Eine vertauensvolle Zusammenarbeit fördert die Freisetzung von Kreativität und neuen Ideen.
- Das Leben der Werte aus der Zieldefinition schafft Vertrauen untereinander.

18 Ein neuer Horizont ist erreicht!

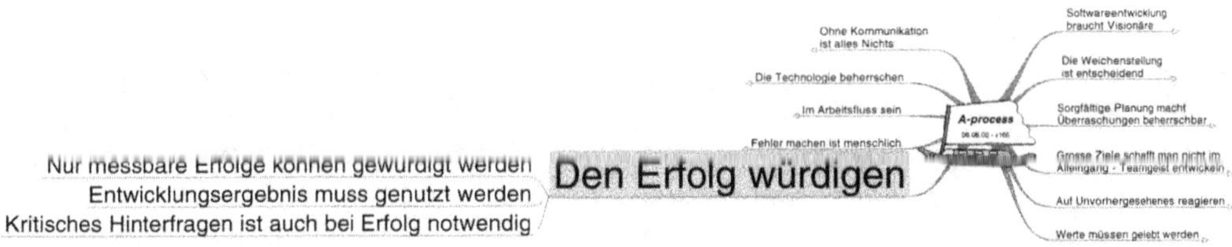

Heute war der 28. Februar, der letzte Tag von ConTiKi Release 1. Um 16.00 Uhr war Projektabschluss-Meeting. Die neueste Version hatte ich gestern zusammen mit den überarbeiteten Handbüchern an die Auslieferung übergeben.

Ich hatte die Aufwände und die Kosten zusammengerechnet. Bei aller Euphorie über den Projekterfolg bewertete ich die Zahlen ganz nüchtern. Wir hatten zwar in der vorgesehenen Zeit mehr geschafft als ursprünglich geplant, dies aber nur auf Grund der vielen Überstunden. Hätte ich bei Projektstart schon Überstunden einplanen sollen? Sicher nicht, schließlich musste eine Reserve für Unvorhergesehenes bleiben. Überstunden sollten nur im Notfall anfallen! Und dass meine Kollegen ein solcher Ehrgeiz packen würde, dass sie freiwillig so viele Überstunden machten, das konnte ich nicht vorhersehen.

Als ich nun die tatsächlich erbrachten Stunden mit den ursprünglich geplanten Aufwänden verglich, dann stimmte meine Schätzung sogar einigermaßen. Der größte Teil der Überstunden ging auf das Konto der zusätzlichen Funktionalität. Einen Teil der Stunden hatten wir in den vergangenen beiden Monaten eingespart. So gesehen waren die vielen Überstunden gar nicht notwendig gewesen. Da aber auch fast alle ihre Überstunden Anfang des Jahres abgefeiert hatten, war das Budget dadurch kaum belastet worden.

Hätte ich meine Kollegen in ihrem Eifer bremsen sollen? Wenn ich das getan hätte, wäre dieses reibungslose Hand-in-Hand-Arbeiten nicht zustande gekommen. Und das Risiko, dass wir es gar nicht schaffen würden, war damals auch noch sehr groß.

Lieber Reserven dann nutzen, wenn noch Zeit zur Korrektur vorhanden war, und nicht erst dann, wenn das Kind schon in den Brunnen gefallen ist.

Das Abschluss-Meeting fand wieder im Konferenzraum der Geschäftsleitung statt. Diesmal war sogar die gesamte Geschäftsleitung anwesend, um unseren riesigen Einsatz zu loben und uns zu danken, dass wir ConTiKi in Fahrt gebracht hatten. Herr Klein nannte uns die Auftragslage, die sich sehen lassen konnte. Bereits mehr als 1000 Lizenzen waren zusätzlich verkauft, außerdem lagen über 3000 Bestellungen vor. Und er hatte noch ein weiteres Bonbon für uns, eine Prämie von 2000,- DM für jeden, also knapp 1000,- . Wir waren baff. Damit hatten wir nicht gerechnet. Verstohlen sahen wir Karl an. Stammte der Vorschlag hierzu von ihm?

Danach hatte eigentlich keiner von uns mehr Sinn für salbungsvolle Reden. Die Prämie war genau das, was uns als Bestätigung noch gefehlt hatte! Ich war mir sicher, bei den zukünftigen Releases würde das Team weiterhin so engagiert arbeiten, auch wenn dann Normalität eintreten sollte und keine Prämie mehr zu erwarten wäre.

Den Erfolg würdigen

- Der Abschluss eines Projektes bildet zusammen mit seinem Beginn den Rahmen.
- Der Abschluss eines erfolgreichen Entwicklungsvorhabens sollte entsprechend seiner Bedeutung gewürdigt werden. Dies motiviert alle Beteiligten für zukünftige Aufgaben.
- Auch bei einem erfolgreich abgeschlossenen Projekt ist ein kritisches Hinterfragen notwendig.

19 Nachwort

Die nächsten Releases von ConTiKi waren fast nur noch Routine. Es gab zwar weiterhin unvorhergesehene Probleme, doch alle konnten gelöst werden. Routine war insofern, dass Planung und Ergebnis in jedem Release ziemlich genau übereinstimmten. Jeder hatte seine Rolle gefunden, auch der Vertrieb als ‚Auftraggeber'. Die von uns definierten Regeln blieben weiterhin gültig. Doch etwas war anders. Das war der Teamgeist. Und dieser blieb auch in den nächsten Jahren erhalten. Es sind daraus viele private Freundschaften entstanden.

Etwas hat mich besonders überrascht. Obwohl wir durch den mehrstufigen Umbau von ConTiKi vieles dreifach entwickelt hatten, waren wir schneller fertig, als wenn wir alles von vorneherein neu entwickelt hätten, was ja mit unserem ursprünglich unerfahrenen Team gar nicht möglich gewesen war. Es war offensichtlich leichter, etwas Bestehendes zu verändern, als etwas Unbekanntes neu zu schaffen.

Wir alle sind mit ConTiKi gemeinsam gewachsen. Die technologischen Anforderungen waren für uns zunächst zu hoch, doch die Vorgehensweise wurde an unsere Fähigkeiten angepasst. Durch den anfänglichen Misserfolg waren wir alle hochmotiviert, es den anderen doch noch zu zeigen. Wir haben einen Weg gefunden, unsere Ziele entsprechend unseren Möglichkeiten zu erreichen. So sind wir letztendlich sogar über uns hinausgewachsen. Inzwischen haben wir alle unsere Grenzen erweitert.

Ein vordefinierter Prozess hätte uns nicht geholfen. Wir hatten uns einen Entwicklungsprozess definiert, der uns in unserer Arbeitsweise unterstützt hat. D.h. unsere Möglichkeiten haben den Prozess definiert, nicht der Prozess unsere Arbeit.

ConTiKi wird heute nicht mehr weiterentwickelt. Die Geschäftspolitik hat sich geändert. Aber es existiert immer noch als Produkt am Markt. Wir haben unsere Erfahrungen aus ConTiKi mitgenommen und in neue Projekte getragen und denken gelegentlich wehmütig an unser tolles Team zurück, das wir in dieser Form woanders nicht mehr gefunden haben.

ConTiKi hat uns allen gezeigt, dass die Menschen allein den Erfolg eines Projektes bestimmen. Wenn die richtigen Kräfte freigesetzt werden und wenn alle Energien auf ein Ziel konzentriert werden, können Horizonte überschritten und technologisches Neuland betreten werden.

Nicht die Technik, die Menschen bestimmen den Erfolg eines Projektes!

Teil 3 – A-process

Ein Leitfaden für alle, die effizient Software entwickeln wollen

Was ist A-process?

Software entwickeln bedeutet, die Visionen des Auftraggebers in Tausende von Nullen und Einsen umzusetzen. Wenn auch nur eine Null oder eine Eins falsch gesetzt ist, können Tanker versinken oder Flugzeuge abstürzen.

Die Hardware wird immer schneller, es kommen immer leistungsfähigere Tools zur Unterstützung der Software-Entwicklung auf den Markt. Umfangreiche Prozessdefinitionen und neue Methoden sollen sicherstellen, dass die Visionen des Auftraggebers korrekt in Software umgesetzt werden.

Trotzdem gelingt es noch immer nicht, fehlerfreie Software zu entwickeln. Im Gegenteil, nach wie vor scheitern viele Software-Entwicklungsvorhaben, noch bevor die geplante Software fertiggestellt ist. Oder die Vorhaben werden zwar umgesetzt, jedoch wesentlich später und mit weitaus höheren Kosten als geplant. Oder es wurde am eigentlichen Bedarf des Auftraggebers vorbei entwickelt.

Es sind die Menschen, die den Erfolg der Software-Entwicklung bestimmen!

Nicht die Technologie, nicht die Methoden und nicht die Prozesse, sondern der Mensch ist der wichtigste Erfolgsfaktor in der Software-Entwicklung.

Doch Menschen machen Fehler. Die menschliche Leistungsfähigkeit ist beschränkt. Und Menschen haben persönliche Ziele und Wünsche.

Die eingesetzte Technologie kann noch so perfekt sein, sie ist trotzdem nie effizienter als der Mensch, der sie nutzt. Deshalb sind für eine effiziente Software-Entwicklung Rahmenbedingungen notwendig, die Mensch, Technologie und organisatorische Abläufe optimal zusammen wirken lassen.

A-process stellt den Menschen in den Mittelpunkt der Software-Entwicklung. Er betrachtet die Software-Entwicklung aus der Sicht des Entwicklerteams – nicht aus der Sicht des Managements und auch nicht aus der Sicht des externen Beraters. A-process stellt die für Software-Entwicklungsvorhaben notwendigen technologischen und organisatorischen Anforderungen in einen direkten Zusammenhang mit den menschlichen Fähigkeiten, Bedürfnisse und Verhaltensweisen dar.

A-process beschränkt sich auf die Definition der Aktivitäten, die aus dieser Sichtweise für den Erfolg eines Projektes ausschlaggebend sind. Zu jeder dieser Aktivitäten sind grundlegende Regeln definiert, die immer gelten, unabhängig davon, welcher Prozess, welche Technologie, welche Methoden und welche Organisationsform für die Software-Entwicklung gewählt werden. Die Regeln selbst sind nicht neu, die meisten sind schon einmal irgendwie aufgeschrieben worden. Spätestens, wenn man als Entwickler einen Verstoß gegen diese Regeln selbst erlebt hat, wird einem die Bedeutung dieser Regeln klar. Neu an A-process ist, dass diese Regeln unter technologischen, organisatorischen und soziologischen Gesichtspunkten zusammengefasst sind und damit den gesamten Entwicklungsprozess abdecken.

In A-process sind genau die Rahmenbedingungen definiert, die Software-Entwicklung effizient machen.

Mehr Reglementierung braucht kein Mensch!

20 Softwareentwicklung braucht Visionäre

Visionen bilden die Motivationsgrundlage für ein Software-Entwicklungsvorhaben. Der Auftraggeber hat eine Idee und er wünscht, dass diese mit Hilfe der Software Wirklichkeit wird. Damit Software-Entwickler die Vision des Auftraggebers umsetzen können, muss sie von ihnen angenommen und verstanden werden.

Wer

- externer Auftraggeber
- interner Auftraggeber

Was

- Vision
- in die Realität umsetzbare Ziele

Wie

- Visionen sind der Ursprung jeden Fortschritts.
- Nur machbare Visionen werden Wirklichkeit.
- Visionen müssen auf ihre Machbarkeit in der Realität überprüft werden.
- Die Machbarkeit muss kritisch hinterfragt werden.
- Der Prozess ‚Vision entwickeln, auf Machbarkeit prüfen, kritisch hinterfragen' sollte solange wiederholt werden, bis kein kritischer Einwand mehr zu hören ist.
- Visionen müssen in konkrete Ziele transformiert werden.
- Die konkreten Ziele müssen den Nutzen, den der Auftraggeber mit ihnen verbindet, erkennen lassen.
- Eine ‚Leitfigur', die die Vision trägt, personalisiert die Vision.
- Visionen lassen sich losgelöst vom Tagesgeschäft leichter entwickeln.

21 Die Weichenstellung ist entscheidend

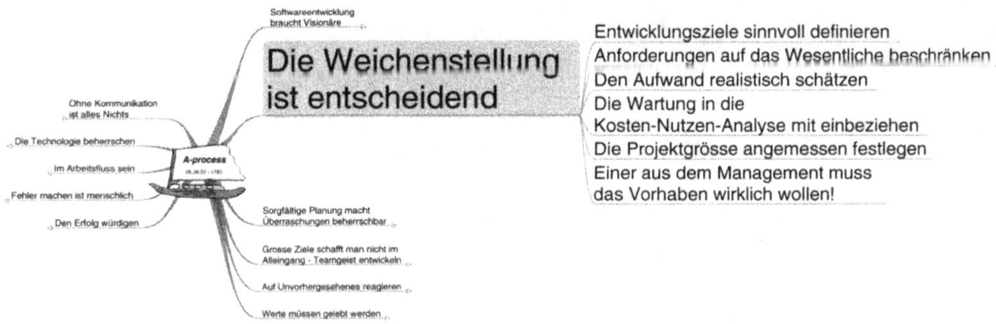

Die Weichen für das Scheitern oder den Erfolg eines Software-Entwicklungsvorhabens werden schon vor Entwicklungsbeginn gestellt.

Software-Entwicklungsvorhaben werden organisatorisch meist in Projektform durchgeführt. Projekte haben einen definierten Start- und Endetermin. Unlogischerweise werden diese Termine immer schon festgelegt, bevor der genaue Aufwand bekannt ist. Oft sogar, bevor die Aufgabenstellung klar ist!

Der Auftraggeber eines Projektes weiß sehr genau, bis zu welchem Termin er das Projektergebnis braucht und wie viel Geld er dafür ausgeben will. Er weiß jedoch nicht, wie viel Aufwand für die Realisierung seiner Wünsche notwendig ist. Und oft ist er nicht einmal in der Lage, genau zu beschreiben, was er möchte. Beim Autokauf verlangt auch niemand vom Käufer, dass er genau angibt, wie viele Schrauben er in welcher Größe haben möchte. Genau hier liegt das Problem. Um den genauen Aufwand für die Software-Entwicklung abschätzen zu können, muss die Anzahl der Schrauben bekannt sein!

Wer

- externer Auftraggeber
- interner Auftraggeber
- Vertrieb

Was

- Entwicklungsziele
- Kosten-Nutzen-Analyse
- Auftrag
- Anforderungen (Lastenheft, Fachkonzept)

Wie

- Entwicklungsziele sinnvoll definieren.
- Anforderungen auf das Wesentliche beschränken.
- Den Aufwand realistisch schätzen.
- Die Wartung in die Kosten-Nutzen-Analyse mit einbeziehen.
- Die Projektgröße angemessen festlegen.
- Einer aus dem Management muss das Vorhaben wirklich wollen!

21.1 Entwicklungsziele sinnvoll definieren

Jeder kennt sie, jeder hat sie im Kopf, die Entwicklungsziele. Doch aufgeschrieben findet man sie selten. Und wenn man nachhakt, was genau denn die Entwicklungsziele sind, dann sind eigentlich nur der Fertigstellungstermin und das Budget wirklich festgelegt, die fachlichen und technologischen Ziele sind eher diffus. Jeder hat eine etwas andere Vorstellung. Doch wie kann zielgerichtet gearbeitet werden, wenn die Ziele nicht klar definiert sind? Und so definiert sind, dass das Erreichen der Ziele auch überprüft werden kann? Oder wenn der Nutzen für den Auftraggeber nicht erkennbar ist?

Aus den Zielen, die durch die zugrunde liegende Vision abgeleitet wurden, müssen die für das konkrete Entwicklungsvorhaben geltenden Ziele formuliert werden. Sie sind Bestandteil des Entwicklungsauftrags!

Wie (Die Weichenstellung ist entscheidend)

- Ziele müssen klar definiert sein, damit zielgerichtet gearbeitet werden kann.
- Unklare oder widersprüchliche Ziele verwirren, zu viele Ziele auch. Sie hemmen den Arbeitsfluss und demotivieren.
- Vage definierte Ziele verhindern eindeutig formulierte Anforderungen.
- Entwicklungsziele müssen messbar sein, damit der Entwicklungserfolg festgestellt werden kann.
- Entwicklungsziele müssen erreichbar sein.
- Die Entwicklungsziele müssen in konkrete Aufgaben zerlegt werden, damit sie erreicht werden können.
- Wenn Entwicklungsziele über Werte wie Vertrauen, Ehrlichkeit, Offenheit, Anerkennung definiert werden, werden sie für den Einzelnen erlebbar.
- Wenn für die Ziele Metaphern verwendet werden, kann jeder sie sich leichter merken.
- Wichtiger als die technischen Ziele sind die persönlichen Ziele. Diese spornen ein Entwicklungsteam zu Außergewöhnlichem an.

21.2 Anforderungen auf das Wesentliche beschränken

Oft wird die Aufgabenstellung als Fachkonzept – auch Lastenheft genannt – vom Auftraggeber bereits vor der Beauftragung der Software-Entwicklung komplett erstellt. Doch dies führt bei größeren Entwicklungsvorhaben dazu, dass die Anforderungen bereits überholt sind, bevor sie umgesetzt sind. Außerdem brauchen die Entwickler fast noch einmal genauso viel Zeit, wie für die Erstellung des Fachkonzeptes notwendig war, die Anforderungen zu verstehen.

Dabei würde es genügen, nur die für den Auftraggeber wesentlichen Anforderungen festzulegen und diese am Nutzen für den Auftraggeber auszurichten. So ist zum einen für den Auftraggeber sichergestellt, dass er die definierten Anforderungen auch tatsächlich braucht. Und für die Entwickler ist es zum anderen während der Realisierung einfacher nachzuvollziehen, was mit der jeweiligen Anforderung gemeint ist.

Auf dieser Basis können durchaus schon sinnvolle Aufwandsschätzungen erfolgen. Die genaue Ausgestaltung der einzelnen Anforderungen wird dann quasi parallel zur Entwicklung in enger Absprache mit dem Auftraggeber festgelegt.

Wie (Die Weichenstellung ist entscheidend)

- Sich bei der Aufgabendefinition auf die wesentlichen Anforderungen beschränken.
- Oft genügt es, 80% des Vorhabens zu automatisieren. Die restlichen 20% erschweren schnell die Realisierung so sehr, dass sie 80% zusätzlichen Aufwand benötigen.
- Die Anforderungen präzise, nachvollziehbar und messbar formulieren.
- Die Anforderungen über den Nutzen für den Auftraggeber definieren.
- Beispiele machen die Anforderungen anschaulicher und helfen, den Nutzen der Anforderung zu überdenken.
- Insbesondere die technischen Anforderungen wie Performance, Stabilität, Zuverlässigkeit usw. müssen präzise und mit der Angabe, wie sie gemessen werden, formuliert werden.
- Die Anforderungen im Detail erst während des Projektverlaufes definieren.

21.3 Den Aufwand realistisch schätzen

Viele Projekte scheitern deshalb, weil in der Definitionsphase der Aufwand unterschätzt wird und Termine und Budget nicht dem Aufwand angemessen sind. Wenn jedoch die Anforderungen zumindest grob definiert sind, ist es durchaus möglich, den Aufwand auch in dieser frühen Phase schon einigermaßen realistisch abzuschätzen. Verfahren, wie z.B. Function Point messen die Funktionalität des zu erstellenden Produktes und ermitteln den Aufwand über den Vergleich mit anderen Produkten. Andere Verfahren ermitteln den Aufwand z.B. anhand von Analogieschlüssen aus dem Aufwand für die Anforderungsdefinition. Die Schätzung durch mindestens einen erfahrenen Entwickler ist unbedingt notwendig. Wichtig bei der Aufwandsschätzung ist, dass immer mehrere Schätzungen mit unterschiedlichen Methoden durchgeführt werden. Denn jede Schätzmethode liefert in einer so frühen Phase andere Ergebnisse. Durch Untersuchung der Ursachen für die unterschiedlichen Ergebnisse der einzelnen Schätzungen lassen sich nicht berücksichtigte Funktionen und/oder Aktivitäten finden und so die Schätzungen verbessern.

Wie (Die Weichenstellung ist entscheidend)

- Der Aufwand kann schon vor Projektbeginn durch Vergleich mit ähnlichen Projekten oder durch erfahrene Entwickler geschätzt werden.
- Es sollten immer mehrere Schätzungen mit unterschiedlichen Schätzmethoden durchgeführt werden, um die Schätzung zu verbessern.
- Für eine Schätzung des Aufwandes ist DV-Erfahrung unbedingt notwendig.

21.4 Die Wartung in die Kosten-Nutzen-Analyse einbeziehen

Projekte haben einen definierten Start- und Endpunkt. Die Entwicklung von Software jedoch ist genau genommen niemals fertig. Bereits während der Laufzeit eines Projektes ergeben sich laufend neue Anforderungen, nach Abschluss des Projektes kommen ständig weitere Anforderungen hinzu. Sicher, der Aufwand ist in Relation zum Entwicklungszeitraum bei der Ersterstellung der Software am höchsten. Jedoch der nachfolgende Wartungsaufwand ist in Bezug zur Lebensdauer eines Software-Produktes wesentlich höher. Die Entwicklung in einer Projektorganisation suggeriert jedoch, dass mit Abschluss des Projektes alle Aufwände erledigt sind, und verführt dazu, bei Terminnot Probleme in die Wartungszeit zu verlagern. So wird häufig auf eine gute Dokumentation verzichtet. Oft sogar auf einen sorgfältigen Test. Der Code wird ‚quick and dirty‘ erstellt.

Der Wartungsaufwand sollte deshalb gleich bei der Kosten-Nutzen-Analyse mit berücksichtigt werden und Anforderungen an die Wartung sollten als harte Forderung mit formuliert werden.

Wie (Die Weichenstellung ist entscheidend)

- Anforderungen an die Wartbarkeit der Software formulieren.
- Die Anforderungen so definieren, dass sie bei der Abnahme überprüft werden können.
- Den Aufwand für die Erreichung der Wartbarkeit bereits bei der Festlegung der Termine und des Budgets für die Ersterstellung mit berücksichtigen.

21.5 Die Projektgröße angemessen festlegen

Erst wenn die wesentlichen Anforderungen bekannt und die hierfür benötigten Aufwände realistisch geschätzt sind, können Termine und Budget für ein Software-Entwicklungsvorhaben festgelegt werden. Bei der Festlegung der Termine ist darauf zu achten, dass zu enge Termine nicht durch beliebig mehr Entwicklerkapazität kompensiert werden können.

Wie (Die Weichenstellung ist entscheidend)

- Vor der Durchführung eines Entwicklungsvorhabens müssen erst die Entwicklungsziele und der genaue Auftrag vorliegen. Auf dieser Grundlage können dann die Termine und das Budget festgelegt werden.
- Je mehr Entwickler in einem Entwicklungsteam arbeiten, desto größer ist der Verwaltungsaufwand.
- Je kleiner das Vorhaben, desto größer ist die Chance, dass es gelingt.
- Es ist Erfolg versprechender, ein Entwicklungsvorhaben in mehrere kleine Vorhaben, die parallel oder nacheinander durchgeführt werden, zu unterteilen, als in einem großen Projekt auf einmal durchzuführen.
- Die Größe eines Projektes muss der Aufgabenstellung angepasst sein, nicht der Renommiersucht des Managements.
- Das Management von Großprojekten ist zu weit weg von der Basis. Notwendige Entscheidungen werden erst zu spät gefällt.
- Viele Köche verderben den Brei.

22 Sorgfältige Planung macht Überraschungen beherrschbar

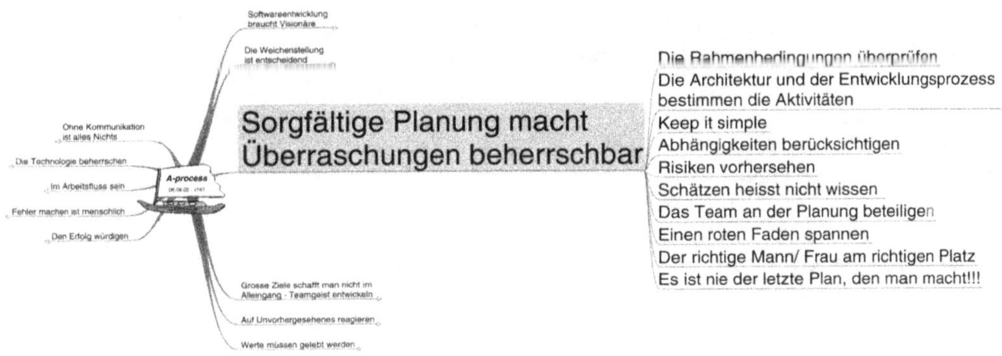

Die Planung ist die wichtigste und gleichzeitig auch die schwierigste Aktivität in der Projektabwicklung. Die Planung wird vor dem eigentlichen Start eines Projektes durchgeführt, also zu einem Zeitpunkt, an dem noch nicht sehr viel von der Aufgabenstellung und den zu erwartenden Ergebnissen bekannt ist. Eine sorgfältige und gründliche Planung bereits im Vorfeld verhindert unangenehme Überraschungen im späteren Projektverlauf.

Wer

- Projektleiter/ Entwicklungsleiter

Was

- Projektplan/Entwicklungsplan
- Risikoplan
- Anforderungen
- Arbeitsaufträge
- Lieferantenaufträge
- schriftlich fixierte Vereinbarungen mit dem Auftraggeber
- grob festgelegter Entwicklungsprozess
- Software-Architektur im Großen

Wie

- Planung ist wie ein Puzzle-Spiel, jedes Teil muss zum anderen passen.
- Bei der Planung Schritt für Schritt vorgehen.
- Zur Planung gehören neben Budget und Meilensteinen die Definition von Rollen, Aufgabenpaketen und Ressourcen. Risiken und Abhängigkeiten müssen in der Planung berücksichtigt werden.
- Über den Funktionsumfang, die gewählte Vorgehensweise, die Reihenfolge der Aktivitäten und die Ressourcenverteilung muss die Einhaltung der vorgegebenen Termine und Kosten gewährleistet werden.
- Angepasst an die externen Meilensteinen muss ein Projektverlauf (Parallelität und Reihenfolge der Aktivitäten) gewählt werden, der für die Erreichung der Meilensteine realistisch ist.
- Es ist unmöglich, einen Plan einzuhalten.
- Pläne dienen lediglich als Messlatte, ob die Richtung und der Zeitplan noch stimmen.
- Die Rahmenbedingungen überprüfen!
- Das Schneiden von Arbeitspaketen erfordert große Entwicklungserfahrung.
- Keep it simple!
- Abhängigkeiten berücksichtigen.
- Risiken vorhersehen.
- Schätzen heißt nicht wissen.
- Einen roten Faden spannen.
- Der richtige Mann/die richtige Frau am richtigen Platz.
- Es ist nie der letzte Plan, den man macht.

22.1 Die Rahmenbedingungen überprüfen

Insbesondere der Fertigstellungstermin und das Budget sind immer bereits vom Auftraggeber vorgegeben. Und immer auch schon die Systemplattform. Dafür sind dann die Anforderungen ziemlich vage formuliert (siehe auch Kapitel 21). Deshalb müssen diese Rahmenbedingungen vor dem eigentlichen Entwicklungsbeginn durch erfahrene DV-Entwickler sorgfältig überprüft werden.

Der Auftraggeber erwartet, dass seine Rahmenbedingungen eingehalten werden. Doch wenn die Einhaltung seiner Forderungen unmöglich ist, ist es für alle Beteiligten besser, dies schon vor Entwicklungsbeginn zu wissen, um so gemeinsam neue Rahmenbedingungen zu definieren.

Wie (Sorgfältige Planung macht Überraschungen beherrschbar)

- Bei Projektstart müssen Aufwand, Termine und Budget sorgfältig überprüft werden.
- Termine und Budget sind immer fix. Die Freiheitsgrade bei der Planung liegen in der Definition des Umfangs der Funktionalität.
- Externe Meilensteine definieren den groben Planungsrahmen.
- Die fachlichen Anforderungen müssen so weit präzisiert werden, dass eine verlässliche Aufwandsschätzung durchgeführt werden kann.

- Insbesondere die DV-technischen Anforderungen wie Performance, Stabilität, Zuverlässigkeit usw. bilden die eigentlichen Herausforderungen. Ihre Einhaltung muss besonders sorgfältig bereits während der Planung überprüft werden.
- Sind die vorgegebenen Rahmenbedingungen auf keinen Fall einzuhalten, muss der Auftraggeber umgehend darüber informiert werden, um das Scheitern des Vorhabens zu vermeiden.

22.2 Die Architektur und der Entwicklungsprozess bestimmen die Aktivitäten

Software-Entwicklungsprozesse bestimmen die durchzuführenden Aktivitäten, Ergebnisse und Rollen. Es muss deshalb schon während der Planung bekannt sein, nach welchem Prozess vorgegangen wird. Jedoch reicht es nicht, Aktivitäten nur nach einem vordefinierten Prozess zu definieren. Arbeitspakete müssen auch die DV-technischen Anforderungen berücksichtigen. Sonst werden Aufgabenpakete gebildet, die zu viele Schnittstellen und Abhängigkeiten untereinander haben, die oft gar nicht gesehen werden und so zu Mehrfacharbeit und unnötiger Diskussion über Verantwortlichkeiten führen. Eine grobe Architektur der Software hilft, die Arbeitspakete entsprechend zu definieren.

Wie (Sorgfältige Planung macht Überraschungen beherrschbar)

- Der Entwicklungsprozess bestimmt die formalen Aktivitäten und die Ergebnisse.
- Die Software-Architektur bestimmt die DV-technischen Aktivitäten und Ergebnisse.
- Für die Definition von Arbeitspaketen müssen sowohl der gewählte Entwicklungsprozess als auch die Software-Architektur grob bekannt sein.
- Die Summe aller Arbeitsaufträge muss alle notwendigen Aktivitäten innerhalb der Projektabwicklung abdecken. Dies muss explizit überprüft werden.

22.3 Keep it simple

Die Kapazität der menschlichen Aufnahmefähigkeit ist begrenzt. Menschen können pro Tag nur wenig Neues lernen. Leichter lässt sich Neues begreifen, wenn es auf bereits Bekanntem aufsetzt und wenn es gut strukturiert und überschaubar ist. D.h., wenn die Funktionalität erstmal auf das Notwendigste beschränkt wird und später nach und nach erweitert wird, ist die Erweiterung leichter zu verstehen.

Die Dinge einfach machen, bedeutet auch, die Projekte so klein wie möglich zu halten. Sicher ist es ehrenvoller, ein Großprojekt erfolgreich geleitet zu haben, doch erfolgversprechender sind die kleinen bis mittleren Projekte. Nur in kleinen Projektteams ist echter Teamgeist möglich. Und nur kleinere Projekte lassen sich mit ausreichend qualifizierten Mitarbeitern besetzen.

Wie (Sorgfältige Planung macht Überraschungen beherrschbar)

- Die Funktionalität erst einmal auf das Wesentliche beschränken. So kann leichter ein tragfähiges Fundament gefunden werden, um zusätzliche Funktionalität später einzufügen.
- Fortschritt bedeutet Veränderung. Fortschritt ist nicht das Wegwerfen des Alten, sondern das Aufbauen auf und Erweitern von Bewährtem.
- Eine gute Struktur hilft, Neues einzuordnen.
- Zu viele Details auf einmal verwirren. Inkrementelles Entwickeln hilft, den Blick vom Ganzen weg auf kleine Ausschnitte zu lenken.
- Auch wenn beim inkrementellen Entwickeln vieles immer wieder überarbeitet wird, geht dies schneller, wie wenn alles auf einmal bedacht werden muss.
- Nur wer auch das Unwesentliche schon einmal erfahren hat, kann das Wesentliche erkennen.
- Mache die Dinge so einfach wie möglich, aber keinesfalls einfacher. [Albert Einstein]

22.4 Abhängigkeiten berücksichtigen

Kein Software-Entwicklungsvorhaben ist autark. Jedes Vorhaben ist mindestens von den Beistellungen des Auftraggebers und den Zulieferungen externer Lieferanten abhängig. Eine besondere Abhängigkeit besteht immer darin, dass der Auftraggeber ausreichend und qualifiziert Personalkapazität für die Definition der Anforderungen bereitstellt. Weitere wesentliche Abhängigkeiten bestehen bei externen Schnittstellen. Sowohl die Schnittstellendefinition als auch die Bereitstellung von Daten müssen zu bestimmten Zeitpunkten gewährleistet sein. Andere Abhängigkeiten bestehen in Service-Leistungen, wie z.B. denen des Rechenzentrums. Für jede dieser Abhängigkeiten müssen Zeitpunkte vereinbart werden, zu denen die Leistung bereitstehen muss. Diese Zeitpunkte müssen in der Planung berücksichtigt werden.

Wie (Sorgfältige Planung macht Überraschungen beherrschbar)

- Abhängigkeiten haben einen wesentlichen Einfluss auf die zeitliche Projektplanung.
- Termine für Zulieferungen und Beistellungen müssen bereits während der Planung fest (schriftlich) vereinbart sein.
- Wichtige Abhängigkeiten als Meilensteine im Projektplan definieren.

22.5 Risiken vorhersehen

Risiken müssen schon während der Planung berücksichtigt werden. In dieser Phase können viele Risiken von vorneherein vermieden werden. Für andere Risiken können Maßnahmen ergriffen werden, die ihre Auswirkungen verringern.

Wie (Sorgfältige Planung macht Überraschungen beherrschbar)

- Vorsicht ist die Mutter der Porzellankiste.
- Das Betreten von technologischem Neuland ist immer ein Risiko.

- Insbesondere die Verarbeitung großer Datenvolumina unter hohen Performanzanforderungen lassen viele Projekte scheitern.
- Abhängigkeiten von Zulieferungen anderer oder von Beistellungen durch den Auftraggeber sind immer ein Risiko.
- Es liegt in der Natur von Experimenten, dass sie auch misslingen können.
- Projekte unter Zeitdruck können sich keine Experimente leisten.
- Für jedes mögliche Risiko sind die Eintrittswahrscheinlichkeit und die Auswirkungen auf das Projekt zu ermitteln. Risiken mit geringen Eintrittswahrscheinlichkeiten oder geringen Auswirkungen auf das Projekt können vernachlässigt werden. Für sehr wahrscheinliche Risiken oder Risiken mit fatalen Folgen müssen sofort Maßnahmen ergriffen werden.
- Für Risiken mit mittlerer Eintrittswahrscheinlichkeit und mittleren Auswirkungen auf das Projekt einen Notfallplan erstellen.
- Unwahrscheinliche Risiken oder Risiken mit geringen Auswirkungen auf das Projekt vergessen.

22.6 Schätzen heißt ‚Nicht wissen‘

Während der Planung ist schon etwas mehr über das Entwicklungsvorhaben bekannt als während der Definitionsphase. So kann die Aufwandsschätzung aus der Definitionsphase (siehe Kapitel 21) präzisiert werden. Trotzdem ist auch zu diesem Zeitpunkt noch keine exakte Aufwandsschätzung möglich! Es sollten deshalb wieder mehrere Schätzverfahren angewendet und mehrere Personen an der Schätzung beteiligt werden, damit durch Angleichung der Ergebnisse der unterschiedlichen Schätzungen die Schätzung weiter verbessert wird. Je mehr über das Vorhaben im Laufe des Entwicklungsprozesses bekannt ist, desto besser kann der Aufwand abgeschätzt werden. Die Schätzung sollte also während des Enwicklungsprozesses laufend wiederholt werden.

Falls iterativ und inkrementell entwickelt wird, kann zum einen die Schätzung über das gesamte Entwicklungsvorhaben durchgeführt werden, und zum anderen vor jeder Iteration eine präzisere Schätzung für genau diese Iteration erfolgen.

Wie (Sorgfältige Planung macht Überraschungen beherrschbar)

- Der Aufwand kann durch Vergleich mit ähnlichen Projekten oder durch erfahrene Entwickler geschätzt werden.
- Es sollten immer mehrere Schätzungen mit unterschiedlichen Schätzmethoden durchgeführt werden, um die Schätzung zu verbessern.
- Architektur und Entwicklungsprozess geben Arbeitspakete vor. An diesen Arbeitspaketen kann sich die Aufwandsschätzung orientieren.
- Die Ausführenden immer an der Schätzung beteiligen. Wer sein O.K. zur Schätzung gegeben hat, fühlt sich auch verpflichtet, den geschätzten Aufwand nicht zu überschreiten.
- Jede Iteration separat abschätzen.
- Für eine Schätzung des Aufwandes ist DV-Erfahrung unbedingt notwendig.
- Sobald mehr über das Entwicklungsvorhaben bekannt ist, die Schätzung wiederholen.

22.7 Das Team an der Planung beteiligen

Planung sollte nie ohne die Ausführenden erfolgen. Eine Aufwandsschätzung, durchgeführt von den Ausführenden, kann so noch einmal verbessert werden. Außerdem wird so die Eigenverantwortlichkeit jedes Teammitglieds gestärkt.

Wie (Sorgfältige Planung macht Überraschungen beherrschbar)

- Für die Aufgabenverteilung das O.K. des jeweiligen Betroffenen einholen.
- Nur wer ein Ergebnis zusagt, fühlt sich für das Ergebnis auch verantwortlich.
- Durch die gemeinsame Planung wird die Qualität der Aufwandsschätzung verbessert.

22.8 Einen roten Faden spannen

Ein Software-Entwicklungsvorhaben durchzuführen bedeutet, eine Vielzahl von Aktivitäten, Abhängigkeiten und Risiken parallel zu betrachten. Dabei kann es leicht passieren, dass der Überblick verloren geht. Ein roter Faden, der sich durch die Kennzeichnung der wichtigsten Aktivitäten und Meilensteine von Beginn bis zum Erreichen des Ziels durch das Entwicklungsvorhaben zieht, hilft allen Beteiligten, sich zu orientieren. Und die Bedeutung der eigenen Aufgabe innerhalb des Vorhabens zu erkennen.

Wie (Sorgfältige Planung macht Überraschungen beherrschbar)

- Je mehr Aktivitäten parallel durchgeführt werden, desto schneller geht die Orientierung verloren.
- Am roten Faden entlang können sich alle auf das gemeinsame Ziel hin ausrichten.
- Für das inkrementelle Entwickeln sollte der rote Faden den Fortschritt jedes Inkrementes aufzeigen.
- Eine Roadmap, die die wesentlichen Aktivitäten zur Erreichung eines Meilensteins darstellt, hilft, dem gewählten Weg zu folgen.
- Der rote Faden lässt sich am besten in einer Kick-Off-Veranstaltung mit allen Beteiligten spannen.

22.9 Der richtige Mann/die richtige Frau am richtigen Platz

Die Zuordnung der Aufgabenpakete zu den einzelnen Mitarbeitern ist die schwierigste Aufgabe bei der Projektplanung. Schließlich gibt es in keinem Team nur Spezialisten.

Jeder Mensch hat Stärken und Schwächen. Doch eine Stärke, die in einem Kontext nützlich ist, kann in einem anderen Kontext hinderlich sein. Ebenso verhält es sich mit den Schwächen. Der Ängstliche z.B. zögert viel zu lange, wenn eine schnelle Entscheidung notwendig ist. Doch potentielle Risiken und Abwehrmaßnahmen erkennt er sofort. Und der Perfektionist feilt zu lange am Detail, auch wenn eine schnelle und einfache Lösung ausreicht. Dafür achtet er besonders sorgsam auf die Einhaltung von Vorschriften und sucht gründlich nach aufgetretenen Fehlern.

Ähnlich verhält es sich mit dem fachlichen Wissen. Der stark methodisch Orientierte ist selten gleichzeitig der gestandene DV-Praktiker. Und der Bastler findet schnell neue technologische Lösungen durch Ausprobieren, kann sie aber selten schon im Vorfeld entwerfen. Entscheidend für eine gute Teamzusammensetzung ist, dass alle notwendigen Rollen nicht nur unter dem Aspekt des fachlichen Know-hows, sondern auch unter dem Aspekt des für die Rolle notwendigen Soft-Skills besetzt werden.

Fast genauso wichtig ist jedoch, dass die Mischung zwischen erfahrenen und weniger erfahrenen Entwicklern stimmt.

Wie (Sorgfältige Planung macht Überraschungen beherrschbar)

- Für die Aufgaben so früh wie möglich verantwortliche Personen benennen, damit diese die Aufgaben präzisieren können.
- Die Mischung zwischen Lehrenden und Lernenden muss stimmen. Mindestens ein Viertel der Mitarbeiter im Entwicklungsteam sollte mehr als drei Jahre Entwicklungserfahrung besitzen.
- Für jedes fachliche Thema (bzgl. der fachlichen Anforderungen und der DV-technischen Anforderungen) muss mindestens ein Mitarbeiter entsprechendes Know-how besitzen.
- Know-how kann durch Schulungen allein nicht aufgebaut werden. Erfahrung lernt man nicht in Seminaren.
- Know-how kann durch externe Mitarbeiter ergänzt werden.
- Im Team die Stärken stärken, die Schwächen kompensieren.

23 Große Ziele schafft man nicht im Alleingang – Teamgeist entwickeln

An der Software-Entwicklung sind normalerweise mehrere Personen beteiligt. Dabei kann jeder für sich alleine arbeiten, unter Umständen sogar gegeneinander, oder aber alle arbeiten gemeinsam am Erreichen des Ziels.

Menschen möchten sich zu einer Gruppe zugehörig fühlen. Dies gibt ihnen Sicherheit. Sie wissen, sie sind mit ihren Meinungen und Problemen nicht allein. Eine Gruppe, eine Gemeinschaft, motiviert, sie begeistert. Sie kann, wenn der Geist in ihr fehlt, auch das Gegenteil bewirken. Ist aber das gemeinsame Ziel in Sicht, verstanden und akzeptiert, kann sich jeder einzelne damit identifizieren.

Teamgeist entwickelt sich jedoch am allerbesten, wenn alle miteinander gemeinsam lachen können. Und am meisten über sich selber.

Wer

- Projektleiter/ Entwicklungsleiter
- Entwicklungsteam

Was

- Teamgeist

Wie

- Gemeinsames Lachen befreit von innerer Anspannung und schweißt zusammen.
- Wer sich dem Teamgeist nicht unterordnen kann oder will, sollte am besten das Team verlassen.
- Persönliche Ziele dem gemeinsamen Ziel unterordnen.
- Individuum bleiben dürfen.
- Sich gegenseitig unterstützen.
- Feedback geben und erhalten.
- Notfalls das Team verlassen.

23.1 Persönliche Ziele dem gemeinsamen Ziel unterordnen

Jeder Mensch hat persönliche Ziele. Der eine möchte ein Häuschen im Grünen, der andere einen tollen Sportwagen. Oder viel Zeit mit seiner Familie verbringen. Oder Zeit für sein Hobby. Oder ... . Andere sind ehrgeizig und wollen möglichst weit nach oben auf der Karriereleiter klettern. Oder viel Macht und Einfluss haben. Oder ... .

Alle diese persönlichen Ziele lassen sich oft nicht mit den Entwicklungszielen vereinbaren. Sind jedoch die Entwicklungsziele über Werte definiert und decken sich diese Werte mit den Werten des einzelnen Teammitglieds, dann werden die Entwicklungsziele zu persönlichen Zielen.

Mitarbeiter, die sich trotzdem nicht mit den Entwicklungszielen identifizieren können, sollten besser das Team verlassen. Selbst wenn sie fachlich sehr kompetent sind. Fachliches Know-how lässt sich einfacher ersetzen als fehlende Motivation.

Wie (Große Ziele schafft man nicht im Alleingang – Teamgeist entwickeln)

- Identifikation mit den Entwicklungszielen führt zu hoher Motivation und Leistungsbereitschaft der aller Entwickler.
- Die Definition der Ziele über Werte lassen Entwicklungsziele zu persönlichen Zielen werden.
- Alle im Team müssen sich mit den Entwicklungszielen identifizieren können.

23.2 Individuum bleiben dürfen

Teamgeist bedeutet nicht, dass alle gleicher Meinung sind. Teamgeist bedeutet auch nicht, dass Konkurrenz untereinander nicht zulässig ist. Teamgeist bedeutet, dass das Individuum als Person und in seinen persönlichen Wünschen von allen respektiert wird.

Wie (Große Ziele schafft man nicht im Alleingang – Teamgeist entwickeln)

- Teamgeist bedeutet, dass die Individualität des Einzelnen von der Gruppe anerkannt und respektiert wird.
- Gesunde Konkurrenz kann anspornen. Übertriebenes Konkurrenzdenken blockiert ein Team.

23.3 Sich gegenseitig unterstützen

Teamgeist bedeutet, dass sowohl die Stärken anerkannt als auch die Schwächen des Anderen akzeptiert werden und zwar so, dass jeder, der Unterstützung braucht, dies auch offen ausspricht und sich von demjenigen helfen lässt, der die benötigte Hilfe geben kann.

Wie (Große Ziele schafft man nicht im Alleingang – Teamgeist entwickeln)

- Wenn jeder jeden unterstützt, lassen sich Hindernisse leichter aus dem Weg räumen.
- Wenn alle im Gleichtakt rudern, ist die Geschwindigkeit am höchsten.

23.4 Feedback geben und erhalten

Teamgeist bedeutet nicht, dass keine Konflikte entstehen. Teamgeist bedeutet, dass auch negative Kritik geäußert werden darf, ohne dass gleich die Person oder das gemeinsame Ziel infrage gestellt wird.

Wie (Große Ziele schafft man nicht im Alleingang – Teamgeist entwickeln)

- Wenn keine Kritik geäußert werden darf, kann sich ein Projekt nicht selbst korrigieren.
- Es gibt keine Kritik, nur Feedback.
- Teamgeist bedeutet, dass Konflikte offen ausgetragen werden, ohne dass der Teamgeist darunter leidet.

24 Auf Unvorhergesehenes reagieren

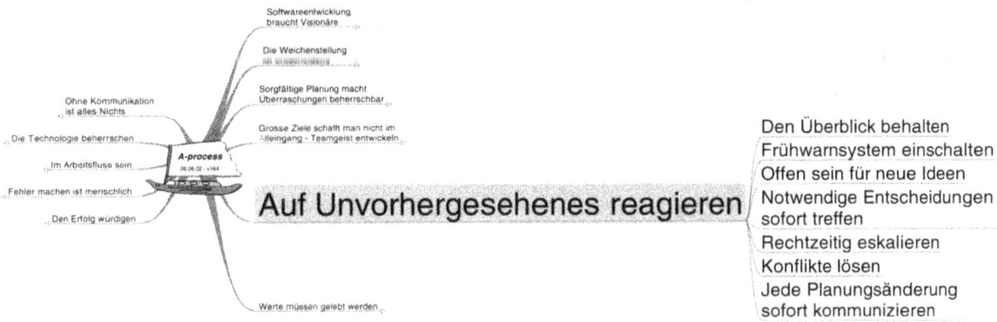

Am Anfang läuft jedes Projekt nach Plan, doch je weiter das Projekt fortschreitet, desto mehr unvorhergesehene Ereignisse treten ein. Und schnell ist der Überblick verloren. Sicher, niemand kann alles vorhersehen, doch je mehr mögliche Risiken vorhergesehen werden, auf desto weniger Überraschungen muss im Projektverlauf reagiert werden.

Mit einer sorgfältigen Planung lassen sich viele unliebsame Überraschungen bereits im Vorfeld vermeiden, leider jedoch nicht alle. Wichtig ist, die unvorhergesehenen Ereignisse so früh wie möglich zu erkennen. Ein gutes Frühwarnsystem hilft dabei. Die Überprüfung von Zwischenergebnissen hilft, Irrwege rechtzeitig zu erkennen. Genauso die regelmäßige Kommunikation mit dem Auftraggeber, den zukünftigen Anwendern, dem Entwicklungsteam und den Lieferanten. Und ein gutes Risikomanagement, das potentielle Risiken erfasst, bevor sie entstehen, ebenfalls. Jedoch genauso wichtig, wie unvorhergesehen Ereignisse so früh wie möglich zu erkennen, ist es, sofort darauf zu reagieren. Neue Wege müssen gefunden werden, notwendige Entscheidungen müssen sofort gefällt, in die Planung eingearbeitet und alle Änderungen sofort allen im Team und allen externen Partnern kommuniziert werden.

Wer

- Projektleiter/Entwicklungsleiter

Was

- Projektplan/Entwicklungsplan
- Frühwarnsystem/Risikoplan

- Arbeitsaufträge
- Meetings und Protokolle
- Lieferantenaufträge
- schriftlich fixierte Vereinbarungen mit dem Auftraggeber
- Eskalationsplan
- Präsentationen

Wie

- Den Überblick behalten.
- Frühwarnsystem einschalten.
- Offen sein für neue Ideen.
- Notwendige Entscheidungen sofort treffen.
- Rechtzeitig eskalieren.
- Konflikte lösen.
- Jede Planungsänderung sofort kommunizieren.

24.1 Den Überblick behalten

Wenn alle auf ihre Teilaufgaben konzentriert sind, kann keiner von ihnen die Gesamtaufgabe im Blickfeld haben. Dann kann es leicht passieren, dass das Ziel aus den Augen verloren geht. Oder mehrere Personen arbeiten an den gleichen Dingen, ohne dass sie es wissen. Oder wichtige Schnittstellen werden übersehen.

Wie (Auf Unvorhergesehenes reagieren)

- Mindestens einer im Projekt muss in der Lage sein, Zusammenhänge zwischen scheinbar Unzusammenhängendem zu erkennen.
- Ein roter Faden, der sich durch alle wesentlichen Aktivitäten und Meilensteine spannt, hilft, den Überblick zu behalten.
- Eine ToDo-Liste, die für jeden Tag neu erstellt wird, hilft, den Überblick zu behalten und sich nicht zu verzetteln.
- Wenn der Blick fürs Wesentliche verloren geht, dreht man sich schnell im Kreis.

24.2 Frühwarnsystem einschalten

Neben der sorgfältigen Planung ist das rechtzeitige Erkennen von Problemen die wichtigste Aufgabe des Projektmanagements. Nur wenn Probleme rechtzeitig erkannt werden, kann angemessen darauf reagiert werden. Wenn das Kind erst einmal in den Brunnen gefallen ist, müssen alle Energien darauf konzentriert werden, es wieder herauszuholen, statt weiter an der Zielerreichung zu arbeiten.

Nur Probleme, die früh erkannt werden, können auch früh gelöst werden.

Es gibt verschiedene Indikatoren, die Probleme rechtzeitig erkennen lassen. (Die Liste kann beliebig fortgesetzt werden):

Wie (Auf Unvorhergesehenes reagieren)

- Die wesentlichen Faktoren wie Budget, Termine und Anforderungen werden schon vor Projektbeginn festgelegt. Wenn diese Faktoren unrealistisch sind, ist jedes Projekt von vorneherein zum Scheitern verurteilt.
- Das Projektteam erkennt als erstes potentielle Risiken.
- Eine offene und direkte Kommunikation mit allen Projektbeteiligten fördert das frühzeitige Aufdecken von potentiellen Risiken und Irrwegen.
- Auf Skeptiker hören. Sie erkennen am ehesten potentielle Risiken und Irrwege.
- Eine Eingangskontrolle bei Zulieferungen durchführen.
- Projektfortschrittskontrolle bedeutet, die geleisteten Ist-Aufwände mit dem tatsächlichen Arbeitsfortschritt abzugleichen.
- Vertrauen ist gut, Kontrolle ist besser.
- Bei der Statusabfrage gezielt nachfragen, um zu überprüfen, ob die Selbsteinschätzung des Entwicklers mit der Realität übereinstimmt.
- Abweichungen von mehr als 10% von den Planzahlen müssen hinterfragt werden.
- Die letzten 10% der Arbeit brauchen 90% des gesamten Aufwands.
- Das Bauchgefühl eines erfahrenen Entwicklers ist ein sicherer Indikator für potentielle Risiken.
- Wiederkehrende Terminverschiebungen – auch wenn sie begründet werden – deuten auf Nichtbeherrschen der Aufgabe durch den verantwortlichen Entwickler hin.
- Zu viele hochintelligente und hochbezahlte Mitarbeiter streiten sich lieber über die richtige Methode, als über die Aufgabenstellung und deren Lösung nachzudenken.
- Diskussionen über fachliche Inhalte kurz vor dem Fertigstellungstermin deuten darauf hin, dass die Aufgabenstellung noch nicht verstanden ist und deshalb auch nicht korrekt umgesetzt ist.
- Nur wer nicht weiß, wie's geht, muss ausprobieren.
- Die häufige Aussage ‚Ich habe keine Zeit' deutet auf Überforderung des Entwicklers hin, und nicht, wie viele glauben, auf die Wichtigkeit der Person.
- Die Darstellung von längst bekannten Entwicklerweisheiten als neue Erkenntnis deutet auf DV-technische Unerfahrenheit hin.
- Indikatoren, die schon frühzeitig auf das Scheitern von Projekten hinweisen, werden gerne ignoriert.
- Potentielle Risiken sofort in das Risikomanagement übernehmen.

24.3 Offen sein für neue Ideen

Je konkreter die Lösung einer Aufgabe wird, desto besser kann sich jeder in die Aufgabenstellung hineindenken. Lösungen, die am Anfang noch nicht gesehen wurden, werden plötzlich sichtbar. Es eröffnen sich völlig neue Perspektiven. Es wäre falsch, jetzt stur an der ursprünglichen Planung festzuhalten. Durch die neue Idee könnte das System einen noch größeren Nutzen bringen als ursprünglich angenommen. Doch es wäre genauso falsch, jede neue Idee blind umzusetzen. Jede Idee sollte daraufhin geprüft werden, ob ihre Umsetzung für den Auftraggeber sinnvoll ist. Und die sich daraus ergebenden Planungsänderungen bzgl. Budget und Termine müssen vom Auftraggeber genehmigt werden.

Wie (Auf Unvorhergesehenes reagieren)

- Neue Ideen können das geplante System wesentlich verbessern.
- Nicht jede Idee ist so großartig, wie es auf den ersten Blick scheint.
- Eine neue Idee erst einmal auf Machbarkeit und ihren Nutzen für den Auftraggeber prüfen.
- Die Konsequenzen der Realisierung einer Idee bzgl. Kosten und Termine mit dem Auftraggeber abstimmen.
- Die Umsetzung der neuen Idee in das Änderungsmanagement mit aufnehmen.

24.4 Notwendige Entscheidungen sofort treffen

Nichts ist schlimmer, als auf eine fällige Entscheidung warten zu müssen. Warten auf notwendige Entscheidungen lähmt. Egal, was man tut, man weiß nicht, ob es in dieser Form überhaupt gebraucht wird. Es wird nicht mehr zielgerichtet gearbeitet. Oft ist es besser, falsche Entscheidungen zu treffen als gar keine. Dann wird zumindest der Arbeitsfluss erhalten und es lässt sich feststellen, dass die Entscheidung falsch war. Die Ergebnisse können nach einer Korrektur der Entscheidung möglicherweise trotzdem verwendet werden.

Wie (Auf Unvorhergesehenes reagieren)

- Notwendige Entscheidungen zum richtigen Zeitpunkt unterstützen zielgerichtetes Arbeiten.
- Warten auf Entscheidungen lähmt den Arbeitsfluss.

24.5 Rechtzeitig eskalieren

Nicht jedes Problem muss mit jedem besprochen werden. Aber wichtig ist, dass die jeweils betroffenen Personen informiert werden, bevor das Problem eingetreten ist.

Ein Eskalationsplan legt fest, in welchen Fällen wer zu informieren ist. Der Eskalationsplan sieht dabei verschiedene Eskalationsstufen vor: Themen, über die der interne Auftraggeber informiert werden muss, Themen, über die der externe Auftraggeber informiert werden muss, bis hin zu echten Krisen, für die ein Krisenstab gebildet wird.

Wie (Auf Unvorhergesehenes reagieren)

- Ein Eskalationsplan sorgt dafür, dass die richtigen Personen über die wichtigen Themen informiert werden.
- Ein vorab benannter Krisenstab kann bei Katastrophen helfen, diese abzuwenden.

24.6 Konflikte lösen

Konflikte gibt es immer zwischen Menschen. Konflikte können zwischen den Teammitarbeitern entstehen, zwischen dem Auftraggeber und dem Projektmanagement, zwischen den Anwendern und den Teammitarbeitern usw. Konfliktmanagement ist eine der wichtigsten Aufgaben des Projektmanagements. Am besten ist es natürlich, potentielle Konflikte schon im Vorfeld zu erkennen und gar nicht auftreten zu lassen. Doch wenn sie trotzdem aufgetreten sind, sollten sie offen ausgetragen und nicht unter den Teppich gekehrt werden.

Wie (Auf Unvorhergesehenes reagieren)

- Der Projektleiter braucht eine gute Nase, damit er rechtzeitig merkt, wenn es stinkt.
- Auslöser für Konflikte zwischen Menschen liegen meist auf der Identitätsebene.
- Manchmal müssen Konflikte erst reifen, bevor sie ausgetragen werden können.

24.7 Jede Planungsänderung sofort kommunizieren

Es ist nie der letzte Plan, den man macht. Pläne dienen als Messlatte, um zu prüfen, ob man sich noch auf dem Weg zum Ziel befindet. Bei wesentlichen Abweichungen müssen entsprechende Maßnahmen ergriffen und die Planung diesen Maßnahmen angepasst werden. Jede Planungsänderung muss mit allen Beteiligten, die dadurch betroffen sind, abgestimmt werden.

Wie (Auf Unvorhergesehenes reagieren)

- Der Projektplan muss regelmäßig den aktuellen Gegebenheiten angepasst werden.
- Auch bei einer Planungsänderung müssen alle beteiligten Partner in die Planung einbezogen werden.
- Der aktuelle Planungsstand muss sofort allen beteiligten Partnern kommuniziert werden, damit jeder über den neuen Projektverlauf informiert ist.
- Planungsänderungen sollten mit dem externen Auftraggeber nur dann abgestimmt werden, wenn sich die Kosten erhöhen oder Terminverschiebungen ergeben.

25 Werte müssen gelebt werden

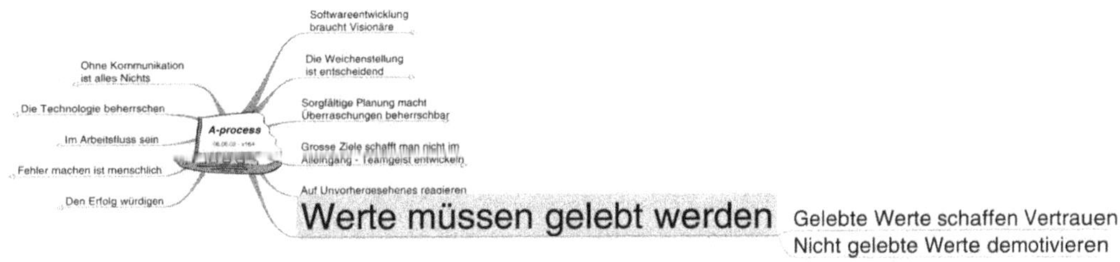

Werte machen aus abstrakten Zielen erlebbare Ziele. Menschen identifizieren sich leichter mit fremden Zielen, wenn diese Ziele über Werte wie Anerkennung, Vertrauen, Ehrlichkeit oder Offenheit definiert sind. Doch wenn die Werte, die mit den Zielen verbunden wurden, insbesondere von den Verantwortlichen im Entwicklungsteam nicht gelebt werden, dann führt dies zu Frustration und Demotivation. Schlimmstenfalls sogar zur innerlichen Kündigung.

Wer

- externer Auftraggeber
- interner Auftraggeber
- Projektleiter/Entwicklungsleiter
- gesamtes Entwicklungsteam

Was

- Werte wie Vertrauen, Anerkennung, Offenheit, Ehrlichkeit
- Entwicklungsziele

Wie

- Das Leben der Werte aus der Zieldefinition schafft Vertrauen untereinander.
- Eine vertauensvolle Zusammenarbeit fördert die Freisetzung von Kreativität und neuen Ideen.
- Wenn einer die Arbeit des gesamten Teams dazu benutzen will, um sich allein zu profilieren, führt dies zur Verletzung von Werten Anderer.
- Nicht gelebte Werte machen unglaubwürdig und führen zu Demotivation der einzelnen Mitarbeiter.
- Die Verletzung von Werten und Identität anderer führt zur innerlichen Kündigung.

26 Ohne Kommunikation ist alles Nichts

Ohne Kommunikation gibt es keine Verständigung. Verständigung ist sowohl innerhalb des Entwicklungsteams als auch mit allen Stakeholdern notwendig. Kommunikation kann natürlich auf Zuruf erfolgen. Doch manchmal ist es nützlich, auch die Personen zu informieren, mit denen man nicht direkt sprechen kann, ohne wichtige Ergebnisse schriftlich festzuhalten, damit sie später nochmal nachgelesen werden können und keiner sagen kann, dass alles ganz anders gewesen ist. Dies ist besonders nützlich bei den Absprachen mit dem Auftraggeber oder den Lieferanten.

Praktisch ist es auch, Themen von allgemeinem Interesse mit allen gleichzeitig zu besprechen. Hierfür sind regelmäßige Projektmeetings besonders gut geeignet. Mit einer Agenda für die Projektmeetings gelingt es sogar, wichtige Themen nicht zu vergessen.

Wer

- externer Auftraggeber
- interner Auftraggeber
- Lieferanten
- Anwender
- Ansprechpartner von benachbarten Systeme
- Weitere Stakeholder
- gesamtes Entwicklungsteam
- Qualitätsmanagement
- Kollegen aus anderen Abteilungen/Projekten

Was

- gemeinsames Verständnis des Entwicklungsvorhabens
- klare Absprachen
- Know-how-Transfer
- Präsentationen
- Projektmeetings
- Protokolle
- Verträge
- Fachkonzept
- Entwicklungsdokumentation

Wie

- Eine offene Kommunikation ist Voraussetzung für einen Projekterfolg.
- Für eine offene Kommunikation sind Vertrauen und Ehrlichkeit untereinander notwendig.
- Gerade dann, wenn sich unüberwindbare Hindernisse auftun, ist eine offene Kommunikation notwendig. Sich hinter den Problemen zu verstecken, lässt die Probleme wachsen.
- Die zukünftigen Anwender einbeziehen.
- Auftraggeber haben Rechte und Pflichten.
- Jeder im Team muss über alles Wesentliche informiert sein.
- Unerfahrene Entwickler ‚an die Hand' nehmen.
- Kein System arbeitet auf der grünen Wiese.
- Dokumentation ist auch eine Form der Kommunikation.
- Über den Projekttellerrand hinausschauen.
- Die Idee nach außen gut verkaufen.

26.1 Die zukünftigen Anwender einbeziehen

Viele Software-Entwicklungsvorhaben scheitern nicht an der Technologie, sondern weil sie nicht das leisten, was der Auftraggeber erwartet hat. Anwender und Software-Entwickler sprechen selten die gleiche Sprache. Wie sollten sie auch, da sie doch in unterschiedlichen Berufsfeldern arbeiten.

Es wird zwar immer wieder gefordert, dass die zukünftigen Anwender in die Entwicklung einbezogen werden, doch die Realität sieht anders aus. Die Anwender müssen ihre Mitarbeit zusätzlich zu ihrem Tagesgeschäft erbringen und haben oft auch Angst vor der zu erwartenden Veränderung.

Und die von den Entwicklern verwendeten Modelle wie OOA oder ERM können sie ohne die notwendige Ausbildung nicht verstehen.

Wie (Ohne Kommunikation ist alles Nichts)

- Wenn die zukünftigen Anwender nicht in das Projekt einbezogen sind, wird schnell am Bedarf vorbei entwickelt.
- Fachabteilung und Entwickler sprechen unterschiedliche Sprachen. Es muss eine für beide Seiten verständliche Sprache gefunden werden.
- Die Entwickler müssen die Anwender da abholen, wo sie stehen. Sie müssen die Sprache der Anwender sprechen, nicht umgekehrt.
- Den Anwender ernst nehmen. Z.B. durch genaues Nachfragen bzgl. der täglichen Probleme im Arbeitsablauf des Anwenders. Oder auch durch gelegentliches Eingehen auf Privates.
- Gespräche mit den Anwendern sorgfältig vorbereiten, um unnötigen Zeitverlust zu vermeiden.
- Den Anwender aus seinem Arbeitsalltag herausholen, Interviews z.B. in einem Besprechungsraum führen, nicht im Büro des Anwenders.
- Sich so weit in das Fachgebiet einarbeiten, um die Fachbegriffe und die unternehmensspezifischen Ausdrücke des Anwenders zu kennen und gezielt Fragen stellen zu können.
- Anwender denken in Arbeitsabläufen.
- Anwender orientieren sich am Nutzen, den das neue System für sie hat.
- Prototypen und Hardcopies von Oberflächen erleichtern den Dialog mit den Anwendern.
- Angst vor dem Unbekannten oder vor Veränderung behindern häufig eine konstruktive Zusammenarbeit zwischen Fach- und EDV-Abteilung. Eine genaue Kenntnis des zukünftigen Systems verringert die Angst.

26.2 Auftraggeber haben Rechte und Pflichten

Es genügt nicht, den Entwicklungsauftrag in Empfang zu nehmen, das System entsprechend dem Auftrag zu entwickeln und dann zum vereinbarten Fertigstellungstermin das neue System quasi als Überraschungspaket dem Auftraggeber zu präsentieren.

Die Kommunikation mit dem Auftraggeber muss während des gesamten Entwicklungszeitraums ständig stattfinden. Der Auftraggeber investiert viel in das geplante Vorhaben und er möchte sicher sein, dass er genau das bekommt, was er braucht und wofür er zahlt. Selbst wenn alles reibungslos läuft – was eigentlich nie der Fall ist –, möchte er laufend über den aktuellen Stand unterrichtet sein, um sein Gefühl der Unsicherheit zu verlieren.

Außerdem erkennt der Auftraggeber auch erst dann, wenn die Umsetzung seines Vorhabens für ihn konkret sichtbar wird, was er denn genau braucht, und kann so seine Vorstellungen detaillieren oder auch an seinen eigentlichen Bedarf anpassen.

Der Auftraggeber hat aber nicht nur Rechte, er hat auch Pflichten, wie z.B. die Bereitstellung von ausreichend Personalkapazität für die Anforderungsdefinition. Oder die Bereitstellung von Testhardware. Und die vergisst er nur allzu gerne. Sicherheitshalber sollte er regelmäßig an die vereinbarten Termine für die Beistellungen erinnert und an die Konsequenzen von Änderungswünschen und Nichteinhaltung von Vereinbarungen informiert werden.

Wie (Ohne Kommunikation ist alles Nichts)

- Den Auftraggeber regelmäßig über den aktuellen Entwicklungsstand informieren.
- Vereinbarungen mit dem Auftraggeber schriftlich festhalten (z.B. in Protokollen, die mit dem Auftraggeber abgestimmt werden).
- Dem Auftraggeber Gelegenheit geben, während der Entwicklungszeit Änderungswünsche zu erkennen.
- Für die Änderungswünsche des Auftraggebers bereits während der Entwicklungszeit ein Änderungsmanagement einführen.
- Keine goldenen Griffe versprechen.
- Den genauen Leistungsumfang und die Liefertermine abstimmen.
- Den Auftraggeber regelmäßig an zugesagte Beistellungen erinnern und auf Konsequenzen von verspäteten Beistellungen hinweisen.
- Bei Änderungswünschen des Auftraggebers auf Konsequenzen wie erhöhte Kosten oder Terminverschiebungen hinweisen.

26.3 Jeder im Team muss über alles Wesentliche informiert sein

Jeder hat es sicher schon einmal erlebt: Alle sind informiert, nur man selbst nicht. Dies nagt am Selbstwertgefühl. Oder es gibt jemanden im Team, der immer besser informiert ist als die Anderen und der sich deshalb wichtig tut. Dies schafft Unzufriedenheit im Team und blockiert den Teamgeist. Wenn jedoch jeder im Team seine Aufgabe genau kennt und gleichzeitig über alles Wesentliche, das aufgabenübergreifend ist, umgehend informiert wird, kann er sich auf seine Aufgabe konzentrieren und gleichzeitig die aufgabenübergreifenden Zusammenhänge erkennen und so bei auftretenden Problemen und Risiken auch für die Anderen im Team mitdenken.

Wie (Ohne Kommunikation ist alles Nichts)

- Ein roter Faden, an dem sich jeder auf dem Weg zum Ziel orientieren kann, hilft, das Wesentliche zu erkennen.
- Jeder im Projekt muss die Bedeutung seiner Rolle und seiner Aufgabe genau kennen.
- Regelmäßige Projektbesprechungen mit Protokollen stellen sicher, dass jeder im Team informiert wird.
- Eine ‚Plauderecke' fördert die Kommunikation im Team.
- Insbesondere durch ‚private' Gespräche innerhalb des Teams werden Ziele und Anforderungen immer wieder neu vergegenwärtigt.

26.4 Unerfahrene Entwickler ‚an die Hand' nehmen

Junge Entwickler oder Entwickler mit wenig Erfahrung wissen oft nicht, was wichtig ist und was unwesentlich. Leider haben gerade die Entwickler mit den größten Fachkenntnissen nicht die Zeit, von sich aus auf die ‚Neuen' im Team zuzugehen und ihnen im direkten Gespräch die wesentlichen Informationen zu vermitteln. Den jungen Entwicklern werden einfach nur viele Handbücher und Dokumentationen in die Hand gedrückt, durch die sie sich allein hindurchwühlen müssen. Sie sind schnell von der großen Informationsflut überwältigt und sehen den Kern ihrer Aufgabe nicht. Und wissen nicht, wen oder wonach sie fragen könnten. Oft haben sie auch Angst, erkennen zu lassen, dass sie zu wenig über ihre Aufgabe wissen. Dabei könnte mit ein paar wenigen zielgerichteten Informationen und der Nennung von kompetenten Ansprechpartnern der Einstieg leicht geschafft werden.

Wie (Ohne Kommunikation ist alles Nichts)

- Junge oder unerfahrene Entwickler im direkten Gespräch zielgerichtet über alles Wesentliche für ihre Aufgabe informieren.
- Junge oder unerfahrene Entwickler zuerst als Unterstützung für erfahrene Entwickler einsetzen. So können sie im direkten Kontakt von der Erfahrung des Anderen lernen.
- Jungen oder unerfahrenen Entwicklern Ansprechpartner für Fragestellungen nennen und explizit darauf hinweisen, dass sie fragen dürfen.
- Bei jungen oder unerfahrenen Entwicklern regelmäßig nachfragen, ob sie Hilfe brauchen, nicht darauf warten, dass sie sich selbst melden.

26.5 Kein System arbeitet auf der grünen Wiese

Jedes neue System hat Schnittstellen zu anderen Systemen. Und diese Schnittstellen erfordern oft einen großen Anpassungsaufwand, da die benachbarten Systeme normalerweise nicht geändert werden. Dabei beeinflussen gerade die Schnittstellen die Architektur des Systems und bestimmen die Performanz und das Lastverhalten des Systems. Seltsamerweise wird jedoch genau dieser Aufwand häufig unterschätzt.

Wie (Ohne Kommunikation ist alles Nichts)

- Die Schnittstellen zu den benachbarten Systemen so früh wie möglich festlegen.
- Termine für Schnittstellendefinition und Datenlieferungen schriftlich festhalten.
- Die Schnittstellendefinition ist Teil der Architektur.
- Die Schnittstellen bei der technischen Lösung mit berücksichtigen.

26.6 Dokumentation ist auch eine Form der Kommunikation

Sicher, Dokumentation ist die ineffizienteste aller Kommunikationsformen und auch die von den Entwicklern ungeliebteste, trotzdem manchmal ganz nützlich. Nicht jeder kann persönlich über alle Projektdetails informiert werden. Dokumentation hilft, schnell einen Einstieg in die Aufgabenstellung und die Lösung zu finden. Und insbesondere Bilder mit erklärenden Texten lassen schnell ganz neue Aspekte erkennen und helfen so, neue Lösungen zu finden. Nur, man muss es ja nicht gleich übertreiben mit der Dokumentation.

Wie (Ohne Kommunikation ist alles Nichts)

- Dokumentation dient der Erklärung, ist nicht Selbstzweck.
- Für Modelle reicht die 20/80-Lösung. Sie sollen helfen zu verstehen, zu viele Details verwirren.
- Ungelesene Dokumentation ist lediglich schmutziges Papier.

26.7 Über den Projekttellerrand hinausschauen

Gespräche mit Mitarbeitern aus anderen Abteilungen oder Projekten sind mindestens genauso wichtig wie die Kommunikation der Entwicklungs-Beteiligten untereinander. Sie helfen, das eigene Entwicklungsvorhaben unter einem neutralen Blickwinkel zu sehen. Sie helfen auch, potentielle Risiken früher zu erkennen. Oder von fertigen Lösungen anderer zu profitieren.

Zu den fertigen Lösungen gehören natürlich auch die firmen- oder kundeneigenen Standards, wie z.B. Qualitätsmanagementsysteme oder Vorgehensmodelle. Häufig ist die Berücksichtigung dieser Standards sogar vorgeschrieben, doch auch sonst ist es hilfreich, sich diese Standards erst einmal anzusehen, bevor man hier das Rad neu erfindet.

Wie (Ohne Kommunikation ist alles Nichts)

- Bereits vorhandene Standards nutzen, nicht das Rad neu erfinden.
- Als Vorlagen für Dokumentationen können z.B. die Templates von IEEE oder dem V-Modell genutzt werden.
- Potentielle Risiken lassen sich leichter von außerhalb erkennen.
- Abteilungs- oder projektübergreifenden Know-how-Transfer herstellen.
- Wenn man sich gedanklich festgefahren hat, hilft ein Perspektivenwechsel.

26.8 Die Idee nach außen gut verkaufen

Eine gute Idee lässt sich mehr als einmal verkaufen. Auch wenn das zu entwickelnde System eine Einzelanfertigung für einen einzigen Kunden ist, so können doch die daraus gewonnenen Erfahrungen für weitere Entwicklungsvorhaben verwendet werden. Vielleicht kann sogar aus dem System ein eigenständiges Produkt werden, das dann an viele Kunden verkauft werden kann. Oder aber der Auftraggeber ist von der professionellen Entwicklungsarbeit so begeistert, dass er Folgeaufträge vergibt.

Wie (Ohne Kommunikation ist alles Nichts)

- Eine professionelle Präsentation vermittelt den Eindruck von professioneller Arbeit.
- Den Nutzen (Umsatz, Gewinn) des Vorhabens für das Unternehmen immer wieder nach außen deutlich machen, damit das Management auch bei Problemen weiter am Vorhaben festhält.
- Für eine gute Idee werben, damit sie für andere Entwicklungsvorhaben genutzt wird.

27 Die Technologie beherrschen

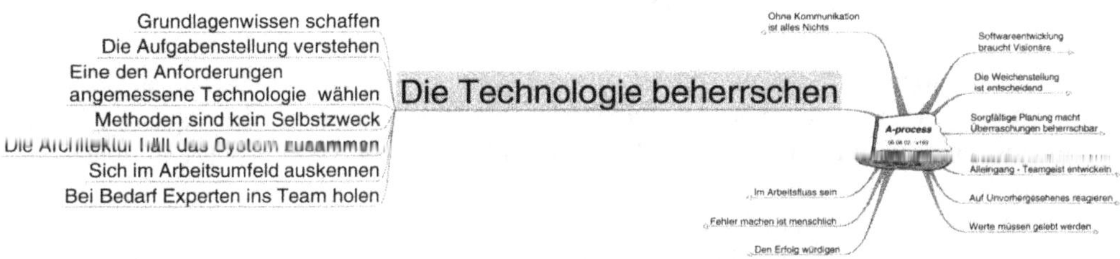

Die Software-Technologie entwickelt sich stetig. Die Hardware wird immer schneller und immer billiger, es kommen immer mehr und immer mächtigere Tools zur Unterstützung der Software-Entwicklung auf den Markt. Neue Methoden werden entwickelt, um die Software-Entwicklung und die Dokumentation der Software übersichtlich zu gestalten. Prozess-Modelle sollen helfen, die Vorgehensweise bei der Software-Entwicklung zu steuern. Trotzdem wird immer noch von der Software-Krise gesprochen. Warum? Noch ist der Mensch der wichtigste Erfolgsfaktor in der Software-Entwicklung! Und die Technologie ist immer nur so gut wie der Mensch, der sie benutzt.

Wer

- Projektleiter/Entwicklungsleiter
- Chef-Architekt
- Gesamtes Entwicklungsteam
- Externe Berater als Experten

Was

- Aufgabenstellung/Fachkonzept
- Software-Architektur
- Kenntnis der Entwurfsmethoden
- Kenntnis der Entwicklungswerkzeuge
- Kenntnis der Entwicklungs- und Zielplattform

Wie
- Grundlagenwissen schaffen.
- Die Aufgabenstellung verstehen.
- Methoden sind kein Selbstzweck.
- Die Architektur hält das System zusammen.
- Sich im Arbeitsumfeld auskennen.
- Bei Bedarf Experten ins Team holen.

27.1 Grundlagenwissen schaffen

Die IT-Technologie entwickelt sich so rasend schnell, dass für jedes neue Software-Entwicklungsvorhaben auch neue Technologien eingesetzt werden. Im günstigsten Fall gibt es einige wenige Entwickler im Team, die schon Erfahrung mit der neuen Technologie sammeln konnten. Hier hilft nur, erst einmal Grundlagenwissen im gesamten Team zu schaffen. Schulungen, Prototyping und Erfahrungsaustausch mit anderen Entwicklern sind die ersten Schritte. Doch für ein Entwicklungsvorhaben ist nicht nur IT-Wissen notwendig. Genauso wichtig ist auch, die fachlichen Anforderungen an das System zu verstehen. Auch hier muss zu Beginn des Entwicklungsvorhabens das Grundlagenwissen für alle im Team geschaffen werden.

Prototyping ist bei den Entwicklern besonders beliebt. Prototyping ist anschaulich. Aber: Prototyping heißt gezieltes Forschen, nicht Ausprobieren. Für Prototyping ist bereits genaue Kenntnis der Entwicklungswerkzeuge notwendig. Und eine systematische Auswertung der durch das Prototyping gemachten Erfahrungen.

Wie (die Technologie beherrschen)
- Grundlagenwissen sowohl bzgl. der Aufgabenstellung als auch der DV-technischen Lösung muss bei jedem Teammitglied vorhanden sein.
- Fehlende technologische Erfahrung kann durch gezieltes Forschen aufgebaut werden.
- Die Zielsetzung des Prototypings muss klar sein.
- Die Entwicklungswerkzeuge, die beim Prototyping eingesetzt werden, müssen von den Entwicklern beherrscht werden.
- Die Ergebnisse des Prototypings müssen ausgewertet werden.
- Wissen lässt sich in Seminaren erwerben, aber Erfahrung lässt sich nicht in Seminaren lernen.
- Wissen lässt sich auch durch Erfahrungsaustausch erwerben.
- Die effektivste Form der Weiterbildung ist das ‚Learning by Doing‘, doch nur, wenn erfahrene Entwickler dem Lernenden hilfreich zur Seite stehen.

27.2 Die Aufgabenstellung verstehen

Viele Software-Entwicklungsvorhaben scheitern nicht an der Technologie, sondern weil sie nicht das leisten, was der Auftraggeber erwartet hat. Es genügt nicht, dass der Auftraggeber im Fachkonzept detailliert beschreibt, was das neue System leisten soll, die Entwickler müssen auch verstehen, was sie entwickeln sollen. Normalerweise jedoch haben Entwickler nicht die notwendige Sachkenntnis, um die beschriebenen Anforderungen auf Anhieb zu verstehen. Idealerweise werden die Anforderungen im direkten Gespräch zwischen Entwicklern und Anforderern definiert. So können auftauchende Fragen oder Missverständnisse direkt geklärt werden.

Sind die Anforderungen im vorhinein auf das Wesentliche beschränkt worden (siehe auch Kapitel 21), so können die Anforderungen während der Entwicklungszeit in direkter Kommunikation zwischen Entwicklern und Anwendern präzisiert werden und so können beide Seiten verstehen, was das neue System leisten soll und wird.

Wie (die Technologie beherrschen)

- Die Anforderungen erst während der Entwicklungszeit präzisieren, so lernen die Entwickler gleichzeitig, die Anforderungen zu verstehen.
- Die Anforderungen im direkten Gespräch zwischen Entwicklern und Anwendern präzisieren.
- Wenn fachliche Testfälle sofort zu jeder Anforderung definiert werden, fördert dies das Verständnis für die Anforderung und stellt sicher, woran die Erfüllung der Anforderung gemessen wird.
- Die Aufgabenbeschreibung auf die wesentlichen Anforderungen beschränken.
- Die Anforderungen eindeutig und nachprüfbar formulieren.
- Die Anforderung am Nutzen des Auftraggebers ausrichten.
- Letztendlich zählt doch nur die Software.

27.3 Eine den Anforderungen angemessene Technologie wählen

Natürlich möchte jeder Software-Entwickler die neueste Technologie einsetzen. Doch nicht immer ist die neueste Technologie auch die für die Anwendung am besten geeignete. Neue Technologien sind notwendig, wenn neuartige technologische Anforderungen zu realisieren sind. Für Aufgabenstellungen, die in ähnlicher Form schon seit Jahren realisiert werden, genügen oft auch die bereits bewährten Technologien. Hier würde eine neuartige Technologie nur das Eingehen eines unnötigen Risikos bedeuten.

Wie (die Technologie beherrschen)

- Der Auftraggeber möchte ein funktionierendes System. Die eingesetzte Technologie ist für ihn dabei nur zweitrangig.
- Die gewählte Technologie beeinflusst im Wesentlichen die nichtfunktionalen Anforderungen wie Performance, Wartbarkeit und Benutzerfreundlichkeit.
- Eine falsch gewählte Technologie kann den Entwicklungsaufwand unnötig erhöhen.
- Der Einsatz einer neuen Technologie ist immer ein Risiko.

27.4 Methoden sind kein Selbstzweck

Methoden helfen, die Aufgabenstellung zu verstehen und mögliche Lösungen zu finden. Sie bieten die Möglichkeit, die zu entwickelnde Software in unterschiedlichen Sichten zu modellieren und darzustellen. Die entworfenen Modelle können zu Bestandteilen des Fachkonzeptes bzw. des Designs werden.

Für die Anwendung von Methoden sind ein hohes Abstraktionsvermögen und die genaue Kenntnis der Methode notwendig. Genauso notwendig ist das Wissen um die Auswirkungen der Modelle auf die spätere Software.

Wie (die Technologie beherrschen)

- Methoden helfen, die Aufgabenstellung übersichtlich, konsistent und überprüfbar zu beschreiben.
- Methoden helfen, Lösungen zu finden.
- Für eine effiziente Nutzung von Methoden ist sowohl eine fundierte Kenntnis der Methode als auch das Verständnis für die Aufgabe notwendig.
- Modelle sind schnell entworfen. Modelle, die ohne fundiertes DV-Wissen erstellt werden, sind jedoch für die Praxis untauglich.
- Konzepte dienen dem Überblick und der Orientierung, letztendlich zählt nur die Software. Bei den Konzepten ist die 20/80-Lösung vorzuziehen.
- Wesentlich für die Modellierung ist, dass ein Überblick und die grobe Struktur der späteren Software erkannt werden können.
- Methoden sind kein Selbstzweck. Sie dienen dazu, die Aufgabenstellung und die gewählten Lösungen zu verstehen. Es ist effizienter, sich über die richtige Lösung zu streiten als über die richtige Methode.
- Methodenunkenntnis führt dazu, an der Aufgabe vorbei zu modellieren.
- Wenn Unwesentliches mit Wesentlichem vermischt wird, verwirrt dies mehr, als es nützt.
- Das Wesentliche muss präzise formuliert sein, es führt sonst zu falschen Vorstellungen oder unnötigem Nachfragen.

27.5 Die Architektur hält das System zusammen

Die Architektur ist die Statik eines Software-Systems. Ohne sie besteht das System aus vielen Einzelteilen, die ineinander verwoben sind und doch nicht zusammenpassen. Die Architektur macht das System übersichtlich und hilft, Redundanzen zu vermeiden. Bei der Software-Architektur ist zwischen der Architektur im Großen und der Architektur im Kleinen zu unterscheiden.

Die Architektur im Großen unterteilt das System in voneinander unabhängige größere Komponenten (Subsysteme oder auch Pakete). Sie definiert die Schnittstellen des Systems nach außen und die Schnittstellen der Einzelteile untereinander.

Die Architektur im Kleinen definiert kleinere Pakete (auch Services genannt), die von anderen Softwareteilen benutzt werden. Zu diesen Services gehören z.B. windowing, messaging, exception handling, usw. Die Architektur im Kleinen vermeidet, dass einzelne Programmteile mehrfach, und dann unterschiedlich codiert werden.

Wie (die Technologie beherrschen)

- Eine Aufteilung in Subsysteme (große Komponenten) bietet eine übersichtliche Struktur.
- Der Entwurf von Dienstleistungsfunktionen ist Teil der Architektur.
- Die Schnittstellen nach außen sind Teil der Architektur.
- Die Schnittstellen zwischen den Komponenten, Modulen, Klassen sind Teil der Architektur.
- Für die Architektur muss es einen hauptverantwortlichen Architekten geben.

27.6 Sich im Arbeitsumfeld auskennen

Die Hardware bestimmt die Entwicklungsmethodik. Die Hardware-Umgebung ist in der Regel auf Grund der vorhandenen Ausstattung beim Kunden vorgegeben und damit auch die Systemsoftware und die Entwicklungsplattform. Die Zielumgebung wiederum bestimmt entscheidend die nichtfunktionalen Anforderungen. D.h., dass die Zielumgebung bereits in den frühen Entwicklungsphasen berücksichtigt werden muss, sowohl bei der Auswahl der Mitarbeiter als auch bei den ersten Entwürfen für die DV-technische Lösung.

Wie (die Technologie beherrschen)

- Die Hardware bestimmt letztlich die Leistungsfähigkeit eines Software-Systems.
- Anforderungen wie Performance, Stabilität, Sicherheit sind die eigentlichen technischen Herausforderungen.
- Entwickler müssen ihr technisches Umfeld kennen, damit sie das Potential des Umfeldes optimal nutzen können.
- Der Entwickler muss bestimmen, was er mit dem Tool macht, nicht umgekehrt.
- Moderne Tools können fehlende Erfahrung nicht ersetzen.
- Unerfahrene Entwickler kennen ihr technisches Umfeld nur ungenügend und können dadurch das Potential des Umfeldes nicht nutzen.

28 Im Arbeitsfluss sein

Software-Entwickler brauchen ihr Flow-Erlebnis. Software-Entwickler möchten an ihrer Arbeit ‚dran‘ bleiben können. Sie möchten genau wissen, was zu tun ist, ohne immer wieder nachfragen zu müssen und doch keine Antwort zu bekommen. Sie möchten sich nicht mit für sie unlösbaren Problemen beschäftigen. Und sie möchten alle wesentlichen Informationen sofort im Zugriff haben.

Wer

- Projektleiter/Entwicklungsleiter
- Qualitätsmanagement
- Qualitätsbeauftragter
- Konfigurationsmanager
- Gesamtes Entwicklungsteam

Was

- Prozesse
- Entwicklungsumgebung
- Standards und Richtlinien

Wie

- Prozesse dem Arbeitsfluss des Menschen anpassen.
- Ein reibungsloser Arbeitsablauf fördert den Arbeitsfluss.
- Genau wissen, was zu tun ist.
- Einen Diskussionspartner haben.
- Alles Notwendige sofort im Zugriff haben.

28.1 Genau wissen, was zu tun ist

Aus den im Projektplan geplanten Aktivitäten werden Arbeitsaufträge für jeden Projektmitarbeiter oder Teilprojektteams abgeleitet. Diese Arbeitsaufträge müssen genau beschreiben, was zu tun ist, welche Ergebnisse bis wann zu liefern sind, welche Schnittstellen zu berücksichtigen sind. Zu den Arbeitsaufträgen gehört auch eine Liste der Ansprechpartner, die für Schnittstellen und Fragen zur Verfügung stehen.

Doch der Entwickler muss nicht nur wissen, was er zu tun hat, er muss auch wissen, wie er es zu tun hat. D.h. er muss sein Handwerkszeug beherrschen (siehe hierzu auch Kapitel 27).

Wie (im Arbeitsfluss sein)

- Arbeitsaufträge müssen eindeutig und überschaubar sein. Die Schnittstellen zu anderen Arbeitsaufträgen müssen klar sein.
- Arbeitsaufträge müssen im Gesamtzusammenhang des Projektablaufs eingeordnet werden können.
- Ein roter Faden, an dem sich jeder orientieren kann, sollte sich durch das gesamte Entwicklungsvorhaben spannen.
- Ansprechpartner für Fragen müssen bekannt sein.
- Rollen und Verantwortlichkeiten müssen klar definiert sein.

28.2 Einen Diskussionspartner haben

Nichts ist schlimmer, als im eigenen Saft zu schmoren. Man hat sich gedanklich festgefahren, man dreht sich nur noch im Kreis. Oder man hat einfach keine Idee, wie man weiter vorgehen könnte. Jeder sollte für seine Arbeit mindestens einen Diskussionspartner haben, auch wenn die Aufgabe an sich von einer Person allein gelöst werden könnte. Besser noch ist es, die Aufgabenpakete so zu definieren, dass immer zwei bis drei Personen für ein Aufgabenpaket zuständig sind.

Wie (im Arbeitsfluss sein)

- Ein Diskussionspartner verhindert, dass man sich gedanklich festfährt.
- Ein Diskussionspartner hilft, schneller eine gute Lösung zu finden. Es sollten immer mindestens zwei Personen an der gleichen Aufgabe arbeiten. Wenn die Aufgabe von einer Person allein bearbeitet werden könnte, sollte die Aufgabe so verteilt werden, dass einer zu 70% und ein anderer zu 30% an der Aufgabe arbeitet.
- Dadurch, dass mindestens zwei Personen an einer Aufgabe arbeiten, kann einer die Arbeit des anderen übernehmen, wenn dieser ausfällt.

28.3 Prozesse dem Arbeitsfluss des Menschen anpassen

Ein Entwicklungsprozess soll die Arbeit unterstützen, nicht behindern! Ein Entwicklungsprozess muss einen möglichst reibungslosen Ablauf in der Entwicklung gewährleisten, Mehrfacharbeiten und Inkonsistenzen verhindern. Und sicherstellen, dass rechtzeitig erkannt wird, ob das Entwicklungsziel erreicht werden kann bzw. wo Korrekturen notwendig sind. Ohne definierten Prozess würden die Beteiligten unkoordiniert arbeiten. Doch Software-Entwicklung ist keine Fließbandarbeit! In erster Linie sind es die Menschen, die den Ablauf des Prozesses bestimmen, nicht umgekehrt.

Wie (im Arbeitsfluss sein)

- Ein Entwicklungsprozess muss sicherstellen, dass die Entwicklungsziele erreichbar sind.
- Ein Entwicklungsprozess muss einen reibungslosen Ablauf in der Entwicklung gewährleisten, Mehrfacharbeiten und Inkonsistenzen verhindern.
- Ein Entwicklungsprozess muss sich dem natürlichen Arbeitsablauf der Menschen anpassen, nicht umgekehrt.
- Ein Entwicklungsprozess muss rechtzeitig erkennen lassen, ob das Entwicklungsziel erreicht werden kann bzw. wo Korrekturen notwendig sind.
- Allgemeingehaltene Prozessbeschreibungen können fehlende Erfahrung nicht ersetzen.
- Kein Prozess kann jeden Arbeitsschritt bis ins kleinste Detail beschreiben.
- Entwicklungsprozesse helfen dabei, die Dinge richtig zu tun. Die richtigen Dinge tun, dabei helfen sie nicht.
- Routinearbeit erledigt sich von selbst, wenn sie durch geignete Hilfsmittel wie Vorlagen, Richtlinien und Standards unterstützt wird.

28.4 Alles Notwendige sofort im Zugriff haben

Im Arbeitsfluss sein bedeutet, dass jeder Entwickler alle benötigten Informationen sofort im Zugriff hat. Eine sauber strukturierte Entwicklungsumgebung hilft, Informationen übersichtlich bereitzustellen und Doppelarbeit zu vermeiden.

Wie (im Arbeitsfluss sein)

- Eine Entwicklungsumgebung muss eine Struktur besitzen, die den Projekterfordernissen angepasst ist und wesentliche Arbeiten automatisiert.
- Alle für das Projekt wesentlichen Informationen wie Projektauftrag, Abstimmungen mit dem Auftraggeber, Projektdokumentationen, Prüfergebnisse, Verträge mit Lieferanten, Protokolle von Projektmeetings usw. sind in einer Projektakte abgelegt.
- Alle Projektdokumentationen sind übersichtlich in einer entsprechenden Verzeichnisstruktur abgelegt.
- Sourcecode ist nach Zugehörigkeit zu Versionen (Baselines) in einer Verzeichnisstruktur oder einem Konfigurationsmanagementtool abgelegt. Die Abhängigkeiten zwischen einzelnen Modulen/Klassen ist bekannt.

- Änderungen und insbesondere die Gründe für die Änderungen können nachvollzogen werden. Ein Änderungsmanagement muss schon während der Entwicklungszeit eingerichtet werden.
- Die für die Arbeit notwendige Entwicklungsumgebung (Hardware und Tools) steht bereit.
- Die Entwicklungsumgebung ist den Fähigkeiten des Entwicklers angepasst. Je mächtiger das Tool, desto größer der Einarbeitungsaufwand und desto größer der Administrationsaufwand.
- Für Entwicklertests steht eine Testumgebung bereit.
- Standards und Richtlinien sollten jedem ohne Suchaufwand zugänglich sind.
- Standards und Richtlinien sollten so knapp formuliert sein, dass jeder Entwickler sie schnell auswendig kann.
- Nur das Genie beherrscht das Chaos. Nur, wer ist schon ein Genie?

29 Fehler machen ist menschlich

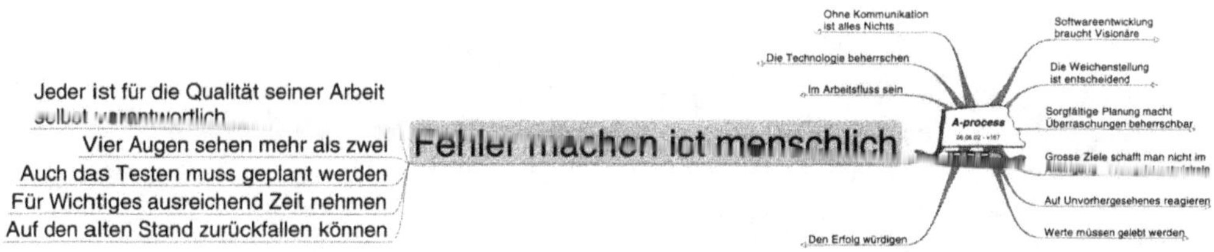

Menschen machen Fehler. Und bei der Software-Entwicklung besonders viele. Da von der Vision des Auftraggebers bis hin zum fertigen Code eine Vielzahl von Transformationen notwendig sind. Fehler, die erst im fertigen Produkt festgestellt werden, sind jedoch besonders teuer und können sogar Menschenleben kosten. Deshalb ist es besonders wichtig, Fehler möglichst zu vermeiden oder so früh wie möglich zu entdecken. Jedoch die Strategie, alles zu dokumentieren und dann von Nicht-Fachleuten prüfen zu lassen, kostet sehr viel Aufwand und hat wenig Nutzen. Besser ist es, die Aufgabenstellung so einfach wie möglich zu halten, so dass sie von den Entwicklern verstanden werden kann. Und soviel wie möglich mit den Fachleuten (der Fachabteilung) zu sprechen, um sicherzustellen, dass die Aufgabe wirklich verstanden ist. Und immer einen Diskussionspartner zu haben, mit dem man über potentielle Lösungen diskutieren kann, damit man nicht im eigenen Saft schmort. Außerdem so früh wie möglich testen. Und immer wieder. Denn auch kleine Änderungen können unvorhergesehene Auswirkungen haben.

Wer

- externer Auftraggeber
- Projektleiter/Entwicklungsleiter
- Qualitätsbeauftragter
- Tester
- Konfigurationsmanager
- Gesamtes Entwicklungsteam

Was

- Testplanung
- Testfälle
- Durchgeführte Reviews mit Protokollen
- Durchgeführte Tests mit Protokollen
- Definierte Baselines
- Geprüfte Entwicklungsdokumentation
- Getesteter Code
- Getestetes System

Wie

- Es ist nie der letzte Fehler, den man gefunden hat.
- Jeder ist für die Qualität seiner Arbeit selbst verantwortlich
- Vier Augen sehen mehr als zwei.
- Auch das Testen muss geplant werden.
- Für Wichtiges ausreichend Zeit nehmen.
- Auf den alten Stand zurückfallen können.

29.1 Jeder ist für die Qualität seiner Arbeit selbst verantwortlich

Testen der eigenen Entwicklungsergebnisse ist Teil der Entwicklung. Ein Modul oder eine Klasse ist erst dann fertig, wenn der Entwickler sie auch getestet hat. Schnittstellen und die Konsistenz der funktionalen und der nichtfunktionalen Anforderungen können nur im Zusammenspiel einzelner Module/Klassen getestet werden. Deshalb gehören auch Integrationstests zu den Entwicklertests.

Zum Test gehören sowohl die Überprüfung der Korrektheit des Codes (White-Box-Test) als auch die Überprüfung der Umsetzung der fachlichen Anforderungen (Black-Box-Tests). Die häufigsten Fehler werden an den Grenzwerten (Schleifenabfragen, IF-Abfragen) und bei den möglichen Fehleingaben gemacht. Deshalb sind diese durch Grenzwert- bzw. Negativtests besonders zu prüfen. Die Gutfälle können durch Zusammenfassen in Äquivalenzklassen reduziert werden.

Der Einsatz von selbstgeschriebenen Testprozeduren oder fertigen Testtools erleichtert das Testen und bietet die Möglichkeit, Tests beliebig oft zu wiederholen. Dies ist besonders hilfreich, wenn der Code verändert wurde, die Funktionalität jedoch gleich bleiben sollte.

Testen parallel zur Entwicklung ermöglicht eine frühzeitige Korrektur von eingeschlagenen Irrwegen und reduziert das Risiko. Außerdem können Entwicklertests so schon während der Entwicklung auf einem getesteten Entwicklungsstand aufgesetzt werden. Und bei Bedarf können Auszüge aus dem Entwicklungsstand auch während der Entwicklungszeit dem Auftraggeber oder auf Messen vorgeführt werden.

Wie (Fehler machen ist menschlich)

- Modul- und Komponententests sind Teil der Entwicklung.
- Auch die Entwicklertests müssen dokumentiert werden.
- In den Entwicklertests müssen auch fachliche Tests durchgeführt werden, nicht nur DV-technische Tests.
- Frühzeitige Integrationstests geben einen guten Überblick über den aktuellen Stand der Entwicklung.
- Frühzeitige Integrationstests ermöglichen, dass die Entwicklertests immer auf dem aktuellen Entwicklungsstand durchgeführt werden können.
- Frühzeitige Integrationstests verhindern unliebsame Überraschungen am Tag X.

29.2 Vier Augen sehen mehr als zwei

Bekanntlich ist jeder gegenüber seinen eigenen Arbeitsergebnissen ‚betriebsblind'. Um die potentiellen Fehlerquellen bei der Software-Entwicklung zu reduzieren, hilft es, die eigenen Arbeitsergebnisse durch eine neutrale Stelle überprüfen zu lassen. Außerdem müssen die einzelnen Arbeitsergebnisse auch zusammen mit allen anderen Arbeitsergebnissen überprüft werden. Und letztendlich das Gesamtsystem.

Eine Qualitätssicherung hilft, die richtigen Arbeitsergebnisse zu erzeugen und dazu sowohl den Entwicklungsprozess als auch die Arbeitsergebnisse zu überwachen. Eine Qualitätssicherung ist jedoch nicht verantwortlich für die Erreichung der Entwicklungsziele.

Wenn man an Qualität denkt, denkt man an Gegenstände oder sonst etwas, das mit qualitativ sehr gut zusammenhängt. Qualität heißt Beschaffenheit, d.h. alles hat irgendeine Qualität. Ob die Qualität gut ist, hängt vom Betrachter ab, d.h. vom Auftraggeber. Das Produkt muss genau so beschaffen sein, wie es der Auftraggeber erwartet. Dies wiederum wird in den Anforderungen festgelegt. Die geforderte Qualität ist erreicht, wenn also genau die Anforderungen erfüllt sind. Das jedoch ist genau die Aufgabe der Software-Entwicklung, und nicht die Aufgabe einer Qualitätssicherung.

Wie (Fehler machen ist menschlich)

- Die Verantwortung für die Qualität des Entwicklungsergebnisses liegt bei der Entwicklungsleitung, nicht bei der Qualitätssicherung.
- Eine Qualitätssicherung hilft, die eigenen Arbeitsergebnisse kritisch zu überprüfen.
- Qualität ist Teil des Produktes, nicht Zugabe.
- Der Qualitätsbeauftragte ist Teil des Entwicklungsteams. Er hat, wie jeder andere Entwickler auch, lediglich spezielle Kenntnisse, nämlich die der Qualitätssicherung.
- Entwickler wollen nachweisen, dass ihre Arbeit fehlerfrei ist, sie wollen keine Fehler finden. Deshalb müssen ihre Arbeitsergebnisse nach den von ihnen selbst durchgeführten Prüfungen zusätzlich von neutralen Testern überprüft werden.
- Das Vorhandensein einer Qualitätssicherung suggeriert, dass diese für die Qualität zuständig ist. Sie sollte besser ‚Entwicklungsüberwachung' genannt werden.

29.3 Auch das Testen muss geplant werden

Die Termine sind eng, man schafft es kaum, alles zu codieren, und dann soll man auch noch testen? Und vor allem, wie soll man testen? Es werden schnell ein paar Daten in das System eingegeben, mal sehen, was passiert. Ist doch alles o.k. Weil man als Entwickler ja eigentlich auch nur nachweisen will, dass alles o.k ist. Und dann geschieht das, was meistens geschieht: Die Fehler werden erst nach der Auslieferung beim Kunden entdeckt. Bananensoftware nennt man das.

Die Notwendigkeit von Tests wird meist unterschätzt. Fehler, nach denen man nicht sucht, können auch nicht gefunden werden. Tests müssen genau wie der sonstige Entwicklungsverlauf geplant werden.

Es müssen Testsstrategien entwickelt, Testfälle definiert, Testumgebungen geplant und bereitgestellt werden.

Wie (Fehler machen ist menschlich)

- Testplanung ist Bestandteil der Planung des Entwicklungsvorhabens.
- Testfälle kann man nie genug haben.
- Zu den Testfällen gehören sowohl fachliche als auch DV-technische Testfälle.
- Testfälle so definieren, dass sie nicht nur die Gutfälle überprüfen, sondern auch die Fehlerfälle.
- Testfälle so definieren und aufbewahren, dass mit ihnen jederzeit Regressionstests durchgeführt werden können
- Lasttests und Permancetest gehören ebenfalls zum Testen.

29.4 Für Wichtiges ausreichend Zeit nehmen

Eine besonders häufige Feherquelle ist der Zeitdruck. Unter Zeitdruck wird schnell etwas vergessen oder es unterlaufen einem Flüchtigkeitsfehler. Zeitdruck jedoch lässt sich einfach nicht vermeiden. Doch wichtige Ereignisse, wie z.B. eine Präsentation des neuen Systems auf einer Messe oder vor dem Auftraggeber, sollten niemals unter Zeitdruck vorbereitet werden. Lieber etwas weniger vorführen und das Fehlende erklären, als von Abstürzen überrascht werden.

Wie (Fehler machen ist menschlich)

- Eine kleine Fehlerkorrektur noch schnell vor Fertigstellung durchgeführt führt oft zu unvorhergesehenen Auswirkungen auf andere Teile des Systems.
- Immer, wenn man die Technik unbedingt braucht, versagt sie.
- Wichtiges besser einen Tag vor der Abgabe fertig stellen, auch wenn es dann noch nicht perfekt ist.

30 Den Erfolg würdigen

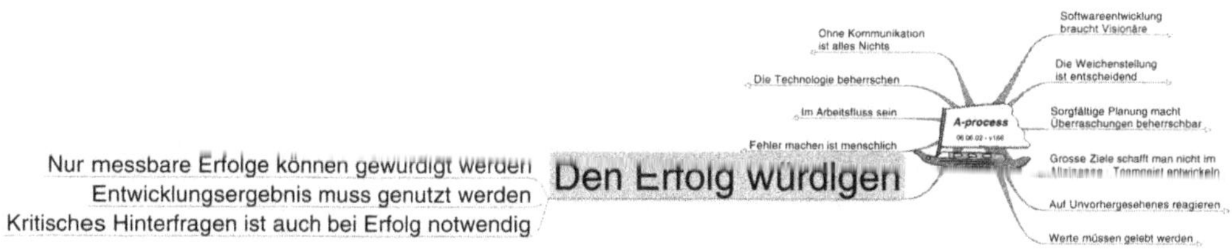

Menschen wollen Erfolg haben. Erfolg haben heißt, das gesteckte Ziel erreicht zu haben. Erfolg haben heißt auch, dass gewürdigt wird, dass das Ziel erreicht wurde und dass das Arbeitsergebnis auch tatsächlich genutzt wird.

Der Erfolg wird an den gesteckten Zielen gemessen. Zu diesen gehören die vereinbarte Funktionalität, die gesetzten Termine und das vorgegebene Budget. Wichtig ist, dass das Erreichen der Ziele am Ende des Entwicklungsvorhabens auch tatsächlich überprüft und entsprechend gewürdigt wird. Dies motiviert für neue Aufgaben.

Wer

- externer Auftraggeber
- interner Auftraggeber
- Projektleiter/Entwicklungsleiter
- gesamtes Entwicklungsteam

Wer

- Gegen die Ziele geprüftes Entwicklungsergebnis
- Abschlussveranstaltung

Wie

- Der Abschluss eines Entwicklungsvorhabens bildet zusammen mit seinem Beginn den Rahmen.
- Der Abschluss eines erfolgreichen Entwicklungsvorhabens sollte entsprechend seiner Bedeutung gewürdigt werden. Dies motiviert alle Beteiligten für zukünftige Aufgaben.
- Auch bei einem erfolgreich abgeschlossenen Entwicklungsvorhaben ist ein kritisches Hinterfragen notwendig.

- Beim Abschluss eines Entwicklungsvorhabens sollte an alle wichtigen Ereignisse noch einmal erinnert werden, damit die Erfahrungen daraus in neue Vorhaben mitgenommen werden können.
- Zu sehen, dass das entwickelte System tatsächlich und unverändert eingesetzt wird, erfüllt jeden Entwickler mit Stolz.

Literaturverzeichnis

[ALP94] Alper, M.: *Professionelle Softwaretests*, Vieweg Verlag, Wiesbaden; 1994.

[BECK00] Beck, K.: *Extreme Programming*, Addison-Wesley, Boston; 2000.

[BeFo01] Beck, K.; Fowler, M. u.a.: *Das Manifest agiler Softwareentwicklung*, www.agilealliance.org, 2001

[BEO88] Boehm, B. W.: *A Spiral Model of Software Development and Enhancement*. In: IEEE Computer, Vol. 21, No. 5 (May 1988), S. 61-72.

[BUR00] Burghardt, M.: *Projektmanagement*, 5., wesentlich überarbeitete und erweiterte Auflage, Wiley-VCH Verlag, Weinheim; 2000

[COCK02] Cockburn, A.: *Agile Software Development*, Addison Wesley, Boston; 2002.

[DeMARC98a] De Marco, T.; Lister, T.: *Wien wartet auf Dich. Der Faktor Mensch im DV-Management.* (*Peopleware in deutscher Ausgabe*), 2. aktualisierte und erweiterte Ausgabe, Hanser Fachbuch Verlag, München; 1999.

[DeMARC98b] De Marco, T.: *Der Termin*, Ein Roman über Projektmanagement, Hanser Fachbuch Verlag, München; 1998.

[DrWi00] Dröschel, W.; Wiemers, M.: *Das V-Modell 97. Der Standard für die Entwicklung von IT-Systemen mit Anleitung für den Praxiseinsatz*, Oldenbourg Wissenschaftsverlag, München; 2000.

[FOW00] Fowler, M.: *Refactoring Wie Sie das Design vorhandener Software verbessern*, Addison-Wesley, München; 2000.

[GILB88] Gilb, T.: *Principles of Software Engineering Management*. Addison-Wesley, Boston; 1988.

[HIG00] Highsmith, J.: *Adaptive Software Development*. Dorset House, 2000.

[JaBoRu99] Jacobson, I.; Booch, G.; Rumbaugh, J.: *The Unified Software Development Process*, Addison-Wesley,Boston; 1999.

[KRU00] Kruchten, P.: *The Rational Unified Process: An Introduction*, 2nd ed. Addison-Wesley, Boston; 2000.

[KRU01] Kruchten, P.: *Agility with the RUP*. In: Cutter IT Journal, Vol. 14, No.12 (Dec. 2001), S. 27-33.

[McMen84] McMenamin, S.; Palmer, J.S.: *Strukturierte Systemanalyse*, Carl Hanser Verlag, München; 1984.

[MYERS01] Myers, G. J.: *Methodisches Testen von Programmen*, 7. Auflage, Oldenbourg Wissenschaftsverlag, München; 2001.

[ROY99] Royce, W.: *Software Project Management: A Unified Framework*, Addison-Wesley, Boston; 1999.

[RUP01] Rupp, C.: *Requirements- Engineering und Management*, Hanser Fachbuch Verlag, München; 2001.

[SchwFli01] Schwarz-Mehrens, E.; Fliers, F.: *Woran scheitern IT-Projekte?* In: GULP – Knowlegde Base, http://www.gulp.de/, 2001

[WAL01] Wallmüller, E.: *Software-Qualitätssicherung in der Praxis*, Hanser Fachbuch Verlag, München 2001.

[WAL95] Wallmüller, E.: *Ganzheitliches Qualitätsmanagement in der Informationsverarbeitung*, Hanser Fachbuch Verlag, München; 1995.

www.ingramcontent.com/pod-product-compliance
Lightning Source LLC
LaVergne TN
LVHW060622300926
849162LV00008B/1693